LES SOUPERS
DE
LA COUR.
TOME I.

LES SOUPERS

DE

LA COUR,

OU

L'ART DE TRAVAILLER

TOUTES SORTES D'ALIMENS,

Pour servir les meilleures Tables, suivant les quatre Saisons.

TOME I.

A PARIS,

Chez GUILLYN, Libraire, Quai des Augustins, au Lys d'Or.

_____

M. DCC. LV.

Avec Approbation & Privilége du Roi.

AVERTISSEMENT.

JE me persuade que l'Ouvrage que je publie excitera la curiosité de bien des personnes, & surtout des officiers de Cuisine amateurs de leur Art & jaloux de ses progrès. Ces sont les seuls dont je brigue le suffrage, & je compte pour rien certains artistes d'un sçavoir médiocre, & d'un esprit encore plus borné, qui sottement entêtés de leur prétendu mérite, affectent de mépriser des ouvrages propres à les instruire. Il en est même qui poussent le ridicule au point, qu'ils rougiroient d'être surpris lisant quelque Livre qui traite de leur Art. Ils se croiroient deshonorés, s'ils donnoient lieu de soupçonner qu'ils ont puisé la composition de quelque Mets dans un Ouvrage Imprimé : & comment ne s'apperçoivent-ils pas

AVERTISSEMENT.

qu'ils annoncent par là ou une présomtion absurde qui met un obstacle invincible à leur avancement, ou une petitesse d'esprit qui décéle leur incapacité ? Voit-on un Médecin, un Jurisconsulte, un Architecte, rougir de lire des Ouvrages qui concernent sa Profession ? En est il quelqu'un qui ait jamais pensé que cette lecture peut donner une idée peu avantageuse de ses lumieres & de ses talents, & nuire à sa réputation ?

L'Art de la Cuisine a, comme tous les autres, ses régles, ses principes, & si la pratique a ses avantages, la théorie a aussi les siens. Il n'y a que l'union des deux qui puisse porter à la perfection ; & l'une & l'autre s'apprennent presque également dans les Livres. Ou celui qui s'attache à la profession de cet Art, a du génie, du goût, & une ima-

AVERTISSEMENT. vij
gination féconde, ou il eſt dépourvu de ces qualités. Celui-ci ne travaillera jamais avec ſuccès que d'après une routine qu'il aura priſe d'ailleurs. Incapable de rien tirer de ſon fond, la lecture lui eſt néceſſaire, & il ne ſçauroit mieux faire que de s'aſſujettir ſervilement à la pratique qui lui eſt indiquée dans de bons Ouvrages. La lecture n'eſt pas moins néceſſaire au premier s'il aſpire à la perfection : elle lui fournira des vues, des idées, des combinaiſons, qui, ſans elle, ne lui viendroient peut être jamais dans l'eſprit.

Je ſai de qu'elle importance eſt le travail des mains, ou, ſi l'on me permet le terme, cette ſorte de *Manipulation* ſi néceſſaire ailleurs que dans le laboratoire d'un Officier de Cuiſine. Elle ne s'apprend point dans les Livres, & ne s'acquiert que par l'exercice; mais quand on la posséde, rien n'est plus aisé que l'éxécution d'un *procédé* décrit exactement dans un bon Ouvrage.

C'est alors surtout qu'il est vrai, comme on l'a dit des autres Arts, que la théorie est une pratique anticipée; & de l'une à l'autre le passage est extrêmement court & facile.

Il seroit sans doute à souhaiter que les Artistes fussent plus versés dans la théorie qu'ils ne le sont ordinairement. De quelle utilité ne leur seroit pas la connoissance des propriétés des alimens qu'ils préparent ? S'ils avoient examiné, étudié la nature des Saveurs, leurs différences, souvent difficiles à saisir, le resultat de leur mêlange; s'ils connoissoient mieux les qualités des sucs divers, des sels dont ils font usage, leur main guidée

AVERTISSEMENT. ix

par la prudence fixeroit les doses avec plus de précision, en formeroit des combinaisons plus sages & plus heureuses, & jetteroit dans les apprêts plus d'harmonie & de délicatesse. La santé & le goût y trouveroient également leur satisfaction.

Il est des Ouvrages où ils peuvent puiser les connoissances qui en ce genre leur sont nécessaires: je me borne dans celui-ci a représenter le progrès qu'a fait de nos jours l'Art de la Cuisine. D'excellens Artistes ont heureusement imaginé de nouveaux Mets, dont-il est à craindre que la composition ne reste inconnue à la plupart des autres, quoiqu'elle mérite fort d'être conservée. Je ne doute pas que plusieurs ne se reconnoissent ici à différens apprêts dont-ils sont inventeurs: mais je suis convaincu qu'ils n'envieront point aux

AVERTISSEMENT.

autres des connoissances utiles à la perfection de l'Art qu'ils cultivent. Ils instruiront par mon organe, & le principal honneur de l'instruction rejaillira sur eux. Ce qu'à peu de frais le service de nos Tables pourra acquérir désormais en variété, en bon goût, & en délicatesse, leur sera dû en partie, & si l'Ouvrage que je publie, peut exciter à marcher sur leurs traces ceux qui ont des dispositions & du talent, j'aurai atteint le but que je me suis proposé.

En m'attachant à développer le travail de la Cuisine nouvelle, je n'ai pu me dispenser de toucher à celui de l'ancienne qui lui sert de base. Ils sont trop liés l'un à l'autre pour pouvoir les séparer, & si j'avois tenté de le faire, j'aurois donné à mon Ouvrage un defaut essentiel. La même raison m'a déterminée à

AVERTISSEMENT. xj
joindre au travail de la Cuisine celui de l'Office. Ils se prétent un secours mutuel, & le premier surtout ne sçauroit se passer du second. Combien de sortes d'entremêts tiennent à l'office, & deviendroient impraticables à quiconque ignoreroit les principes & la pratique de cet Art?

J'ai placé à la tête de ce Livre des Menus qui apprendront ce qu'on peut en chaque saison présenter à chaque service. Il ne faut pas les regarder comme des régles inviolables que je veuille prescrire, chacun peut & doit même les varier à sa fantaisie ou leur en substituer d'autres selon son goût & son génie. J'ai cru inutile de faire graver des desseins de Table, parce que les bons Artistes n'en ont que faire. Leur imagination leur fournit aisément le moyen d'arranger un

xij *AVERTISSEMENT.*
grand Service avec plus d'intelligence que ne feroit le meilleur dessein. Ceux qui n'ont pas le même talent pourront avoir recours aux Menus que je donne.

L'on trouve chez le même Libraire un assortiment complet de *Livres de Cuisine*, *d'Office*, & de *Distillation*.

TABLE

De ce qui est contenu dans ce Volume.

Instructions sur les productions que la nature nous procure pour les alimens dans les quatre saisons.

Du Printems. 1
De l'Été. 5
De l'Automne. 7
De l'Hyver. 10

Des menues pour toutes les saisons. 13
Menus du Printems, ibid.
Menus de l'Automne, 32
Menus de l'Hyver, 41
Menus d'un repas servi tout en Bœuf, 54
Menus d'un repas servi tout en Veau, 55
Menus d'un repas servi tout en Mouton, 57
Menus d'un repas servi tout en Cochon, 59
Menus d'une table servie tout en œufs 61

TABLE

Des Bouillons gras, Jus & Coulis.

Bouillon de mitonnage ou Bouillon général,	63
Bouillon pour les potages & sauces,	ibid
Bouillon à la hâte,	64
Bouillon au Bain-Marie,	ibid.
Consommé,	65
Roumeſtec,	66
Bouillon rafraichiſſant,	ibid.
Autre bouillon rafraichiſſant,	67
Bouillon Printanier,	68
Bouillon pour adoucir l'âcreté du sang,	ibid.
Eau de poulet,	ibid.
Pannade de blancs de Poularde,	69
Pannade de Gruau,	ibid.
Pannade à la Bourgogne,	70
Jus de Veau,	ibid.
Jus de Bœuf,	71
Coulis général,	72
Coulis de ce que l'on veut,	73
Coulis d'Ecreviſſes,	ibid.
Coulis à la Reine,	74
Coulis de Jambon,	ibid.
Coulis bourgeois,	75
Coulis blanc à la bourgeoiſe,	76
Coulis de feves de maraïs,	ibid.
Coulis de lentilles,	ibid.

TABLE

Coulis de pois,	77
Coulis d'haricots,	78
Coulis de navets,	ibid.
Coulis de marons,	79

BOUILLONS, JUS, ET COULIS MAIGRE.

Bouillon de mitonnage en maigre,	80
Bouillon maigre pour les potages de la table,	ibid.
Bouillon de poisson,	81
Jus maigre,	82
Coulis maigre,	ibid.
Coulis d'oignons en maigre,	83
Coulis maigre à la Reine,	84
Coulis maigre de marons,	ibid.
Coulis maigre de navets.	85
Coulis maigre de lentilles,	ibid.
Coulis maigre de pois,	86
Coulis d'haricots,	ibid.

DES POTAGES GRAS.

Potage au naturel ou de santé,	87
Ouille de différentes façons,	ibid.
Potage à la fombonne en gras & en maigre,	89
Potage de ris à la pluche verte, en gras & en maigre,	90
Potage de chapon au ris,	91
Potage à la Conti, en gras & en maigre,	ibid.

TABLE

Potage de biberot au fromage, en gras
& en maigre, 92
Potages glacés de toutes sortes de vian-
des, 93
Potage de vermicel, en gras, & en
maigre, ibid.
Soupe bourgeoise, 94
Potage aux marons, 95
Potage d'iſſus d'agneau au coulis à la
Reine, ibid.
Potage à la chartre, 96
Biſque de cailles, 97
Potages de toutes sortes de légumes,
98
Potage aux choux, 99
Potage de Julienne en gras & en mai-
gre, 100
Potages de différentes purées, 101
Potage de Semoüille en gras & en mai-
gre, 102
Potage à la Dauphine, 103
Potage de gibier, ibid.
Potages de toutes sortes de croutes,
104
Potage à la parme, 105
Potage à l'Autriche, ibid.
Garbure, 106
Potage à la madelonette, 107
Potage de macarony, ibid.
Potage à la Mouſquetaire, 108
Potage à la Marquiſe, ibid.
Potage à la Rhinoceros, 109
Potage de navets à l'Italienne en gras

& en maigre,	109
Ouille au bain-Marie,	110
Potage à la Crecy,	111

Des Potages maigres.

Potage de lazagne.	ibid.
Potages maigres de différentes façons,	112
Potage maigre d'écrevisses au ris,	114
Potage maigre à la purée verte,	ibid.
Potage maigre à la purée de lentilles,	
Potage maigre de ris à la Reine,	ibid.
Potage au lait de plusieurs façons,	116
Ouille au Potiron,	117
Potage de Citrouille	119
Bisque maigre aux Ecrevisses,	ibid.
Potage maigre de moules,	120
Ouilles maigres de plusieurs façons,	ibid.
Potage de croutes en maigre de plusieurs façons,	121
Potage de lait-d'amandes,	122
Potage d'orge mondé,	123

Des Sauces.

Sauce à la nomparcille,	ibid.
Sauce à la Nivernoise,	ibid.
Sauce petite Italienne,	124
Sauce Italienne blanche,	ibid.

TABLE

Sauce à la mariniere,	125
Sauce au céladon,	ibid.
Sauce au coloris,	126
Sauce au consommé,	ibid.
Sauce à la Saxe,	127
Sauce à la liaison,	128
Sauce à l'oseille,	ibid.
Sauce à la mariette,	129
Sauce au cerfeuil,	ibid.
Sauce au persil,	130
Sauce à la civette,	ibid.
Sauce à la garone,	ibid.
Sauce au fenouil,	131
Sauce à l'amiral,	ibid.
Sauce à la Royale,	ibid.
Sauce à la flamande,	132
Sauce à la hâte,	ibid.
Sauce à l'agneau,	133
Sauce à l'avare,	ibid.
Sauce au verjus,	ibid.
Sauce au pauvre homme,	ibid.
Sauce douce,	134
Sauce au fumet,	ibid.
Sauce ravigotte,	135
Ravigotte froide,	ibid.
Sauce à la Madeleine,	136
Sauce à l'aspic,	ibid.
Sauce à la Gendarme,	ibid.
Sauce à la Belle-vue,	137
Sauce à la morue,	ibid.
Sauce à la Polonoise,	138
Sauce au foye,	ibid.
Sauce au vin,	139

TABLE.

Sauces blanches,	139
Sauce à l'Espagnole,	ibid.
Sauce Robert,	140
Sauce à la moutarde,	ibid.
Sauce à la carpe,	141
Sauce à l'anguille,	ibid.
Sauce au brochet,	142
Sauce à la béchamel,	ibid.
Sauce au maquereau,	ibid.
Sauce rémoulade,	143
Sauce poivrade,	ibid.
Sauce au Fenouil,	144
Sauce hachée,	ibid.
Sauce au Bain-Marie,	ibid.
Sauce au porc-frais,	145
Sauce à la nonette,	ibid.
Sauce verte,	146
Sauce verte d'une autre façon,	ibid.
Sauce piquante,	147
Sauce au bleu céléste,	148
Sauce au Pontife,	ibid.
Sauce à la nichon,	149
Sauce au Révérend,	ibid.
Sauce à la milanoise,	ibid.
Sauce à l'Orange,	150
Sauce aux canards,	151
Sauce à l'échalotte,	ibid.
Sauce au perfil,	ibid.
Sauce au bled verd,	ibid.
Sauce à la Reine,	152
Sauce d'acide,	ibid.
Sauce à la bécasse,	153
Sauces aux truffes,	ibid.

TABLE

Sauces maigre de plusieurs façons ibid.

Sauce général,	154
Sauce au beurre noir,	154
Sauce simple,	ibid.

CHAPITRE I.

DU BOEUF, 155

Langues de bœuf au gros sel,	157
Langues de bœuf en caisses,	ibid.
Langue de bœuf à la rémoulade,	158
Langue de bœuf en ragoût,	159
Langue de bœuf grillée,	159
Langues fumées,	160
Langues de Bœuf fourées,	161
Langue de bœuf à la broche,	162
Langue à la braise,	ibid.
Langue en crepine,	163
Langue à la sainte-Menehoult,	164
Langue de bœuf au gratin,	ibid.
Pâté & tourte de langue de bœuf,	165
Langue de bœuf au parmesan,	ibid.
Cervelle de bœuf,	166
Palais de bœuf à la sainte-Menehoult,	ibid.
Palais de bœuf à la Poulette,	167
Palais de bœuf à l'Angloise,	168
Palais de bœuf au petit lard,	ibid.

TABLE.

Palais de bœuf au Pontife, 169
Palais de bœuf au parmesan, ibid.
Palais de bœuf en filets, 170
Palais de bœuf en timbale, ibid.
Palais de bœuf à la brochette, 171
Palais de bœuf en menus droits, 172
Palais de bœuf à la mariette, ibid.
Palais de bœuf à la Provençale, 173
Palais de bœuf au parmesan aux oignons, 174
Palais de bœuf au gratin, ibid.
Palais de Bœuf à l'escalope, 175
Palais de bœuf à la marmotte, 176
Palais de bœuf à la ravigotte, ibid.
Palais de bœuf de plusieurs façons, 177
Queue de bœuf aux choux, ibid.
Queue de bœuf aux lentilles, & à la purée Verte 178
Queue de bœuf en pâté chaud, 179
Queue de bœuf de plusieurs façons, ibid.
Gras-double à la robert, 180
Gras double au verjus, ibid.
Gras-double de plusieurs façons, 181
Rognons de bœuf à la moutarde, ibid.
Rognon de bœuf à la mode, 182
Rognons de bœuf en filets, ibid.
Rognons de bœuf en pâté chaud, 103
Rognon de bœuf à la bourgeoise, ibid.
Tétine de vache au verjus, 184
Usage de la graisse de bœuf & mouëlle, ibid.

TABLE

Tranches de bœuf à la bourgeoise, 185
Hachis de bœuf à la hâte, ibid.
Tranche de bœuf à la camargot, 186
Tranche de bœuf à la royale, ibid.
Tranche de bœuf à la servante, 187
Tranches de bœuf au-caramel, 188
Canellons de bœuf, ibid
Andouillettes de tranches de bœuf, 189
Bœuf de desserte à la Sainte-Menehoult, 190.
Bœuf de desserte à la bourgeoise, ibid.
Bœuf de desserte en papillotte, 190
Culotte de bœuf à la Mantoue, ibid
Culotte de Bœuf fumée, 193.
Culotte à l'écarlatte sans salpêtre, 194
Culotte & Poitrine de bœuf à la Gascogne, 195
Culotte de bœuf dans son jus, 196
Culotte de bœuf diversifiée, ibid.
Culotte de bœuf au vin de Champagne, 197
Culotte de bœuf à la Royale, ibid.
Culotte de bœuf à la Sainte-Menehoult, 198
Aloyau au demi-sel, 199
Aloyau en baril, ibid.
Filets d'aloyau de toutes façons, 200
Alloyau au four, 202
Aloyau en ragoût, ibid.
Aloyau à la Dauphine, 203
Filet d'aloyau en crépine, 204
Filet d'aloyau aux fines herbes, ibid.

TABLE, xj

Filets d'Aloyau aux oignons en crépine, 205
Filet de bœuf à l'Intendante, 206
Filet de bœuf aux anchois ibid.
Filet de bœuf à l'Amiral, 207
Filet de bœuf glacé, 208
Filet de bœuf grillé, 209
Filet de bœuf à la Nivernoise, ibid.
Filet de bœuf à l'Italienne, 210
Filet de bœuf à la Gendarme, ibid.
Poitrine de bœuf fumée, 211
Poitrine de bœuf au Monarque, 212
Poitrine de bœuf à la Sainte-Menehoult, 213
Poitrine de bœuf de plusieurs façons, ibid.
Tendrons de bœuf de plusieurs façons 214
Côtes ou carbonnade de bœuf au four, 215
Côte de bœuf à la rémoulade, 216
Côte de bœuf à l'Angloise, 217
Côtes de bœuf à la Hollandoise, ibid.
Côtes de bœuf de plusieurs façons, 218
Oreilles de bœuf, 218

CHAPITRE II.

DU VEAU 219

Tete de veau à la bourgeoise, 221
Tête de veau farcie, ibid.
Tête de veau à la poivrade, 222

Tête de veau au verd-galand,	223
Tête de veau en crépine,	ibid.
Tête de veau à la sauce au porc-frais,	224
Tête de veau à la Sainte-Menehoult,	225
Tête de veau marinée,	ibid.
Oreilles de veau frites,	226
Oreilles de veau au Pontife,	ibid.
Oreilles de veau en menus-droits,	ibid.
Oreilles de veau au gratin,	227
Oreilles de veau à la Martine,	ibid.
Pannache de veau,	228
Oreilles de veau au fromage,	ibid.
Oreilles de veau à l'Italienne,	229
Oreilles de veau à la Sainte-Menehoult,	ibid.
Cervelles de veau à la crême,	230
Cervelle de veau aux petits oignons,	ibid.
Cervelles de veau aux écrevisses,	231
Cervelle de veau au soleil,	ibid.
Cervelles de veau à la Gascogne,	232
Cervelle de veau au réveil,	ibid.
Cervelles de veau à différentes sauces,	233
Cervelle de veau grillée,	ibid.
Yeux de veau de différentes façons,	234
Langues de veau,	ibid.
Fraises de veau au naturel,	ibid.
Fraise de veau au Soleil,	235
Fraise de veau à la Provençale,	ibid.
Crépinettes de fraises de veau,	236
Bignets de fraises de veau,	ibid.
Fraises de veau en crépines,	237

TABLE.

Tourtes aux zéphires de fraises de veau,	237
Fraise de veau à l'Allemande,	238
Fraise de veau à différentes sauces,	239
Foye de veau à la hâte,	239
Foye de veau à la rocambole,	240
Foye de veau à la poulette,	ibid.
Foye de veau à la broche,	241
Foye de veau en hatereaux,	ibid.
Foye de veau à la braise,	ibid.
Crépinettes frites de foye de veau,	242
Foye de veau à la mariniere,	243
Saucisses de foye de veau,	ibid.
Rognons de veau de plusieurs façons,	244
Fressure de veau à la poulette,	ibid.
Pieds de veau de plusieurs façons,	245
Pieds de veau farcis,	246
Pieds de veau au citron,	ibid.
Pieds de veau à la Sainte-Menehoult,	247
Ris de veau de plusieurs façons,	ibid.
Ris de veau à la Duchesse,	248
Ris de veau au Pontife,	ibid.
Ris de veau en hérisson,	249
Ris de veau en consommé,	250
Ris de veau en cristaux,	ibid.
Ris de veau aux fines herbes,	251
Ris de veau à la pluche verte,	252
Ris de veau à l'Angloise,	ibid.
Ris de veau à la d'armagnac,	253
Ris de veau à la broche,	ibid.
Rissolle à la choisy,	254

TABLE

Queues de veau aux choux,	254
Queue de veau diversifiée,	255
Queues de veau au gratin,	256
Queue de veau farcies,	ibid.
Amourettes de plusieurs, façons	257
Tendrons de veau aux petits pois,	259
Tendrons de veau printaniers,	260
Tendrons de veau frits,	ibid.
Tendrons de veau à la poulette,	261
Tendrons de veau aux légumes,	ibid.
Tendrons de veau en fricandeau,	262
Poitrine de veau à l'Italienne,	263
Poitrine de veau frite,	ibid.
Poitrine de veau en fricandeau,	ibid.
Poitrine de veau en surprise,	ibid.
Oreilles de veau farcies à la quenef,	265
Rouchy de veau,	ibid.
Poitrine de veau marinée,	265
Poitrine de veau farcie en ragoût,	266
Poitrine de veau au court-bouillon,	ibid.
Poitrine de veau au Pontife,	267
Poitrine de veau en crépine,	ibid.
Poitrine de veau à la Romaine,	ibid.
Côtelettes de veau à la mariée,	268
Côtelettes de veau grillées,	269
Côtelettes de veau en ragoût,	ibid.
Côtelettes de veau en papillottes,	ibid.
Cotelettes de veau marinées,	270
Cotelettes de veau composées,	ibid.

Cotelettes de veau en fricandeau, 271
Cotelettes de veau aux fines herbes, 272
Cotelettes de veau aux petits pois, ibid.
Cotelettes de veau au cruchon, 273
Cotelettes de veau à la poële, ibid.
Cotelettes de veau à l'Italienne, 274
Cotelettes de veau en crépine, 275
Cotelettes de veau diversifiées, ibid.
Carré de veau glacé ou piqué à la broche, 276
Carré de veau à la servante, ibid.
Carré de veau à la poivrade, 277
Carré de veau au Monarque, 278
Carré de veau en crépines, ibid.
Qaurtier de veau en surprise, 279
Quartier de veau ou cuisseau aux épinars, 280
Quartier de veau à la crême, 281
Cuisseau de veau à la Daube, 282
Jarret de veau au consommé, 283
Quartier de veau au chevreuil, 284
Quartier de veau au caramel, ibid.
Quartier de veau glacé, 285
Quartier de veau de plusieurs façons, ibid.
Epaule de veau en filets à la crême, 286
Epaule de veau à la poivrade, ibid.
Epaule de veau à l'Espagnole, 287
Epaule de veau en timbale, ibid.

Epaule de veau à l'Allemande,	288
Epaule de veau au naturel,	289
Blanquette de veau,	ibid.
Grenadin de veau aux anchois,	290
Grenadin au naturel,	ibid.
Rissolettes de veau,	291
Quasi de veau à la Pélerine,	ibid.
Paupiettes de veau,	292
Hâtereaux de veau,	293
Brezolles de veau,	ibid.
Poupeton,	295
Marbrée,	296
Grenade,	297
Grenade en daube,	298
Favorites,	300
Venitienne de veau,	301
Vinitienne au jambon,	ibid.
Venitienne à la moële,	302
Venitienne à la couënne,	303
Venitienne au vin de Champagne,	ibid.
Fricandeaux aux légumes,	304
Noix de veau au Pontife,	ibid.
Noix de veau à la Saint Cloud,	305
Noix de veau glacées,	ibid.
Ruelle de veau à la daube,	306
Ruelle de veau à la cendre,	307
Andouillettes au celeri,	ibid.
Quenelles de veau,	308
Filets mignons,	309
Filets de veau à la Conti,	ibid.
Timbale à la Romaine,	310

TABLE

Veau à la folette,	311
Gateau de Mai,	ibid.
Pain à la Flamande,	312
Veau au moulinet,	313
Crepinettes de godiveau,	314
Gateau de veau en crépine,	315
Veau à la Villageoise,	316
Bagatelles de veau,	ibid.
Filets de coulis à la béchamel,	317

CHAPITRE III.

DU MOUTON.

Connoissance & dissection du Mouton,	318
Queues de mouton de différentes façons	319
Langues de mouton à la Provençale,	320
Langues de mouton glacées,	ibid.
Langues de mouton à la royalle,	321
Langues de mouton aux oignons en crépine,	322
Langues de mouton en papillottes,	323
Langues de mouton au four,	ibid.
Langues de mouton au parmesan,	324
Langues de mouton en surprise,	325
Langues de mouton à la liaison,	326
Langues de mouton à la poële,	ibid.

Langues de mouton à la Dauphine, 327
Langues de mouton à la bourgeoise, 328
Langues de mouton en tourte, ibid.
Canelons de langues de mouton, 329
Langues de mouton au gratin, ibid.
Pieds de mouton de différentes façons, 330
Pieds de mouton à la Belle-Vue, 331
Pieds de mouton en canon, 332
Pieds de mouton au gratin, ibid.
Pieds de mouton à la Sainte-Menehoult, 333
Pieds de mouton à la Reine, ibid.
Pieds de mouton à l'oignon, 334
Pieds de mouton au parmesan, 335
Pieds de mouton en chalumeau, ibid.
Pieds de mouton à la Jardiniere, 336
Pieds de mouton à l'aspic, ibid.
Pieds de mouton à la ravigotte, 337
Pieds de mouton en croquette, 338
Oreilles de mouton de plusieurs façons, ibid.
Rognons de mouton de plusieurs façons, 339
Rognons de mouton à la hâte, ibid.
Rognons de mouton à l'Italienne, 340
Queues de mouton en canapé, ibid.
Queue de mouton au caramel, 341
Queues de mouton au ris, ibid.
Queue de mouton au parmesan, 342

Queue de mouton à la Flamande, 343
Queue de mouton à la Milanoise, ibid.
Queue de mouton de plusieurs façons, 344
Terrine de queues de mouton & ailerons au coulis & ragoût de marons, 345
Queue de mouton en Turban, 346
Queues de mouton en hochepos-glacé, 347
Carré de mouton au réverrend, 348
Carré de mouton en fricandeau, 349
Carré de mouton sans façon, ibid.
Carré de mouton en crépine, 350
Carré de mouton à l'chalotte, 351
Carré de mouton au jambon, ibid.
Carré de mouton à la mode, 352
Carré de mouton à la Jardiniere ou à la capucine, ibid.
Côtelettes de mouton sans malice, ibid.
Côtelettes de mouton de plusieurs façons, 353
Côtelettes de mouton au fenouil, 354
Haricot de mouton, ibid.
Côtelettes de mouton à la cendre, 355
Côtelettes de mouton en hérisson, 356
Côtelettes de mouton à l'amoureuse, 357
Côtelettes de mouton en crépines, ibid.
Côtelettes de mouton en crépines d'une autre façon, 358
Côtelettes de mouton en surtout, 359

Côtelettes de mouton à la chartreuse 360
Côtelettes de monton frites, 361
Côtelettes de mouton à la Villeroy, ibid.
Côtelettes de mouton à la Gascogne, 362
Côtelettes de mouton à la servante, 363
Côtelettes de mouton à l'Allemande, ibid.
Côtelettes de mouton à la Dauphine, 364
Bressolles de mouton, ibid.
Bressolles de mouton à la poële, 365
Bressolles de mouton à la périgord, 366
Bressolles de mouton aux concombres, 367
Mouton à la béchamel, aux oignons, ibid.
Hatereau de mouton. 368
Filets de mouton marinés, ibid.
Filets de mouton à la coquette, 369
Filets de mouton glacés aux concombres, 370
Filets aux concombres mincées, ibid.
Hachis de mouton de plusieurs façons, 371
Filets de mouton en canellon, 372
Fricandeau de mouton, ibid.
Cascalopes de mouton au vin de Cham-

TABLE

pagne, 373
Pain de mouton au gratin, 374
Animelles frites, 375
Animelles à l'Espagnole, 376
Ruelles de mouton aux oignons, ibid.
Colet de mouton de plusieurs façons, 377
Poitrine de mouton de plusieurs façons, 378
Epaule de mouton à l'eau, ibid.
Epaule de mouton a la parme, 379
Epaule de mouton au four, ibid.
Epaule de mouton à la Sainte-Menehoult, 380
Saucisson d'épaule de mouton, ibid.
Epaule de mouton à la bonne femme, 381
Epaule de mouton en timbale, 382
Epaule de mouton au sang, 383
Selle de mouton à la Sainte-Menehoult, ibid.
Selle de mouton en canapé, 384
Rôt de bif de mouton au parmesan, 385
Rôt de bif glacé, 386
Rôt de bif à la garonne, ibid.
Gigot de mouton de plusieurs façons, 387
Gigot de mouton aux choux-fleurs, 388
Gigot de mouton au vin de Champagne, 389

TABLE

Gigot de mouton en filets farcis,	339
Grenadin de mouton,	390
Gigot de mouton à la mode,	391
Gigot de mouton à la Gascogne.	392
Gigot de mouton à la houlan,	392
Gigot de mouton à l'Italienne,	393
Gigot de mouton à l'eau,	ibid.
Gigot de mouton à l'Espagnole,	394
Mortadelles de mouton,	395
Gigot de mouton diversifié,	ibid.
Gigot de mouton en venaison,	396
Gigot de mouton à la servante,	397
Gigot de mouton à la ninon,	ibid.
Gigot de mouton à la modêne,	398
Gigot de mouton au militaire,	399
Gigot de mouton aux légumes,	ibid.
Gigot de mouton au bacha,	400
Gigot de mouton à la Saint Géran,	401
Gigot de mouton en filets,	ibid.
Gigot en salade,	402
Gigot de mouton à la Magdelaine,	403
Croquettes de palais de bœuf,	403
Filets de bœuf à la Lyonnoise,	404
Charbonnée aux Sorcrotes,	ibid.

Fin de la Table du premier Volume.

APROBATION.

J'Ai lû par Ordre de Monseigneur le Chancellier, un manuscrit intitulé les *Soupers de la Cour*; & je n'y ai rien trouvé qui puisse en empêcher l'impression. A Paris ce 15 Décembre 1743.

LAVIROLTE.

PRIVILEGE DU ROI.

LOUIS, par la grace de Dieu, Roi de France & de Navarre : A nos amés & féaux conseillers, les gens tenant nos Cours de Parlement, Maîtres des Requêtes ordinaires de notre Hôtel, Grand Conseil, Prevôt de Paris, Baillifs, Sénéchaux, leurs Lieutenans Civils, & autres nos Justiciers qu'il appartiendra ; SALUT. Notre amé PIERRE GUILLYN Libraire à Paris, Nous a fait exposer qu'il desireroit faire imprimer & donner au Public un Ouvrage qui a pour titre : *Les Soupers de la Cour, ou l'Art de travailler toutes sortes d'Alimens* s'il Nous plaisoit lui accorder nos Lettres de Privilege pour ce nécessaires. A CES CAUSES, voulant favorablement traiter l'Exposant, Nous lui avons permis & permettons par ces Présentes, de faire imprimer ledit ouvrage autant de fois que bon lui semblera ; & de le vendre faire vendre & débiter par tout notre Royaume pendant le tems de six années consécutives, à compter du jour de la date des Présentes : Faisons défenses à tous Imprimeurs, Libraires & autres personnes de quelque qualité & condition quelles soient, d'en introduire d'impression étrangère dans aucun lieu de notre obéissance; comme aussi d'imprimer ou faire imprimer, vendre, faire vendre, débiter ni contrefaire ledit Ouvrage, ni d'en faire aucun extrait, sous quelque prétexte que ce soit d'augmentation, correction, changement ou autres, sans la permission expresse & par écrit dudit Exposant, ou de ceux qui auront droit de lui, à peine de confiscation des Exemplaires contrefaits, de trois mille livres d'amende contre chacun des contrevenans, dont un tiers à Nous, un tiers à l'Hôtel-Dieu de Paris, & l'autre tiers audit Exposant, ou à celui qui aura droit de lui, & de tous dépens, dommages & intérêts ; A la charge que ces Préfentes feront enregiftrées tout au long fur le Regiftre de la Communauté des Imprimeurs & Libraires de Paris, dans trois mois de la date d'icelles, que l'impreffion dudit ouvrage fera faite dans notre Royaume & non ailleurs, en bon papier & beaux caracteres, conformément à la feuille imprimée, attachée pour modele fous le contrefcel des Préfentes ; que l'Impétrant fe conformera en tout aux Reglemens de la Librairie, & notamment à celui du dix Avril 1725. Qu'avant de l'expofer en vente, le manufcrit qui aura fervi de copie à l'impreffion dudit Ouvrage, fera remis dans le même état où l'approbation y aura été donnée, ès mains de notre très-cher & féal Chevalier Chancellier de France le Sieur de Lamoignon, & qu'il en fera enfuite remis deux Exemplaires, dans notre Bibliotheque publique, un dans celle de notre Château du Louvre, un dans celle de notredit très-cher & féal Chevalier Chancelier de France ; le Sieur de Lamoignon, & un dans celle de notre très cher & féal Chevallier Garde des Sceaux de France, le Sieur de Machault, Commandeur de nos Ordres le tout à peine de nullité des Préfentes. ; Du contenu defquelles vous mandons & enjoignons de faire jouir ledit Expofant ou fes ayant caufe, pleinement & paifiblement, fans fouffrir qu'il leur foit fait aucun trouble ou empêchement. Voulons que la Copie des Préfentes qui fera imprimée tout au long au commencement ou à la fin dudit Ouvrage, foit tenue pour duement fignifiée, & qu'aux copies collationnées par l'un de nos amés & féaux Confeillers & Secrétaires foi foit ajoûtée comme à l'Original. Commandons au premier notre Huiffier ou Sergent fur ce requis, de faire pour l'exécution d'icelles tous Actes requis & néceffaires, fans demander autre permiffion, & nonobftant Clameur de Haro, Chartre Normande, & Lettres à ce contraires. CAR tel eft notre plaifir. Donné à Verfailles le vingt unième jour du mois de Janvier, l'an de grace mil fept cent cinquante-quatre, & de notre Regne le trente neuviéme Par le Roi en fon Confeil.

Signé PERRIN.

Regiftré fur le Regiftre XIII. de la Chambre Royale des Libraires & Imprimeurs de Paris, N°. 274. fol. 217. conformément aux anciens Réglemens confirmés par celui du 28 Février 1723. A Paris, le 25. Janvier. 1754.

DIDOT, *Syndic.*

LES

LES SOUPERS
DE
LA COUR.

Instructions sur les productions que la nature nous procure pour les alimens dans les quatre saisons.

DU PRINTEMS.

E Printems, qui est la premiere saison de l'année, comprend les mois de Mars, Avril, Mai. Cette partie de l'année nous fait tout espérer par son agrément, & nous dédommage, par les prémices de ses productions, de ce qu'elle est la plus ingrate en volailles, gibier, fruits, légumes, & que les autres viandes ne sont qu'impar-

Tome I.   A

faites, parce que cette saison met la nature en mouvement & fait fermenter; il n'y a que le bœuf qui ne diminue point de sa bonté. Je commencerai par le pain, comme étant l'aliment le plus nécessaire à la vie, & qui est de toute l'année: celui de froment est le meilleur: l'on en fait de plusieurs façons, comme pain molet, pain au lait, pain de Gentilly, pain à la Reine, le gros pain des Boulangers de Paris & de ceux des environs, qui l'apportent deux fois la semaine. Nous avons encore le pain mêlé de seigle & froment; différents autres qui se font avec le millet, l'avoine, le sarazin & l'orge. Le vin, qui est de toutes les saisons, est l'ame du repas, la source de la joie quand on en use avec modération. Les meilleurs de Bourgogne sont ceux de Chambertin, de Nuis, Pomart, Beaune, Chassaigne, Sauvigny, Voujaux, Lhermitage, la Côte-rôtie & quantité d'autres qui ne sont pas de la tête des vins. Ceux de Champagne sont ceux de Reims; le blanc de Sillery, le Pierry, le Auvillieres. Nous avons encore plusieurs autres vins excellens, comme celui du Rhin, de Moselle, de Grave, de Bordeaux, le Saint Peré de Languedoc ; le bouru d'Harbois & d'Arty. Les vins de liqueurs font, le Muscat, le Frontignan, le Saint Laurent, le Condrieux, le Darbois ; plusieurs autres ainsi que ceux qui nous viennent des pays étrangers. Nous avons dans cette saison les Veaux de lait, les Agneaux de lait, les Moutons de Flandres, de Reims, de Beauvais, & ceux qui sont engraissés aux environs de Paris. Les Poulets à la Reine préparés par les Rôtisseurs, les Poulets aux œufs, les Poulets de grain. Sur la fin du Printems, les Poulardes nouvelles, les Dindonneaux engraissés, les Cannetons de Rouen, les Oisons, les Cannetons, les petits Pigeons de voliere, les gros Pigeons romains & de Reims, les Levreaux & Lapreaux, le Chevrillar, le Chevreuil, le Marcassin, le vieux gibier, les Hortolans nourris. Dans le mois d'Avril les Tourtereaux commencent à paroître. En poisson d'eau douce nous avons le Saumon de Seine & de Loire, la Truite de Normandie, l'Alose de Seine & de Loire : la premiere est la plus estimée. Les Ecrevisses, la Lotte ou Barbotte. En Avril le reste du poisson d'eau douce commence à frayer ; cependant on a

A ij

toujours de l'Anguille, du Brochet, de la Carpe, des Perches, Tanches, Bresmes & Barbillons. En poisson de mer nous avons le Saumon salé & fumé d'Hollande, les Harangs d'Hollande & de Dieppe, la Morue, le Stocfiches ou Merluches, le Cabilleau, la Raye, le Turbot, le Mulet ou Surmulet, le Bar; pour nouveauté, le Maquereau & l'Esturgeon. En légumes nous avons les champignons, les morilles & mousserons, les asperges vertes, les artichaux, les salsifix, les chervis, les scorsoneres, les cardes-poirées, les bete-raves, les petits pois, les oignons gardés, carottes, panais, navets, les petites raves. En herbes potageres, persil, ciboule, épinards nouveaux, l'ozeille, le cerfeuil, la bonne-dame, la laitue, des mâches, la capucine pour les salades, baume, estragon, cresson alenois & de fontaine, la corne de cerf, le petit pourpier, la pimprenelle & la petite laitue. En fruits nous avons encore des pommes de reinette, d'apis, des poires de bon chrétien & des poires à compote. Si l'année est prématurée, nous avons des fraises, framboises, cerises précoces, groseilles vertes, amandes vertes, abricots verts, fleurs de violettes.

DE L'ÉTÉ.

C'EST dans l'Eté, qui comprend Juin, Juillet, Août, que la nature commence à nous faire jouir des richesses que le Printems nous a préparé, & nous annonce l'abondance pour le reste de l'année. La viande de boucherie, comme au Printems, à cette différence que dans cette saison le mouton des bons cantons ne peut se transporter. En volailles, les Pigeons de toutes espèces, les Poulets de toutes espèces, le Coq-vierge, la Poularde nouvelle, les Cannetons de Rouen, les Oisons & Cannetons pour entrées : en menu gibier, la Perdrix rouge & grise, les Ramereaux, les Tourtereaux, les Faisandeaux, la Caille & Cailleteaux, les Levreaux & Lapreaux, le Halbran. Sur la fin de l'Eté, le Becfigue, la Grive de vigne, tous les oiseaux gras. En venaison, le Faon, le Marcassin, le Sanglier, le Chevreuil & le Chevrillard. En poisson, il y en a peu de mer, excepté la Morue nouvelle, & en poisson d'eau douce nous avons la Truite de mer & de riviere, la Carpe & la Perche. En légumes & herbes potageres, des pois de toutes especes, les petites féves de marais, les haricots verts, les artichaux, les concombres, les choux-fleurs, les melons; des racines nouvelles, des laitues, des chicons, des oignons nouveaux, des choux, des poireaux, de la chicorée blanche, du pourpier, corne de cerf, cerfeuil, estragon, pimprenelle, percepierre, ciboulette, baume, la ciboule & le persil à l'ordinaire. En fruits, nous avons encore les fraises, framboises, abricots verts & amandes vertes, cerises, guignes, bigareaux, groseilles rouges, figues, fleurs d'orange, les cerneaux, pêches & prunes de toutes especes, les abricots d'espalier & de plein-vent. Sur la fin de l'été, les mûres, les poires, les pommes de rambour, la calville d'été. *Dans cette saison* les Officiers travaillent beaucoup à confire les fruits au liquide & au sec, à faire des syrops, des marmelades, des pâtes, des gelées, des ratafiats, des fruits à l'eau-de-vie, des gâteaux & toutes sortes de confitures pour provision.

DE L'AUTOMNE.

CETTE saison, qui comprend le mois de Septembre, Octobre & Novembre, nous fait entrer dans la bonne chere par l'abondance de toutes sortes de gibier & venaison ; la bonté de la volaille : poissons d'eau douce & de mer : la récolte des vins & des fruits à pépins de toutes especes. En viande de boucherie jusqu'au commencement de l'hyver, le bœuf d'herbes qui est le meilleur venant de Normandie ; en mouton, dans l'automne ainsi que dans l'hyver, ceux qui sont engraissés aux environs de Paris, les moutons de Beauvais, des Ardennes, de Cabour, de Champagne, de Dieppe ou Pré-salé, d'Avranches. Le veau de Rouen, de Caën, de Flandre, de Pontoise, de Montargis, & de lait aux environs de Paris. Le cochon, celui de six mois nourri avec l'avoine est le meilleur pour rôtir, & le petit salé. En volaille, la poularde & chapon du Mans, de Normandie, d'Anjou, de Barbezieux, de Bruges, de Lille de Blanzac, le coq-vierge de Caux, & la poule de Caux ; toutes sortes de bons poulets engraissés à Paris & aux environs. Le dindon chaponné de Poitou, du Berry, du Maine, de l'Anjou; le dindon gras de tout pays, les oyes grasses, oisons, canards d'Anjou, de Metz, de Normandie & du Maine, les pigeons de toutes especes. En gibier à poil & venaison, les lapreaux des bons cantons, les levreaux de demi & de trois quarts; le sanglier de compagnie, la Laye plus estimée, le Marcassin de l'année encore meilleur, le Chevreuil de montagne est le meilleur, le Faon. En petit gibier, les bonnes Perdrix grises de Bretagne, des Ardennes, du bas Maine: les Perdrix rouges de Perigord, d'Anjou, du Quercy, du haut Maine, du Poitou, de la Basse-Bretagne & autres, Loutardes & Loutardeaux de Champagne, la Gelinote de bois, de Franche-Comté, de Luxembourg, les Coqs & les Poules de Bruyeres, les Bertavelles du Dauphiné, les Bécassines & Bécasses, oiseaux de passage excellens dans la gelée & brouillards, les Mauviettes ou Alouettes, aussi bonnes dans la gelée & brouillards, les Pluviers & Grives bons dans la gelée, les Canards & oiseaux de riviere bons jusqu'au printems, les Guignards de Beauce, les

Judelles & Macreuses bonnes quand il gèle, le Rouge & le Râle de Genest excellent, la Sarcelle, le Rouge-gorge de Lorraine, l'Hortolan, & beaucoup de petits oiseaux dont l'espece n'est connue que par les bons Chasseurs. En poisson de mer, la Barbue, le Turbot & Turbotin, le Saumon, le Cabilleau, les Carlets, les Flayes, les Limandes, les Soles, les Merlans, les Vives, les Harangs frais, salés & sorets, les Eperlans, la Truite de mer & la saumonnée, les Sardines fraiches, le Thon, les Anchois, le Rouget, le Grelot, la grosse Raye & la petite, la Morue fraiche & salée, les Homars, les Crabes, les Moules, les Huitres vertes d'Angleterre & les blanches de Dieppe. En poisson d'eau-douce, la Carpe, l'Anguille, le Brochet, la Truite, les Ecrevisses, la Tanche, les Lottes, les Perches, les Barbillons, la Brême & le Meunier. En légumes, herbages & fromages, une partie de cette saison nous avons les mêmes légumes que dans l'été; ensuite nous avons les cardons d'Espagne & de Tours, les Truffes de Périgord, de Quercy, de Bourgogne, de Montauban, d'Angoulême, de Bordeaux &

autres endroits: Les choux-fleurs, les artichaux d'Automne, les épinards, les choux de plusieurs especes, les bons navets de Freneuse & autres : le celery, la chicorée blanche & la sauvage, poireaux, oignons, racines. Dans cette saison & dans l'hyver les fromages de Brie sont dans leur bonté, ainsi que de Sassenage, d'Hollande persillé, de Gruyere, le Dauphin, le Marole, le Roquefort, les Angelots. En fruits, nous avons encore dans le commencement de cette saison plusieurs sortes de pêches, de poires d'automne ; les pommes de Calville rouge & blanc, la rainette & autres : les figues d'automne, les noix, noisettes, olives, pucholines, châtaignes, marons. Les raisins de toutes especes que l'on peut conserver jusqu'à Pâques quand il n'est point cueilli trop mûr, mis sur des planches, couvert de papier sans qu'il prenne l'air.

DE L'HYVER.

L'HYVER comprend Décembre, Janvier, Février. Nous avons dans cette saison les bœufs d'Auvergne & du Limosin nourris de gros navets

[...] l'on est bonne, mais [...] est préféré. Le mouton, [...] la volaille, le gibier comme [...]tomne, le même poisson & [...] d'abondance, les légumes à [...] les mêmes par le moyen de [...] que l'on tire de la terre pour les [...]ver dans des serres & des caves, [...] que des fruits cruds que l'on con- [...] dans les fruitiers, ce qui fait que [...] avons presque de tout comme [...] l'automne, & de plus par la faci- [...] des envois. Il nous vient des Pro- [...] toutes sortes de Pâtés, comme [...] de Perigord, d'Amiens de Ca- [...], de Perdrix, de Jambon, d'A- [...]ettes, de Cochon de lait, de Per- [...] aux Truffes. Les cuisses d'Oyes, [...] Cervelas de toutes espèces, les [...]bien de Jambon au sain-doux, les [...]bons de Bayonne, de Mayence, [...]Grenade, de Westphalie, de Por- [...]; les Mortadelles & Saucissons [...] Boulogne, de Gênes, de Paris; [...] bœuf fumé d'Hongrie & d'Ham- [...]; les langues de Cochon de [...] & de Blois, les langues de [...], de veau, de mouton de Troyes, [...] Saint Germain & de Dieppe, le [...] d'Hollande & de Flandre, le

A vj

fromage de cochon, les hures de fanglier & bajoues fumées de Strasbourg & autres endroits.

L'on employe dans cette saison les provisions que l'on a faites l'Automne, comme les haricots blancs, les haricots verts, confits & sechés, les grosses fêves seches, les lentilles à la Reine & les lentilles ordinaires, les pois chiches, les pois verds secs, le ris & la farine de ris, le vermichel & le macarony, l'orge mondé, le millet mondé, le semouille, les Truffes à l'huile, les seches & les vertes, les mousserons & les morilles secs, les artichaux confits & les secs, les herbes confites, le bled de Turquie, la passepierre, les petits melons & cornichons confits, les fruits secs, comme poires de Rousselet sechées, figues & raisins secs, avelines & amandes, pommes tapées & pruneaux de toutes especes, les fruits à l'eau-de-vie & les confitures au liquide. Le recours que l'on a aux ouvrages de sucre, comme macarons, massepins, gaufres, mousselines, biscuits, candy, pastillages, caramel, conserve, meringues, citrons au liquide & au sec, compotes; plusieurs sortes d'ouvrages d'amandes de caffé & de chocolat, suppléent au défaut de ce que l'on a moins de fruit dans cette faifon, & donne le moyen de faire des changemens pour fervir les meilleures tables.

Des Menus pour toutes les faifons.

Comme à préfent l'on fait peu de différence du fervice du dîner au fouper, finon que pour le premier l'on fert toujours une piece de bœuf au naturel & quelques hors-d'œuvres cruds, comme melons, figues, raves, beurre, huitres, cela obfervé, les mêmes qui font ci-après, ferviront indifféremment pour l'un & pour l'autre; mon but n'eft que de donner une idée de l'arrangement du fervice & des mets qui peuvent fervir à chaque faifon, il refte à chacun d'augmenter ou diminuer, & d'en fubftituer d'autres à la place de ceux qui ne font pas de leur goût.

Menus du Printems.

Table de quinze à vingt couverts, fervie à dix-fept en gras.

Premier fervice.

1 Dormant.
2 Terrines.

LES SOUPERS

1 à la Flamande.
1 d'une fricassée de Poulets aux pois.

2 Ouilles.
1 d'une Julienne.
1 à la purée verte.

12 Entrées & Hors-d'œuvres.
1 de Lapreau mariné.
1 de filets de Bœuf à la Lionnoise.
1 de Pigeons en matelotte.
1 de petits Pâtés à la Choisy.
1 de carré de Mouton en fricandeau
1 de fillets de Veau à la Conti.
1 de petits Pâtés à la Nesle.
1 de Poulets à la Dauphine.
1 de queues d'Agneaux au soleil.
1 de Campine à la Muette.
1 de palais de Bœuf à l'Angloise.
1 de ris de veau à la pluche verte.

Second service.

2 Relevés de Potages.
1 d'une casserole au ris.
1 d'un quartier de Mouton à la broche.

Troisiéme service.

2 Grands Entremets.
1 d'un biscuit de Turin.
1 d'un Pâté froid.

DE LA COUR.

2 Moyens Entremêts.
1 d'une Tourte à la Chantilly.
1 d'une Croquante à la d'Etrées.

6 Plats de Rôts.
1 de petits Pigeons.
1 d'un Dindonneau.
1 d'une Campine.
1 de Lapreaux.
1 d'un Marcassin.
1 de Poulets à la Reine.

4 Salades, deux Sauces.

Quatriéme service.

12 Entremets chauds pour relever le Rôt, Salades & sauces.
1 de petits Pois.
1 d'Asperges.
1 d'Artichaux en cristaux.
1 de Féves de marais.
1 de Crestes au vert-pré.
1 de Tartelettes à la bonne.
1 de Saliere de Massepins.
1 de Crême à la croix de Malte.
1 de Crême au Caramel.
1 de Baignets Italiens.
1 de laitance de Carpe à la Belle-Vue.
1 de rôties au mortier.

Cinquiéme service.

Dessert.

Suivant l'usage de l'Office, sur une

table servie à 17 en jattes, l'on peut mettre trois plats dormans & deux autres qui ferment les deux bouts, l'on peut mettre aux quatre coins de la table, 4 buissons de fruit ou de glace, qui accompagneront les 5 pieces des flancs de chaque côté, pour la garniture du dessus, l'on peut la garnir en fruits avec des gobelets, ou bien mettre des figures de sucre de toutes façons, ou des figures de porcelaine de Saxe, ainsi que des arbres de toutes espèces, avec des palissades, gazons, & parterres dans tous les goûts, tant fleurs naturelles qu'artificielles. Si la table est servie en jattes, l'on peut y mettre 8 compotes, 8 assiettes, sçavoir la saison du Printems, 1 d'abricôts verds, 1 d'amandes vertes, 1 de cerises, 1 de groseilles précosses, 1 de tailladins d'oranges, 1 de fleurs d'oranges, 1 de fraises, 1 de crême, 1 d'abricôts à l'eau-de-vie, & 1 de prunes de Reine-Claude: si la table est servie en glaces, l'on peut mettre 24 assiettes ou compotes, les 8 assiettes sont, 1 d'échaudés, 1 de biscuits à la cuillière, 1 de biscuits d'amandes ameres, 1 de tourons, 2 de gaufres, 2 de seches garnies de fleurs d'oranges grillées & cerises au caramel, 1 de fromage.

Menus de Printemsṡ.

Table de vingt-cinq à trente couverts, servie à vingt-sept en maigre.

Premier service.

1 Dormant.
2 Potages.
1 de santé.
1 au lait.
  2 Ouilles.
1 à la Crecy.
1 à la purée verte.
  2 Grandes Entrées.
1 de Turbot au blanc.
1 de Carpe au bleu.
  20 Entrées & Hors-d'œuvres.
1 de petits Pâtés de poissons.
1 d'Anguille en fricassée de Poulets.
1 de matelotte d'Eperlans.
1 de filets de Perches à l'Italienne.
1 d'Esturgeon à la bonne femme.
1 de Lottes à la Chartreuse.
1 de Quenelles de Merlans.
1 de Raye au beurre noir.
1 de Carlets au citron.
1 d'Harangs de Boulogne à la purée verte.

1 de Morue à la Maître-d'hôtel.
1 de Turbot à la Bechamelle.
1 de filets de Saumon à la Poulette.
1 de Surmulet, sauces aux Câpes.
1 de filets de Soles aux légumes.
1 d'aumelette au naturel.
1 d'œufs aux petits pois.
1 d'œufs à la farce.
1 d'aumelette au joli cœur.
1 de filets de Saumon en hâtelet.

Second service.

4 Relevés à la place des potages.
1 d'une Aloze, sauce aux Câpes.
1 d'une queue de Saumon aux Ecrevisses.
1 d'une Barbue grillée.
1 de Perches au vin de Champagne.

Troisiéme service.

2 Grands Entremêts.
1 d'un gâteau de Compiegne.
1 d'un Bonnet de Turquie aux pistaches.

2 Moyens Entremêts.
1 d'Ecrevisses.
1 de Homars.

12 Plats de Rôt.
3 de Soles.
3 d'Eperlans.

2 de Merlans.
1 d'une hure de Saumon.
1 d'une Alose.
2 de Carlets.
  6 Salades.
2 d'herbes.
2 de cuites.
2 d'oranges & citrons.
  4 Sauces.

 Quatriéme service.

 18 Entremêts chauds pour relever les Rôts & salades.
2 de flanc.
2 de petites rosettes.
1 de tartelettes de pommes.
1 de genoises.
1 d'asperges en petits pois.
1 d'artichaux frits.
1 de crême à la Strasbourg.
1 d'aricots verts.
1 de salsifix.
1 d'huitres à la Bechamelle.
1 d'asperges en bâtons.
1 de chervits frits.
1 de cardes au parmesan.
1 d'artichaux au beurre.
1 de crême au chocolat.
1 de petits choux.

LES SOUPERS

Cinquième service.
Dessert.

5 Dormans, deux à chaque bout qui ferment le filet du milieu, pour les compottes & assiettes, l'on peut en mettre 36, sçavoir 18 compottes & 18 assiettes, quand le nombre est grand, ils faut les doubler.

Menus de Printems.

Table de vingt à vingt-cinq couverts, servie à vingt-trois en maigre.

Premier service.

1 Dormant.
2 Grandes Entrées.
1 d'une Carpe au bleue.
1 de Brochet en vive.
2 Ouilles.
1 de ris aux Ecrevisses.
1 à l'eau.
2 Potages.
1 de Julienne aux pois.
1 de Moules.
16 Entrées & Hors-d'œuvre.
1 de petits Pâtés.
1 de Morue.
1 d'œufs à la Piémontoise.

1 d'aumelette à la Sainte Menehoult.
1 d'œufs aux petits pois.
1 d'œufs à la farce.
1 d'aricots.
1 d'un hachis aux Ecrevisses.
1 d'Anguille au brodequin.
1 d'Esturgeon.
1 de Perches en filets à la Bechamelle.
1 de dardes de Saumon grillées.
1 de Raye au persil frit.
1 de blanquette d'Esturgeon aux concombres.
1 de Raye grillée.
1 d'escalope de Saumon.

Second service.

4 Relevés pour relever les potages.
1 d'une Aloze.
1 d'une matelotte.
1 de Perches à l'Angloise.
1 de Pâté de poissons.

Troisième service.

2 Grands Entremêts.
1 de buisson d'Ecrevisses.
1 d'une brioche.

2 Moyens Entremêts.
1 de crême de caffé dans des Cailles.
1 de crême de chocolat dans des Pigeons.

22 LES SOUPERS

8 Plats de Rôt.
2 de Lottes.
1 d'Esturgeon.
1 de Carpes frites.
1 d'Aloze.
1 de hure de Saumon.
1 de filets de Brochet.
1 de Perches.

4 Sauces.
1 Piquante.
1 à l'huile & vinaigre.
1 au pauvre homme.
1 au verjus.

6 Salades.

Quatrième service.

18 Entremêts chauds pour relever les Rôts, Sauces & Salades.
2 de petits pois.
2 d'artichaux.
2 d'asperges.
1 de choux-fleurs.
1 d'épinards.
2 de fêves de marais.
1 de rôties aux enchois.
1 de pain aux champignons.
2 de ramequin.
1 de puits d'amour.
1 de ragoût de langues de Carpes.
1 de petits haricots verts.

4 de gâteaux de verjus.

Cinquième service.

Dessert.

Si vous le servez en jatte, il faut mettre 20 assiettes ou compottes ; si vous servez en carré de glace, il faut 30 assiettes ou compottes.

Menus de l'Eté.

Table de trente à trente-cinq couverts, servie à vingt-sept en gras.

Premier service

1 Dormant.
2 Grandes Entrées pour les deux bouts.
1 d'un quartier de veau de riviere à la civette.
1 d'un rôt de bif de mouton aux fines herbes.
2 Potages pour les contrebouts.
2 au ris.
2 Quilles pour les deux flancs.
2 à la Crecy.
aux coulis d'Ecrevisses.
20 Hors-d'œuvres.
4 de melons.
4 de petits Pâtés.
4 de côtelettes de mouton, la moitié pannées.

LES SOUPERS

4 de rognons de moutons dans leur jus
2 de raves.
2 de beurre.

Second service.

16 Entrées pour relever les vingt Hors-d'œuvres.

1 de Perdreaux à la Mauduy.
1 de Dindon à la moëlle.
1 de noix de Veau glacée aux laitues.
1 de Pigeons à la Brie, à l'Italienne.
1 de carré de Mouton à la Jardiniere.
1 de Lapreaux en pagode.
1 de Poulets à l'Italienne.
1 de charbonnée à la braise & oignons d'Espagne glacés.
1 de Pigeons au beurre de Montpellier.
1 de Campine à la Silvie.
1 de filets de Daim en matelotte.
1 d'aîlerons au Monarque.
1 de Pâté chaud de côtelettes.
1 de Canneton de Rouen au consommé.
1 de filets de Levreaux, sauce au Chevreuil.
1 de Pâté de Godiveau.

4 Grosses Entrées pour relever les Potages.

1 d'une piece de Bœuf de poitrine.
1 d'un

1 d'un Rôt de bif de daim.
2 de cochon de lait.

Troisiéme service.

4 Gros Entremêts.
2 pour les deux bouts.
1 d'un Pâté froid.
1 d'un Jambon à la broche.
2 Pour les deux flancs.
1 d'une croquante en caramel.
1 d'un Bonnet de Turquie à la glace.
12 Plats de Rôt.
2 de Perdreaux.
2 de Lapreaux.
2 de Poulets gras.
2 de Dindons gras.
2 de Campines.
2 de Pigeons bardés en Cailles.
6 Salades,
4 Sauces.

Quatriéme service.

20 Entremêts chauds pour relever les rôts, salades & sauces.
2 d'artichaux en feuillage.
2 d'artichaux à la Pompadour.
2 de ragoûts mêlés.
2 d'œufs à la Bagnolet.
2 de rôties au Jambon.
2 de choux-fleurs.
2 de crême de chocolat.

Tome I.   B

26 LES SOUPERS
2 de crême frite.
2 de baignets d'abricots.
1 de prunes de Reine-Claude en crous-
  tade.
1 de bas de soye.

Cinquiéme service.
Dessert.

36 Assiettes, sçavoir 18 compotes.
2 Compotes de fraises.
2 de cerises.
2 de groseilles rouges & blanches en
  gelée.
2 de fleurs d'orange.
2 de poires de Rousselet.
2 de pêches mignones.
2 de cerneaux.
2 de prunes.
2 de Pêches blanches.
  18 Assiettes ; sçavoir,
4 de four.
4 de gaufres.
4 d'échaudés.
4 d'amandes vertes.
2 gâteaux de fleurs d'orange.
L'on peut relever les compotes pour
  mettre à la place 18 assiettes de glace & de neige ; sçavoir,
1 de fromage à la crême.

1 de pistaches.
1 à la Chantilly.
1 de violettes.
1 de cannelon de grenades.
1 de cannelon au vin d'Espagne.
1 de cannelon au beurre.
1 de cannelon au chocolat.
          10 Assiettes de neige.
1 de crême.
1 de citron.
1 de groseilles.
1 de fraises.
1 de verjus.
1 de cannelle.
1 de crême au caffé.
1 de crême au chocolat.
1 d'oranges.
1 de Rousselet.

Menus de l'Eté.

Table de quinze à vingt couverts, servie à treize en gras.

Premier service.

   1 Surtout.
   2 Potages pour les deux bouts.
1 potage de santé.
1 potage au choux.
         2 Terrines pour les deux flancs.
1 de matelotte de cervelle de veau.

1 de cuisses d'oyes, à la purée verte.
4 Entrées.
1 de filets de poularde glacés.
1 de petits pigeons au vin de champagne.
1 d'un canneton au restaurant.
1 d'une poularde à la broche, sauce à la Nompareille.
4 Hors-d'œuvres.
1 de langues de mouton.
1 de cuisses de poulardes en gelée.
1 de côtelettes de pigeons.
1 de petits patés aux blanc.

Second service.

2 Relevés des potages.
1 paté chaud de Cailles aux laituës
1 Quartier de mouton aux concombres.

Troisième service.

4 Plats de rôt.
1 d'un dindon piqué.
1 d'une poule de coq.
1 de pigeons bardés en cailles.
1 de lapreaux.
4 Salades.
2 d'herbes.
2 d'oranges.
4 Entremêts froids.
1 d'un gâteau en feuillage.

DE LA COUR. 29
1 d'un buisson d'écrevisses de Seine.
1 d'un jambon au vin d'Espagne.
1 de bastion.

Quatriéme service.

8 Entremêts chauds pour relever le rôt & salade.

1 de petits pois.
1 de cul d'artichaux en salade.
1 de chou-fleurs.
1 de feves de marais.
2 de tartelettes à la Chantilly.
2 de tourtes de fraises à la glace.

Cinquiéme service.

Dessert.

8 compotes & 8 assiettes.

Menus de l'Eté.

Table de quinze à vingt couverts, servie à dix-sept en gras.

Premier service.

1 Dormant.

2 Terrines pour les deux bouts.
1 à la flamande.
1 de tête d'agneau à la mordienne.

2 Ouilles pour les deux flancs.
1 à la Dauphine.
1 de Julienne aux petits pois.

12 Entrées & Hors-d'œuvre

B iij

LES SOUPERS

1 de côtelettes d'agneau en bigarrure.
1 de fricassée de poulets à la sauce à l'aspic.
1 de noix de veau glacé, & laitues au blanc.
1 de petits pigeons au cingara.
1 de filets d'aloyaux en crépine.
1 de petits poulets au beurre de Vambre.
1 de Palais de bœuf à la Provençal.
1 d'oreilles d'agneaux au Soleil.
1 dindoneau sauce au pauvre-homme.
1 de quenelles de lapreaux.
1 de balottes de cuisses de poulardes.
1 de petits patés dressés au consommé.

Second service.

2 Relevés de potages.
1 d'un gigot de veau à la crême.
1 d'un jambon à la broche, sauce au vin de Champagne.

Troisiéme service.

2 Grands Entremêts.
1 d'une hure de sanglier.
1 d'un biscuit gerbé au clinquant.
2 Moyens Entremêts.
1 de brioche.
1 de fleurons.
6 Plats de Rôt.

1 d'un coq-vierge.
1 de pigeons en cailles.
1 d'un dindoneau.
1 de perdreaux.
1 de levreaux.
1 de canneton de Rouen.
 4 Salades.
 2 Sauces.

Quatriéme service.

 12 Entremêts chauds pour relever le rôt & salades.
1 de crême au gratin.
1 de crême à la Strasbourg.
1 d'asperges.
1 de morilles farcies.
1 de mousserons à la crême.
1 d'alimelle.
1 de crêtes en fricassée au blanc.
1 de ris d'agneau en cristaux, comme ris de veau.
1 d'œuf en neige.
1 de ragoût mêlé.
1 de petits cannelons.
1 de petites féves.

Cinquiéme service.

Dessert.

2 Grandes piéces de glace, qui suffi-

ront pour garnir la table avec 18 Compottes ou Assiettes.

Menus de l'Automne.

Table de vingt-cinq à trente couverts, servie à vingt-trois en gras.

Premier service.

1 Dormant.

2 grosses Entrées pour les deux bouts.
1 d'une culotte de bœuf aux choux.
1 d'un quartier de veau à la broche, une blanquette dans le cuisseau.

2 Ouilles pour les deux contre bouts.
1 au ris.
1 à la Crecy.

2 Potages pour les deux flancs.
1 à la Chartre.
1 aux choux.

16 Entrées & Hors-d'œuvres.
1 de poulets à la folette.
1 de petits pâtés en gondole.
1 de minces de poularde aux truffes.
1 d'un pâté de lapreaux.
1 de côtelettes de faisan, comme les pigeons.
1 de croquettes de palais de bœuf.
1 de pigeons à la charmante.

DE LA COUR. 33

1 de perdreaux en cuvette.
1 de côtelettes de mouton à l'eau.
1 de membres de campines à la cendre.
1 de tourtereaux au fenouil.
1 de tendrons de veau à la Bechamelle.
1 de côtelettes de veau glacé.
1 de filets de mouton à la coquette.
1 de petits poussins aux écrevisses.
1 de cailles à l'Intendante.

Second service.

4 Relevés de potages.
1 dindon à la peau de gauret.
1 d'un pâté de Macarony.
1 d'un jambon aux épinards.
1 de deux cannetons à la Nivernoise.

Troisiéme service.

4 Grands Entremêts.
1 d'une marbrée.
1 d'une brioche.
1 d'un pâté froid de membre de faisan.
1 d'un poupelain.

8 Plats de Rôt.
1 d'une poule de coq.
1 de poulets à la Reine.
1 d'un d'indonneau.
1 d'oiseaux de riviere.
1 de bécassines.
1 de pluviers.
1 d'un levreaux.

E v

1 de petits pigeons.
6 Salades,
4 Sauces.

Quatriéme service.

18 Entremêts chauds pour relever le rôt & salades.
2 de cardes.
2 d'artichaux à la Hollandoise.
1 de crêtes en pagode au vin de Champagne.
1 de truffes au court-bouillon.
1 de chou-fleurs à l'essence.
1 de ragoût mêlé.
1 de pates d'oyes en cristaux.
1 de poires en baignets.
1 d'aricots blancs au jus.
1 de laitance de carpes à la bechamelle.
1 de crême au chapelet.
1 de crême au caffé.
1 de gâteaux de verjus.
1 de gobelets à la moële.
1 d'aricots verts.
1 de rôties en rocher.

Cinquiéme service.
Dessert.

30 Compottes ou Assiettes.
2 compottes de pêches blanches.
2 de pêches grillées.

2 de verjus.
2 de poires blanches.
2 de marons.
2 de pommes de reinette & de Galville.
2 de coins.
2 assiettes de marons.
4 de gaufres.
4 de biscuits.
2 de noix.
2 de fromage.
2 de caramel.

Menus de l'Automne.

Table de trente à trente-cinq couverts, servie à vingt-cinq en gras.

Premier service.

1 Dormant.
4 Potages.
1 à la Dauphine.
1 de semouille.
1 de navets.
1 à la Madelonette.
   2 grandes Entrées.
1 d'une Salamalec.
1 d'une Financiere.
   8 Entrées & Hors-d'œuvres.
1 de cailles au Pere-Douillet.

1 de petits pâtés de filets mincés.
1 de crépine de gibier.
1 de côtelettes de faisan à la Perigord.
1 de carré de veau à la crême.
1 de campines en bigarrure.
1 d' hâtelets de lapreaux.
1 de grenadins de veau, sauce à la Nompareille.
1 de mauviettes en cerises.
1 de cuisses de poulardes au Sultan.
1 de tourtereaux au vin de Champagne.
1 de poulets à la Favorite.
1 de membres de poulardes glacés.
1 de filets de mouton à la Coquette.
1 de pigeons à la Brunette.
1 de palais de bœuf à la Mariette.
1 d'écrevisses en matelotte.
1 de tendrons de veau en gelée.

Second service.

4 Relevés des Pôtages.
1 d'une Matelotte Royale.
1 d'un Corbillon.
1 d'une Chartreuse.
1 de Faon de Daim.

Troisiéme service.

8 Entremêts froids.
1 de gâteau de lievre.
1 de poutin à l'Angloise.

1 de langues & cervelats.
1 de brioches.
1 d'écrevisses.
1 de truffes en croustades.
1 de pâté de Pantin.
1 de soufflets.

   10 Plats de Rôt.
1 de bécasses.
1 de perdreaux rouges.
1 de mauviettes.
1 d'oiseau de riviere.
1 de poule de coq.
1 de petits pigeons en caisse.
1 de poulets à la Reine.
1 de levreaux.
1 de pluviers.
1 de pigeons romains.
  6 Salades,
  2 Sauces.

Quatrième service.

  18 Entremêts chauds.
1 de cardes à la bonne femme.
1 de cardes au parmesan.
1 d'épinards à l'essence.
1 de foyes gras à la Duchesse.
1 de crême à la Mariée.
1 d'artichaux à la Poulette.
1 d'haricots verds frits.
1 d'aubergine.

1 de rôties soufflées.
1 de Genoise aux pistaches.
1 d'épinards à la crême.
1 de rognons de coq à la Prâline.
1 d'artichaux aux truffes.
1 de ragoût mêlé.
1 de choux-fleurs au beurre de Vambre.
1 de pates d'oyes bottées.
1 de baignets mignons.
1 de crême au Quadrille.

Cinquiéme service.
Dessert.

L'on peut le servir comme le précédent, ou l'augmenter de 4 assiettes ou compottes : s'il est servi en jattes, il ne faut que 12 compottes & 12 assiettes.

Menus de l'Automne.

Table de quinze à vingt couverts servie à dix-sept en gras.

Premier service.

1 Dormant.
2 Grandes Entrées.
1 rôt de bif de mouton à la sainte Menehoult.
1 pièce de bœuf à l'écarlate.

DE LA COUR.

2 Ouilles.

1 aux lentilles.
1 aux navets.

12 Entrées & Hors-d'œuvres.

1 de crépinettes de gibier.
1 de côtelettes de veau composées.
1 de semelle de faisan à la Conti.
1 de perdreaux à la Polonoise.
1 de petits pâtés à la Bechamelle.
1 de matelotte au Général.
1 de cailles au laurier.
1 de filets de poulardes aux truffes & beurre.
1 d'ailerons de poulardes à la Ville-roi.
1 de petits pigeons au cingara.
1 de petits poulets au beurre de Vambre.
1 de filets de lapreaux à la sainte Menehoult.

Second service.

2 Relevés de Potages.

1 de pâté chaud froid de gelinottes.
1 d'un quartier de Daim.

Troisiéme service.

2 Grands Entremêts.

1 *dinde* de Turquie aux pistaches.
1 jambon.

2 Moyens Entremêts.

1 poupelain.
1 de ramequin en caisses.
8 Plats de Rôt.
1 de poulets gras.
1 de poulardes.
1 d'un dindon gras.
1 de pigeons cochois.
1 de levreaux.
1 de guignards.
1 de Perdreaux.
1 de gelinottes.
4 Salades.
2 d'herbes.
2 d'oranges.

Quatriéme service.

12 Entremêts chauds pour relever les rôts & salades.
1 de tourtes de pommes.
1 de tartelettes de massepins.
1 de truffes à la Maréchale.
1 de crêtes au coulis de safran.
1 d'amourettes.
1 d'artichaux à la Gendarme.
1 d'asperges.
1 de cardes.
1 de blanc-manger.
1 d'haricots blancs à la poulette à l'essence de jambon.
1 d'écrevisses à la Sainte Menehoult.

DE LA COUR.

1 de crême à l'Abbesse.

Cinquiéme service.

Dessert.

Servi en glace, il faut 20 Assiettes ou Compotes.

Menus de l'Hyver.

Table de trente à trente-cinq couverts servie à vingt-sept en gras.

Premier service.

1 Dormant.
2 Grandes Entrées.
1 quartier de veau de la Muette.
1 Aloyau.
2 Ouilles.
1 de vermissel.
1 de santé.
2 Potages.
1 de garbure.
1 aux petits oignons.
20 Entrées & Hors-d'œuvres.
1 de perdreaux à la Mauduy.
1 d'un hachis à la Turque.
1 de cervelle de veau en chipolata.
1 de salmis de becasses.
1 de palais de bœuf à la Marmotte.
1 de palais de bœuf en croquette.
1 de petits carrés à la pluche verte.

1 de filets d'aloyau au ragoût de salpicon.
1 de petits pâtés de godiveau.
1 de tendrons de veau à la poulette Holandoise.
1 de petits poulets à l'Angloise.
1 de semelle de faisan à la Conti.
1 de filets de poularde sautés aux truffes.
1 de deux rouges, sauce piquante.
1 de becaux en papillotte.
1 de Vénitienne à la moëlle.
1 de côtelettes d'agneau en bigarrure.
1 de filets de lapreaux à la Orly.
1 de cuisses de poulardes à l'évantail.
1 d'aîlerons de dindons au Soleil.

Second service.

4 Relevés de Potages.
1 d'un pâté de faisan.
1 de cannetons de Rouen au bouillon.
1 d'un dindon à la peau de gauret.
1 d'une Prussienne.

Troisième service.

2 grands Entremêts.
1 de bondiole.
1 d'un cuisseau de veau à la daube.
8 Moyens Entremêts.
1 de langues & cervelats.

DE LA COUR.

1 de talmouses.
1 d'une tourte à la Chantilli.
1 de ramequin volé au vent.
1 de gateaux au lard.
1 de biscotin.
1 de Cannelon fouré.
1 de gateau de veau en crépine.

8 Plats de Rôt.

1 de becassines.
1 de rouges.
1 d'oiseau de riviere.
1 de levreau.
1 de dindon gras.
1 de petits poussins.
1 de pigeons.
1 de faisan.

6 Salades,
4 Sauces.

Quatriéme service.

16 Entremêts pour relever le rôt & salades.

1 de petits poupelains farcis.
1 de nœuds d'épée.
1 d'une crême au gratin.
1 de crême veloutée.
1 de pates d'oyes à la SainteMenehoult,
1 de foyes gras aux truffes.
1 de rognons de coq à la Prâline.
1 de cardes au consommé.

1 de chou-fleurs au beurre de Vambre.
1 d'artichaux à la poële.
1 de truffes en puits.
1 de montans à l'essence.
1 d'alimelle.
1 d'œufs à l'eau au caramel.
1 de crêtes en baignets.
1 d'aricots verts à la crême.

Cinquiéme service.

Dessert.

18 Compotes sçavoir.
2 Compotes de pommes blanches avec de la gelée dessus.
2 compotes de pommes de Calville.
2 de poires blanches.
2 de poires grillées.
4 de marons.
2 de coins.
2 de tailladins.
2 de calites qui sont de tailladins, d'oranges & de pistaches émondées, avec des amandes douces, & mettre le tout dans un syrop léger.
18 Assiettes de ce que l'on veut.

Menus de l'Hyver.

Table de vingt couverts servie à dix-sept en gras.

DE LA COUR.

Premier service.

1 Dormant.
2 Ouilles.
1 au bain-Marie.
1 à la purée verte.

2 Grandes Entrées.
1 d'une poitrine de bœuf à la saint Menehoult.
1 d'une longe de veau à la broche à la crême.

12 Entrées & Hors-d'œuvre.
1 de noix de veau à la chicorée au blanc.
1 de carbonades au marons & truffes.
1 de salmis de bécassines.
1 de petits patés au pontife.
1 de perdreaux à la Jardiniere.
1 d'ailerons composés.
1 de cailles en caisses.
1 d'allouettes à l'étuvée.
1 de poitrine de veau à l'Italienne.
1 de marinade de poulets gras.
1 de membres de campines à l'aspic froide.
1 de semelle de faisan à la Conti.

Second service.

2 Relevés de potages.
1 de faisan en gondole.
1 de canneton de Rouen au consommé.

Les Soupers

Troisième service.

8 Plats de Rôt.

1 d'un dindoneau.
1 d'une poulle de coq.
1 de petits poussins.
1 de pigeons.
1 de pluviers.
1 de Sarcelles.
1 de perdreaux.
1 de grives.

4 Salades.

4 Moyens Entremêts.

1 de buisson d'écrivisses.
1 de galantines.
1 de gâteaux au fromage.
1 de panier de vendanges.

Quatriéme sevice.

12 Entremêts chauds pour relever les rôt & salades.

1 de chou-fleurs au beurre.
1 de ragoûts mêlé.
1 d'artichaux à la Mariniere.
1 d'huîtres en hâtelets.
1 de gâteaux de Nioffe.
1 de peau d'Espagne.
1 de foyes gras en groupe.
1 de cardons d'Espagne.
1 d'œufs à la Duchesse.
1 de truffes en timbale.

2 de crême à la Dauphine.
2 de crêtes au reveil.

Cinquiéme Service.

Deffert.

10 Compottes.
2 de pommes en gelée rouge & blanche.
2 de poires, une blanche & une grillée.
1 de verjus.
1 de tailladins.
1 de coins.
1 de marons.
1 de gelée de pommes.
1 de cerises ou marmelade d'abricots.

10 Affiettes.
2 de fromage.
2 de bifcuits.
2 de gaufres.
2 de raifin.
2 de caramel.

Menus de l'Hyver.

Table de vingt-cinq couverts fervie à vingt-neuf en gras.

Premier fervice.

1 Dormant.

LES SOUPERS

2 Ouilles.
1 à la Conti.
1 de santé.

2 Potages.
1 à l'Autriche.
1 à la Rhinoceros.

2 Grandes Entrées.
1 aloyau à la Dauphine.
1 rein de marcassin.

12 Entrées & Hors-d'œuvres.
1 de petit filets de chevreüil.
1 d'une tourte à la Condé.
1 d'escalope de faisan aux truffes.
1 de pigeons à la crême.
1 de becaux sauce à la Mariette.
1 de rouge à la rocambolle.
1 de filets de lapreaux à la Orly.
1 de tendrons de veau à l'estragon.
1 de perdreaux à la Polonoise.
1 de pieds de moutons à la Belle-Vuë.
1 de côtelettes d'agneaux en bigarrure.
1 de filets de poulardes au soleil.

Second service.

4 Relevés des Potages.
1 d'un haricot de mouton aux navets de Freneuse.
1 de deux poules de coq à l'oignon & truffes.

1 d'une

1 d'une terrine au Monarque.
1 d'un pâté de Macaroni.

Troisiéme service.

4 Entremêts froids.
1 d'un jambon.
1 d'une grosse brioche.
1 d'un gâteau au lard.
1 de langues.

8 Plats de Rôt.
1 de petits Pigeons, Hortolans.
1 de Faisan.
1 de Campine.
1 de Mauviettes.
1 de Perdreaux rouges.
1 de Poulets.
1 de Caneton de Rouen.
1 de Lapreaux.

4 Salades.
2 Sauces.

Quatriéme service.

14 Entremêts chauds pour relever les Rots & Salades.
2 de cardes de Tours.
2 de gâteaux de Bourneville.
1 d'une Tourte de truffes à la glace.
1 d'œufs au jus.
1 d'épinars en tabatiere.
1 d'alimelle à l'Espagnole.
1 de petites rosettes.

Tome I. C

LES SOUPERS

1 de crême au caramel.
1 d'artichaux au Pere Bernard.
1 de foyes gras à l'Espagnole.
1 de pates de Dindon en gelée à l'estragon.
1 de choux-fleurs en baignets.

Cinquiéme service.

Dessert.
12 Compotes.
12 Assiettes.

Menus de l'Hyver.

Table de vingt-cinq à trente couverts, servie à vingt-trois en gras.

Premier service.

1 Dormant.
2 Terrines pour les deux bouts.
1 terrine à l'Angloise.
1 terrine de Becasses.
2 Ouilles pour les flancs.
1 au ris.
1 à la Crecy.
2 Potages pour les deux contrebouts.
1 au coulis de marrons.
1 de santé.

16 Entrées & Hors-d'œuvres.

1 de cervelle de veau au Soleil.
1 de Pluviers, sauce de leurs foyes.
1 de poitrine d'Agneau au naturel.
1 de compote de Pigeons.
1 de filets de Mouton à la purée de navets.
1 de langues de Bœuf en papillotte, sauce à l'Espagnole.
1 de semelle de Faisan aux truffes.
1 de crépinettes de gibier.
1 de noix de Veau dans leur jus.
1 de salmi de Bécassines.
1 de Poulets historiés.
1 de filets de Poulardes soufflées à la Bechamelle.
1 de petits patés à la Nesle.
1 de filets de Perdreaux à la Jardiniere.
1 de mincés d'aloyau à la sauce petite Italienne.
1 d'estomac de Perdreaux à la Polonoise.

Second service.

4 Relevés des potages
1 d'un quartier de Chevreuil.
1 d'un gigot de veau dans son jus.
1 d'une selle de Mouton au blanc.
1 d'une Oye.

LES SOUPERS.

Troisiéme service.

4 Moyens Entremêts.

1 de crême au caramel dans des pigeons.
1 de crême à la Strasbourg dans des Cailles.
1 de deux cervelats aux truffes.
1 de petites langues.

8 Plats de Rôt.

1 de Becassines.
1 de Pluviers.
1 de Faisan.
1 de Gelinottes de bois.
1 d'un Dindoneau.
1 de Poulets.
1 de Pigeons romains.
1 d'un Coq vierge.

6 Salades.

2 d'herbes.
2 d'olives.
2 d'oranges.

4 Sauces.

Quatriéme service.

18 Entremêts chauds pour relever les Rôts & Salades.

1 de petites feuillantines.
1 de tartelettes de cerises.
1 de petits gâteaux à la Madeleine.

1 de vase de massepins & de crême grillée à la glace.
1 de crêtes au restaurant.
1 d'œufs à la Bagnolet.
1 d'alimelles.
1 de rognons de Coq à la Prâline.
1 de foyes gras à la Duchesse.
1 de truffes à la Maréchale.
1 d'asperges au beurre.
1 de choux-fleurs.
1 d'escalopes de jambon.
1 d'haricots verds.
1 de pates d'Oye bottées.
1 de cardons à l'essence.
1 d'œufs à la bonne amie.
1. de crême soufflée.

Cinquiéme service.

Dessert.
16 Compotes.
16 Assiettes.

Les petits Menus qui suivent sont d'une grande utilité lorsque l'on se trouve dans des endroits où l'on a avec abondance de la même chose que l'on veut consommer. Le principal est de les préparer de façon qu'ils satisfassent le coup d'œil ; & que l'assaisonnement y soit mis avec goût: l'on peut en faire de la même façon en gibier, volaille, poissons & légumes.

Menus d'un Repas servi tout en Bœuf.

Premier service.

1 Ouille à la jambe de bois.
4 Hors-d'œuvres.
1 de langue de Bœuf à la remoulade.
1 de palais de Bœuf à l'Angloise.
1 de rognons de Bœuf en filets.
1. de gras-double au verjus.

Second service.

1 Culotte de Bœuf à la Mantoue pour relever l'ouille.
4 Entrées pour relever les Hors-d'œuvres.
1 de queue de Bœuf en pâté chaud.
1 de tranche de Bœuf à la servante.
1 de filets de Bœuf à l'Italiene.
1 de tendrons de Bœuf en hauchepot.

Troisiéme service.

1 Gros Entremêts.
2 Plats de Rôt.
2 Salades.

1 culotte à l'écarlate
1 aloyau à la broche dans son jus.
1 poitrine de Bœuf au four.
1 de filets à la braise émincés, fines herbes, huile & vinaigre.
1 de langues à la braise émincées, & concombres marinés.

Quatriéme service.

4 Entremêts, laissez la culotte.
1 de cervelle de Bœuf au soleil.
1 de tranches de Bœuf à la Bourgeoise.
1 de langue de Bœuf fourrée.
1 de palais de Bœuf en menus droits.

Cinquiéme service.
Dessert.

1 Dormant.
4 Assiettes.
4 Compotes.

Menus d'un Repas servi tout en Veau.

Premier service.

1 Tête de Veau farcie pour le milieu.
2 Potages.
1 de Julienne garni d'un jarret de Veau.

1 à la liaison d'œufs garni d'une poitrine.

4 Hors-d'œuvres.

1 d'oreilles de Veau au Pontife.
1 de fraises de Veau au soleil.
1 de foyes de Veau en hatereaux.
1 de pieds de Veau au citron.

Second service.

7 Entrées.

1 d'un pâté de tendrons de Veau pour le milieu.
1 de côtelettes de Veau en ragoût.
1 de grenadin de Veau aux anchois.
1 d'un casi de Veau à la pelerine.
1 d'un poupeton de Veau.
1 de favorite de Veau.
1 de filets de Veau à la Conti.

Troisiéme service.

Pour le milieu.

1 pâté froid de noix de Veau.

4 Plats de Rôts.

1 de poitrine de Veau piquée à la broche.
1 d'épaule de Veau piquée à la broche.
1 de fricandeaux à la broche, un jus clair.
1 de filets de Veau piqués à la broche.

2 Salades.

1 de bresolle de Veau à l'huile servie froide.
1 de foyes de Veau à la braise, froids émincés, sauce à l'huile & vinaigre.

Quatriéme service.

6 Entremêts chauds.
1 de cervelle de Veau au soleil.
1 de pieds de Veau à la Sainte-Menehoult.
1 de ris de Veau à la Duchesse.
1 d'amourettes de Veau.
1 de ruelle de Veau en daube.
1 de gâteaux de Veau en crépine.

Cinquiéme service.

Dessert.
1 Dormant.
6 Compotes.
6 Assiettes.

Menus d'un Repas servi tout en Mouton.

Premier service.

1 potage garni d'un carré de Mouton glacé.
4 Hors-d'œuvres.
1 de langues de Mouton à la Royale.

1 de pieds de Mouton en canon.
1 de rognons de Mouton à l'Italienne.
1 de queue de Mouton en canapé.

Second service.

5 Entrées.

1 Selle de Mouton en canapé pour le milieu.
1 de pain de Mouton au gratin.
1 de côtelettes de Mouton à la Chartreuse.
1 de ruelle de Mouton aux oignons.
1 de colet de Mouton à la Sainte-Menehoult.

Troisiéme service.

Pour le milieu.

2 Saucissons d'épaule de Mouton.

2 Plats de Rôt.

1 d'un gigot à la broche dans son jus.
1 d'un rouchi de Mouton à la broche dans son jus.

2 Salades.

1 de filets de Mouton à la braise froids, émincés, capres, anchois, huile, vinaigre.
1 de ruelle de Mouton à la braise, froide, garnie de petits oignons cuits, sauce à l'huile.

DE LA COUR.

Quatriéme service.

4 Entremêts pour relever le Rôt & Salades.

1 d'alimelles à l'Espagnole.
1 de langue de Mouton fourrée.
1 de cervelle de Mouton au soleil.
1 d'oreilles de Mouton au consommé.

Cinquiéme service.

Dessert.
1 Dormant.
4 Compotes.
4 Assiettes.

Menus d'un Repas servi tout en Cochon.

Premier sevice.

1 Potage aux choux & Saucisses.

4 Hors-d'œuvres.

1 de queues de Cochon à la Sainte-Menehoult.
1 de boudin de Cochon.
1 de saucisses de Cochon en crepinettes.
1 d'andouilles de Cochon.

LES SOUPERS

Second service.

5 Entrées.

1 d'une échinée de Cochon à la poivrade.
1. d'une terrine de petit salé à la purée verte.
1 de côtelettes de Cochon grillées, sauce à l'échalotte.
1 d'une timbale de boudin.
1. de saucisses à la mariniere.

Troisiéme service.

Pour le milieu.
1 Hure de Cochon en Sanglier.

2 Plats de Rôt.

1 jambon à la broche.
1. Cochon de lait à la broche.

2 Salades.

1 de pannache à la braise froide, coupée en filets, fines herbes, huile & vinaigre.
1. de queue de Cochon à la braise, froide, coupée en filets, fines herbes, huile & vinaigre.

Quatriéme service.

4 Entremêts pour relever les 2 plats de Rôt & Salades.
1 de bas de soie aux pieds de Cochon à la Sainte-Menehoult.

1 de cervelats de Cochon.
1 de rôties & cingarat de jambon.
1 de menus droits de Cochon.

Cinquiéme service.

Dessert.
1 Dormant.
4 Assiettes.
4 Compotes.

Menus d'une Table servie tout en œufs.

Premier service.

1 Potage de legumes à la liaison d'œufs.
6 Hors-d'œuvres.
1 d'œufs à la Robert.
1 d'œufs au Parmesan.
1 d'œufs au beurre noir.
1 d'œufs au coulis de legumes.
1 d'œufs en caisses ou en coquilles.
1 d'œufs en ragoût.

Second service.

7 Entrées.
1 d'œufs en poupeton à la crême.
1 d'œufs en capotte.
1 d'œufs en puits.
1 d'œufs à la Flamande.

1 d'œufs à la tripe aux petits pois.
1 d'œufs à l'étuvée.
1 d'œufs à la Celestine.

Troisiéme service.

5 Plats de Rôt.
1 d'aumelette en baignets.
1 d'œufs au basilique.
1 d'œufs au Président.
1 d'œufs farcis sans sauce.
1 d'œufs à l'estragon.
2 Salades.
1 d'œufs durs avec laitues & fournitures.
1 d'oeufs durs avec capres, anchois & fines herbes hachées.

Quatriéme service.

7 Entremêts.
1 d'aumelette à la Mariée.
1 d'oeufs en neige.
1 doeufs à l'eau au caramel.
1 d'oeufs à la mouillette.
1 d'oeufs méringués.
1 d'œufs à l'ail.
1 d'œufs à la Bechamelle.

Cinquiéme service.

Dessert.
1 Dormant.
6 Compotes.
6 Assiettes.

DES BOUILLONS GRAS, JUS, & COULIS.

Bouillon de mitonnage ou Bouillon général.

Vous le faites avec une culotte de Bœuf qui vous fert pour la groſſe piece, ou avec de la poitrine, bas d'aloyaux, charbonnée, ce que vous jugez à propos; après qu'il eſt bien écumé, vous y mettez quelques racines & légumes: il vous fert à mouiller les coulis, les jus, les braiſes, & pour les ſoupes du commun, en y ajoûtant des herbes ou des choux.

Bouillon pour les potages & ſauces.

Mettez dans une marmitte ſuivant la quantité de bouillon que vous voulez faire, de la bonne tranche de bœuf, trumeau, jarret de-veau, une poule; faites bouillir & bien écumer; enſuite vous y ajoûtez des légumes ce que vous jugez à propos, comme poireaux, panais, carottes, un pied de celeri, une racine de perſil, oignons; vous mettez dans ce même bouillon cuire les viandes que vous deſtinez à garnir les potages, soit pigeons, poulardes, perdrix, grosses viandes; ayez soin que votre bouillon soit clair, de bon goût, que les légumes ne dominent point, & vous vous en serviez pour mitonner les potages, & mouiller les sauces.

Bouillon à la hâte

Coupez en zestes ruelle de veau, tranches de bœuf, carotte, panais, un pied de celeri, quelques tranches d'oignons, deux navets, un cloux de gérofle, foncez une casserole avec un peu de lard, & mettez dessus tout vos zestes de viande & de légumes, faites suer sur un moyen feu, jusqu'à ce que votre viande commence à s'attacher, mouillez avec de l'eau bouillante, & faites bouillir une bonne demi-heure, assaisonnez d'un peu de sel, & le passez au clair avant que de vous en servir.

Bouillon au Bain-Marie.

Ayez de l'eau bouillante que vous mettez dans un pot de terre fait exprès pour faire bouillir au bain-Marie; mettez y de la tranche de bœuf, ruelle de veau, la moitié d'une poule, ou d'un chapon paillé, un oignon piqué d'un cloux de gérofle, peu de sel, faites bouillir cinq ou six heures au bain-Marie, jusqu'à ce qu'il soit réduit en gelée d'une consistence legere, passez-le au tamis de soie après l'avoir dégraissé.

Consommé.

Mettez dans une marmite de la ruelle de veau, tranches de bœuf, une poule, une ou deux perdrix, suivant la quantité que vous voulez faire de consommé; passez le tout sur le feu en le retournant dans la marmite, jusqu'à ce qu'il soit un peu coloré, & qu'il commence à s'attacher, mouillez avec du bon bouillon clair & bien chaud, faites bouillir, & y ajoutez des légumes que vous ferez blanchir auparavant, comme oignons, navets, carottes, panais, un demi pied de celeri, un bouquet de persil, ciboule, une gousse d'ail, deux cloux de gérofle, gros comme un pois de muscade; faites bouillir à très-petit feu pendant cinq heures avec attention, quand il est passé, bien clair & d'un beau jaune; servez-vous en pour les petites sauces, & pour donner du corps au potage clair.

Roumestec.

Lorsque vous travaillez pour un repas, vous pouvez faire un bon consommé à peu de frais, en mettant dans une marmite toute sorte de débris des viandes que vous travaillez, comme des pates, des cous, des ailerons, des carcasses de la volaille & gibier que vous employez : vous y mettez aussi toutes les rognures des viandes de boucherie que vous avez parées, mouillez le tout avec un bon bouillon, un verre de vin blanc, un bouquet de persil, ciboule, une demi-feuille de laurier, thim, basilic, deux cloux de gérofle, une demi gousse d'ail ; faites cuire à petit feu pendant trois heures. Ayez soin de le dégraisser & tirer au clair, il vous servira à donner du corps à toute sorte de ragouts ; l'on appelle ce consommé Roumestec, lorsque l'on a mis du gibier avec les autres viandes.

Bouillon rafraichissant.

Les herbes, fruits ou semences, fleurs & racines que l'on employe pour les bouillons rafraichissans sont pourpier, laitues, cerfeuil, poirée, pimprenelle, bugloſe, bourache, oſeille, chicorée ſauvage, chicorée blanche, orties piquantes, houblon, concombres, pointes de ſureau, d'aigremoine, de fumeterre, de piſſenlit; il faut prendre de ces herbes & racines ce que l'on juge à propos, & ſuivant l'ordonnance du Médécin ; après les avoir bien ratiſſées & lavées, vous mettez les faire deux ou trois bouillons dans un pot de terre où vous aurez fait cuire auparavant un morceau de ruelle de veau dans la quantité d'eau que vous voulez faire de bouillon, paſſez-le enſuite pour le laiſſer repoſer, & tenir dans un endroit frais : lorſque vous voulez le ſervir il faut le faire chauffer au bain-Marie pour le mieux.

Autre bouillon rafraichiſſant.

Ayez un foye de veau, otez l'amer & le tour de la viande qu'il touche, coupez le foye ſi vous voulez, & le faites cuire dans deux pintes d'eau, juſqu'à ce qu'elle ſoit reduite à moitié; enſuite vous y ajoûtez un peu de cerfeuil, creſſon de fontaine, chicorée ſauvage, pimprenelle ; faites bouillir deux ou trois bouillons, & le passez au tamis.

Bouillon Printanier.

Mettez dans une petite marmite ou pot de terre une croûte de pain, gros comme une noix de beurre, & deux ou trois poignées d'herbes, comme ozeille, cerfeuil, laituë, pourpier, poirée ; le tout bien épluché, lavé & haché, faites bouillir dans une pinte d'eau jusqu'à ce qu'il soit reduit à moitié, & le passez au tamis.

Bouillon pour adoucir l'âcreté du sang.

Coupez en tranches une demie livre de ruelle de Veau & la mettez bouillir avec trois chopines d'eau, ajoutez y cinq ou six écrevisses en vie que vous concassez de deux ou trois coups de pilon dans un mortier ; ajoûtez-y de la chicorée blanche, une petite poignée de cerfeuile, autant de pourpier & deux ou trois laitues ; faites bouillir jusqu'à ce que votre bouillon soit reduit à trois demi-septiers, passez-le à l'étamine avec forte expression sans le dégraisser.

Eau de Poulet.

Faites bouillir dans trois pintes

d'eau de riviere, un poulet commun vuidé & épluché, mettez-lui dans le corps une once & demie des quatre semences froides concassées à moitié dans un mortier, faites bouillir à petit feu jusqu'à ce qu'il soit reduit à deux pintes, ensuite vous la passez dans un tamis serré & vous en servez au besoin; vous faites encore une autre eau de poulet où vous y ajoutez une demi-once de ris, autant d'orge mondé & gros comme une noix de sucre pour ceux qui la veulent plus pectorale.

Pannade de blancs de Poularde.

Faites bouillir gros comme la moitié d'un œuf de mie de pain avec du bon bouillon, ajoutez-y deux blancs de poularde ou de chapon cuits à la broche & pilez très-fin; faites passer le tout dans une étamine en le bourant fort, & mouillez à mesure avec du bouillon chaud, & que vôtre pannade ne soit ni trop claire ni trop épaisse.

Pannade de Gruau.

Lavez dans plusieurs eaux tiédes, deux onces de gruau d'avoine nouveau, & le faites cuire dans une pinte d'eau jusqu'à ce qu'elle soit réduite à moitié passez-la dans une étamine avec expression, ensuite vous y ajoûterez une cuillerée de vin blanc, & un petit morceau de sucre; faites bouillir un moment avant que de vous en servir.

Panade à la Bourgogne.

Faites cuire un demi quarteron de ris bien lavé, avec un bouillon leger de viande; quand il est bien cuit, passez le à l'étamine avec une forte expression: que votre panade ne soit ni trop claire, ni trop épaisse; ajoûtez-y un jaune d'œuf frais, faites lier sur le feu sans bouillir; vous faites aussi une panade avec de la mie ou rapure de pain que vous faites mitonner & passez à l'étamine: ajoûtez-y un jaune d'œuf frais, faites lier sur le feu comme la precédente.

Jus de Veau.

Foncez une casserolle de deux ou trois oignons coupés en tranches, quelques petits morceaux de lard & de jambon, une livre de ruelle de veau en tranches, & sur le veau, des carottes, panais: mouillez avec un demi verre de bouillon; faites suer sur le feu jusqu'à ce que le veau ait rendu son jus; ensuite vous le pousserez à plus grand feu jusqu'à ce que la viande soit attachée & qu'il puisse vous donner une couleur convenable, vous le mouillez avec du bouillon de la piece de bœuf; faites bouillir à petit feu jusqu'à ce que la viande soit cuite; vous y pouvez mettre si vous voulez quelques champignons, & le passerez au tamis pour vous en servir.

Jus de Bœuf.

Suivant la quantité de jus que vous voulez faire, vous prenez de la tranche de Bœuf que vous coupez en tranches, & la mettez dans une casserole sur des tranches d'oignons & de racines, mouillez avec un verre de bouillon gras, faites suer sur un petit feu pendant une demie heure, & vous le finirez ensuite comme le precédent; ayez soin en tirant vos jus qu'il y ait toujours un peu de graisse au fond, quand ils sont prêts à attacher de crainte qu'ils ne se brûlent, il faut les ôter du feu pour les mouiller quand ils sont d'une couleur convenable: l'on fait du jus de la même façon avec les parures des viandes de boucherie &

de volaille que l'on prépare pour mettre tout à profit.

Coulis général.

Foncez une casserole de quelques tranches de jambon; un peu de lard & de la ruelle de veau suffisamment, suivant la quantité & la bonté du coulis que vous voulez faire; mettez dessus la viande deux carottes, un oignon piqué de deux clous de gérofle, un panais, un demi verre de bouillon sans être dégraissé; faites suer sur un moyen feu jusqu'à ce que la viande ait rendu son jus, ensuite vous le poussez à plus grand feu jusqu'à ce qu'il se forme un beau caramel dessous la viande & autour de la casserole, ôtez tout ce qui est dans la casserole pour le mettre sur un plat, remettez le caramel sur le feu avec de la farine & du bon beurre, remuez toujours jusqu'à ce que la farine soit d'une belle couleur dorée sans le pousser à trop grand feu crainte que le coulis ne prenne un goût de roux: mouillez ensuite avec le bouillon de la piece de bœuf & du jus jusqu'à ce qu'il soit d'une belle couleur; point trop clair ni trop lié, remettez y la viande & faites bouillir à petit feu en le dégraissant

sant de tems en tems, jusqu'à ce qu'elle soit cuite que vous la tirerez avec une écumoire : passez ensuite votre coulis dans une étamine sans expression.

Coulis de ce que l'on veut.

Prenez la viande que vous jugez à propos, volaille, gibier, poisson : il faut toûjours y mêler de la ruelle de veau ; vous faites toutes sortes de coulis de la même façon que le precédent.

Coulis d'Ecrevisses.

Mettez dans le fond d'une casserole quelques tranches de jambon & de la ruelle de veau, une cuillerée de bouillon ; faites suer la viande jusqu'à ce qu'elle forme un caramel comme pour le coulis ordinaire, ensuite vous mouillez avec du bon bouillon & faites bouillir à petit feu jusqu'à ce que la viande soit cuite ; passez le dans un tamis, ayez un demi cent d'écrevisses, que vous faites blanchir un moment ; épluchez les queües, prenez-en toutes les coquilles, que vous faites secher dans une casserole sur un moyen feu ; pilez-les très-fin & les passez à l'étamine après les avoir délayées dans le restaurant de veau, pour vous en ser-

Tome I.   D

vir à ce que vous jugerez à propos; les queües servent à garnir des ragoûts. Le coulis maigre se fait de la même façon, en faisant un restaurant avec de la carpe & bouillon maigre pour mouiller les écrevisses ; pour vous en servir faites chauffer au bain Marie.

Coulis à la Reine.

Foncez une casserole de tranches de veau, un peu de jambon & deux racines ; faites suer jusqu'à ce qu'il soit prêt à s'attacher : mouillez avec du bouillon sans être coloré, & faites bouillir à petit feu jusqu'à ce que la viande soit cuite ; ayez des blancs de poularde cuite à la broche que vous pilez très-fin avec cinq ou six amandes douces ; quelques jaunes d'œufs durs ; une mie de pain mitonnée dans du bon bouillon ; delayez le tout dans le restaurant & le passez à l'étamine ; si votre coulis n'est point assez blanc, vous y pouvez ajoûter un peu de crême ; faites le chauffer au bain Marie.

Coulis de Jambon.

Coupez des tranches de Jambon suivant ce que vous voulez faire de coulis ; mettez les dans une casserole avec de la mûelle de veau, oignons, carottes & panais; faites suer & attacher comme le coulis général; faites un roux de la même façon : mouillez avec du bouillon sans sel, & un demi-septier de vin de champagne, un bouquet de persil, ciboule, une gousse d'ail, une demi-feuille de laurier; quelques champignons; faites bouillir à petit feu: dégraissé, & passez à l'étamine.

Coulis Bourgeois.

Mettez dans une casserole un morceau de beurre avec de la farine ce que vous jugez à propos suivant ce que vous voulez faire de coulis; faites cuire sur le feu en tournant toûjours jusqu'à ce que la farine soit d'une belle couleur dorée, mouillez avec du bouillon, du jus, & un verre de vin blanc, un bouquet de persil, ciboule, une gousse d'ail, une feuille de laurier, thim, basilic, deux clous de gérofle, un peu de muscade, quelques champignons, & un peu de poivre; faites cuire une heure à petit feu, dégraissez & passez au tamis; ce coulis sera gras ou maigre suivant le bouillon que vous y mettrez.

Coulis blanc à la Bourgeoise.

Pilez sept ou huit grains de coriandre avec quatre amandes ameres, échaudez & les délayez avec de la mie de pain mitonnée avec du bon bouillon, passez les au tamis & y ajoûtez une liaison de quatre jaunes d'œufs faite avec de la crême.

Coulis de Féves de marais.

Faites blanchir des grosses Féves de marais après leur avoir ôté la calotte; mettez les cuire avec du bouillon, un bouquet de persil, ciboule, un clou de girofle & une branche de sariette; mettez suer de la ruelle de veau avec une tranche de jambon, carottes, panais & oignons en tranches; faites attacher la viande à la casserole qu'elle forme une petite glace : mouillez avec du bouillon : la viande étant cuite, mettez-y les féves de marais pour les passer à l'étamine : ce coulis doit-être d'un verd pâle, assaisonné de bon goût & point trop lié.

Coulis de Lentilles.

Faites suer & un peu attacher du veau & jambon comme au coulis pre-

cédent ; mouillez avec du bouillon &
laissez cuire la viande à petit feu : ayez
des lentilles ordinaires ou à la Reine :
(les dernieres sont les meilleures pour
les coulis,) que vous lavez à l'eau tiede
& faites cuire avec du bouillon ; ensuite vous les pilez & les passez à
l'étamine en purée la plus épaisse que
vous pouvez : mettez cette purée dans
le restaurant de veau ; faites bouillir
quelques bouillons & les repassez à
l'étamine, après avoir ôté la viande ;
ce qui vous fournira un coulis de bon
goût & point trop lié.

Coulis de Pois.

Celui de Pois verds se fait en mettant des pois nouveaux dans une petite
marmite avec du bon bouillon, un
bouquet de persil, ciboule, un peu de
sariette ; faites les cuire à petit feu jusqu'à ce qu'ils soient bien cuits & qu'il
reste peu de bouillon ; passez les en
purée dans une étamine en les mouillant
avec le restant de leur cuisson. Celui
de pois secs, se fait en les mettant cuire
avec de l'eau ou du bouillon, quand
ils sont cuits & bien en purée vous les
mettez dans une casserole où vous
avez tiré un restaurant comme celui

D iij

des féves de marais; ôtez-en la viande : faites faire quelques bouillons à la purée, en y ajoûtant un peu de persil, ciboule, une branche de fariette, & un peu d'épinars blanchis & pilés; passez vôtre coulis à l'étamine, il faut qu'il ne soit point trop lié & d'un verd pâle.

Coulis d'haricots.

Foncez une casserole de veau, jambon, tranches d'oignons, carotes, panais; faites suer & attacher aussi fort que du jus : mouillez avec du bouillon, laissez bouillir jusqu'à ce que la viande soit cuite, ôtez la viande & y mettez des haricots bien écrasés & cuits dans de l'eau ou du bouillon; laissez les faire quelques bouillons dans le restaurant jusqu'à ce qu'il ait prit bien du corps; passez-les à l'étamine & si votre coulis n'avoit point assez de couleur, il faudroit le mouiller avec du coulis de veau & du jus foncé.

Coulis de Navets.

Prenez des navets suivant ce que vous voulez faire de coulis; ratissez-les & lavez, faites les frire dans du sain-doux jusqu'à ce qu'ils soient d'une belle couleur dorée; ensuite vous les mettez cuire avec du bon bouillon, jusqu'à ce qu'ils se mettent en marmelade; écrasez-les & les mouillez avec du jus qui ait beaucoup de corps & un peu de consommé, passez-les à l'étamine; ce coulis vous servira pour les terrines ou potages. Si vous voulez servir le coulis de navets en purée, il faut moins le mouiller pour le passer à l'étamine, & votre purée sera aussi liée que vous voudrez.

Coulis de Marrons.

Foncez une casserole de veau, jambon, tranches d'oignons & racines, faites suer & attacher comme un jus; mouillez de bouillon, & faites bouillir jusqu'à ce que la viande soit cuite; ayez de marrons ce que vous jugez à propos, ôtez-en la premiere peau, & les mettez sur le feu dans une poële pour les chauffer, jusqu'à ce que vous puissiez ôter la seconde, mettez-les cuire avec du bon bouillon jusqu'à ce qu'ils soient en marmelade; quand ils sont bien écrasés, vous ôtez la viande du consommé de veau; délayez-y les marrons, & les passez à l'étamine: si c'est une purée que vous

D iv.

vouliez faire, il faut les moins mouiller, ou les faire bouillir dans le restaurant jusqu'à ce qu'il soit réduit au point d'une purée.

Des Bouillons, Jus et Coulis maigres.

Bouillon de mitonnage en maigre.

Suivant la quantité de bouillon que vous voulez faire, vous prenez plus ou moins de pois secs, que vous lavez à l'eau tiede, & les mettez cuire avec de l'eau, quelques oignons; piquez-en un de deux ou trois cloux de girofle, panais, carottes; faites bouillir jusqu'à ce que les pois soient presque cuits; retirez la marmite du feu pour laisser reposer, passez-le au tamis. Ce bouillon sert pour les coulis, sauces, & mouiller des potages de table, remettez de l'eau sur les pois pour les faire cuire jusqu'à ce qu'ils soient en purée, passez-les dans la passoire pour les soupes des domestiques en y ajoûtant des herbes, ou d'autres légumes avec du beurre.

Bouillon maigre pour les Potages de la Table.

Faites blanchir un quart d'heure

toutes sortes de légumes, comme oignons une racine de persil, carottes, panais, la moitié d'un choux, navets, poireaux, celeri, mettez le tout dans une marmite avec du bouillon de pois, une mignonette qui se fait en mettant dans un linge du poivre long, gingembre, canelle, cloux de girofle, coriandre, macis, une gousse d'ail, un peu de sariette; faites bouillir jusqu'à ce que les légumes soient cuites, & pour donner de la couleur à votre bouillon ajoûtez-y de l'oignon en tranches & zestes de racines, que vous faites rissoler sur le feu avec un morceau de beurre jusqu'à ce qu'elles vous fournissent un jus un peu foncé, assaisonnez de sel, & vous servez de ce bouillon pour faire les potages que vous jugerez à propos.

Bouillon de poisson.

Prenez le poisson que vous jugez à propos, comme brochet, anguille, carpe, ou telle autre que vous voulez, coupez-les par tronçons; & le mettez dans une casserole avec un peu de beurre, un bouquet de persil, ciboule thim, laurier, basilic, une gousse d'ail, tranches d'oignons, carottes & panais, faites suer à petit feu jusqu'a ce qu'il se forme un petit caramel dans le fond de la casserole; mouillez avec le bouillon précedent, faites bouillir une heure à petit feu, & le passez au clair; il vous sert pour les potages & sauces.

Jus maigre.

Foncez une casserole d'un peu de beurre, mettez dessus beaucoup de tranches d'oignons & de racines; faites suer une demi-heure à petit feu, & le pousserez ensuite à plus grand feu jusqu'à ce qu'il soit bien coloré, vous le mouillez avec du bouillon de mitonnage; ajoûtez-y du persil, ciboule, une demi-gousse d'ail, une demi feuille de laurier, trois cloux de gérofle, un peu de sel; laissez bouillir une demi-heure avant que de le passer au tamis.

Coulis maigre.

Prenez le poisson que vous jugerez à propos : ordinairement l'on prend de la carpe, il faut la couper par tronçons & la mettre dans une casserole sur un peu de beurre avec quelques tranches d'oignons & de racines, faites suer à petit feu; ensuite vous le pouffez à plus grand feu jusqu'à ce qu'il se forme un caramel; mouillez moitié bouillon & moitié jus; faites rouffir à part de la farine avec de bon beurre, & la mettez dans votre coulis; ajoutez-y une gouffe d'ail, une feuille de laurier, un demi-septier de bon vin blanc, une ou deux tranches de citron la peau ôtée, des champignons; faites bouillir une heure à petit feu, dégraiffez avant que de le paffer à l'étamine; si vous voulez un coulis plus simple, faites un roux de farine & du beurre; quand il est de belle couleur, vous le mouillez de bouillon & de jus d'oignons ce qu'il en faut pour lui donner une belle couleur, ajoutez-y des champignons, perfil, deux gouffes d'ail, une feuille de laurier, thim, basilic, un demi-septier de vin blanc, faites bouillir une heure à petit feu, dégraiffez & le paffez.

Coulis d'Oignons en maigre.

Paffez sur le feu beaucoup d'oignons hachés avec du beurre jusqu'à ce qu'ils soient colorés; ajoutez-y deux cuillerées de farine que vous tournez toujours jusqu'à ce qu'elle soit colorée, mouillez avec du bouillon, un verre de vin blanc, mettez-y deux cloux de girofle, une feuille de laurier, thim, basilic, sel; faites bouillir une heure, dégraissez & passez à l'étamine.

Coulis maigre à la Reine.

Mettez dans une casserole des tronçons de carpes sur un peu de bon beurre avec des tranches d'oignons & de racines; faites suer sur un moyen feu: quand la carpe est prête à s'attacher sans s'être colorée, mouillez avec du bouillon qui n'aye point de couleur; faites bouillir à petit feu, mettez tremper une mie de pain dans de la crême, pilez une demi douzaine d'amandes douces avec autant de jaunes d'œufs, durs & quelques filets de poisson cuits; passez votre essence de carpe, & délayez avec tout ce que vous avez pilé, ajoûtez y la mie trempée dans la crême, passez le tout ensemble à l'étamine, faites chauffer ce coulis au bain-Marie.

Coulis maigre de Marrons.

Foncez une casserole avec un peu

de beurre & des tronçons de carpe, tranches d'oignons & de racines, faites suer & attacher comme un jus; mouillez moitié jus & bouillon, un verre de vin blanc; faites cuire une demi-heure, passez au tamis: ayez des marrons cuits dans du bouillon, pilez-les & les délayez dans ce restaurant de carpe; faites-les bouillir & réduire au point que vous jugez à propos que votre coulis soit lié, passez à l'étamine.

Coulis maigre de navets.

Ayez des navets lavés & ratissés; coupez-les par morceaux pour les passer sur le feu avec un morceau de beurre jusqu'à ce qu'ils soient colorés; rachevez de les faire cuire dans du bouillon jusqu'à ce qu'ils se mettent en marmelade, vous avez une essence de carpe ou restaurant comme le précedent: mettez-y les navets bien écrasés; faites les bouillir quelques bouillons jusqu'à ce qu'ils soient réduits au point que vous voulez que le coulis soit lié; passez-le à l'étamine.

Coulis maigre de lentilles.

Mettez dans une casserole tranches

d'oignons, zestes de racines, une gousse d'ail, deux cloux de gérofle, une feuille de laurier; passez le tout ensemble sur le feu avec du bon beurre jusqu'à ce qu'il soit coloré; mouillez avec du bon bouillon, laissez bouillir une demi heure & le passez au tamis: ayez des lentilles cuites avec du bouillon ou de l'eau: pilez-les dans un mortier & les mettez dans le bouillon que vous avez passé; faites leur faire quelques bouillons avant que de les passer à l'étamine.

Coulis maigre de Pois.

Prenez un litron de Pois nouveaux ou pois verds que vous lavez & mettez cuire dans une petite marmite avec un morceau de beurre, un bouquet de persil, ciboule, un peu de sariette, du bouillon de poisson, un peu de jus, quand ils sont cuits vous les pilez & les délayez dans le bouillon de leur cuisson pour les passer à l'étamine.

Coulis d'haricots.

Ayez des haricots cuits à l'eau & les pilez dans un mortier; délayez les dans du bouillon de poisson & du jus jusqu'à ce qu'il y en ait assez pour donner de la douleur; faites les bouillir pour prendre du goût & reduire au point que vous voulez que le coulis soit lié; après l'avoir passé au tamis vous vous en servez à ce que vous jugez à propos. Tous les coulis de légumes se servent en purée en les faisant plus liés.

Des Potages Gras.

Potage au naturel ou de santé.

Faites un bon bouillon avec de la tranche de bœuf & une poule si vous voulez, deux oignons, une carotte, un panais, peu de sel. Le bouillon étant fini de bon goût, vous le passez au clair & mitonnez le potage: si vous voulez le masquer de quelque viande, comme poularde, pigeons, ou jaret de veau; faites les blanchir un moment avant que de les mettre dans la marmite, ayez attention de ne les point laisser trop cuire: une volaille est à son point de cuisson quand elle fléchit sous le doigt.

Ouille de différentes façons.

Mettez dans une marmite une perdrix, une poule, gigot de mouton, cinq ou six livres de tranches de bœuf, un trumeau; faites rissoler votre viande sur un fourneau en la retournant de tems en tems dans la marmite jusqu'à ce qu'elle soit prête à s'attacher: mouillez avec du bouillon de mitonnage ou de l'eau chaude; faites bouillir à petit feu pendant six ou sept heures, quand elle aura bouilli une heure vous y mettrez toutes sortes de légumes blanchies, comme racines de persil, carottes, panais, oignons, navets, celeri, poireaux, une mignonette comme celle du bouillon maigre page 80. Peu de sel: ce bouillon doit être un peu coloré, clair & cordial; il vous sert pour toutes sortes d'ouilles claires qui ne sont distinguées que par le nom des légumes que l'on sert dessus: il vous sert aussi pour les ouilles aux écrevisses, au ris, & autres; faites mitonner long-temps le potage avec du pain tranché ou des croutes: servez dans un pot à ouille, arrangez dessus quelques légumes de celles que vous voudrez: toutes sortes de bons potages peuvent servir dans un pot à ouille quand il n'y a point de viande pour les masquer.

Potage à la Fombonne en gras & en maigre.

Faites blanchir toutes sortes de légumes, comme oignons, navets, celeri, poireaux, deux gousses d'ail: lorsqu'elles auront bouilli un quart d'heure, retirez-les à l'eau fraîche & les mettez dans une marmite avec un demi litron de pois secs, liez dans un linge sans être pressé : mouillez avec d'excellent bouillon gras; faites bouillir à petit feu jusqu'à ce que les pois soient bien cuits ; passez-les en purée : mettez cette purée dans une petite marmite avec des petites feuilles de laitue, d'ozeille, un peu de cerfeuil, la moitié d'une carotte, la moitié d'un panais coupez en filets : mouillez avec du bouillon des légumes & du jus ce qu'il en faut pour colorer: assaisonnez de sel & peu d'épices mêlés ; faites bouillir jusqu'à ce que les filets de racines soient cuits : mitonnez le potage avec le restant du bouillon des légumes : dressez dans le plat que vous devez servir, le bouillon de purée & filets de racines par dessus. *En maigre*, vous le ferez de la même façon en vous servant de bon bouillon maigre pour faire cuire les légumes ; ajoutez-y du bon beurre pour colorer & donner du corps à la purée ; vous ferez suer dans une casserole une carpe coupée par tronçons avec tranches d'oignons & de racines, un peu de beurre quand elle sera attachée comme un jus, mouillez avec du bouillon, rachevez de cuire ; passez au tamis & vous en servez pour mettre avec la purée.

Potage de Ris à la Pluche verte, en gras & en maigre.

Ayez une demi-livre de Ris épluché & lavé dans plusieurs eaux ; si c'est en gras, faites-le cuire avec du bon bouillon gras & un peu de lard fondu : en maigre, avec du bon bouillon maigre & un morceau d'excellent beurre : lorsqu'il est cuit à petit feu & assaisonné de bon goût, il faut le bien remuer afin qu'il ne reste point en grumelots ; dressez-le un peu clair dans le plat que vous devez servir ; mettez dans une casserole un pain de beurre de vambre, maniez avec une petite pincée de farine, une bonne pincée de persil blanchi haché très-fin, deux verres de bon bouillon ; fai-

...ser sur le feu sans bouillir, remuez toujours crainte que les œufs ne tournent; dressez sur le potage au moment que vous servez.

Potage de Chapon au Ris.

Flambez & vuidez un bon Chapon, troussez les pates en dedans que l'on ne voye que les griffes; laissez les ailes & le mettez cuire dans la marmite des bouillons à potages; ayez une demie livre de ris épluché & lavé, faites le cuire avec le bouillon de la cuisson du chapon sans être dégraissé; mettez-y du jus ce qu'il en faut pour le colorer, quand il est cuit de bon goût & point trop épais, dressez-le dans le plat à potage & le chapon dans le milieu.

Potage à la Conti, en gras & en maigre.

Coupez en tranches environ deux litrons d'oignons, suivant la grandeur du potage que vous voulez servir; mettez cet oignon dans une casserole avec un morceau de beurre pour le faire cuire à petit feu en le remuant souvent, lorsqu'il est cuit, vous mitonnez le potage avec des croutons de pain coupez en rond passez au beurre & du bon bouillon gras ou maigre : lorsque vôtre potage est dressé dans le plat que vous devez servir ; mettez deux anchois hachés dans l'oignon que vous avez fait cuire & le dressez sur le bord du potage.

Potage de Biberot au fromage, en gras & en maigre.

Mettez dans une casserole environ une demi-livre de pain passé à la passoire, & un quarteron de fromage de gruyere ou du palmesan rapé très-fin, avec suffisamment de bouillon sans sel ; faites bouillir sur un petit feu en remuant souvent avec une cuilliere ; lorsque le pain & le fromage sont bien mitonnés, mettez dans une autre casserole quatre jaunes d'œufs avec deux verres de bouillon ; faites lier sur le feu sans faire bouillir : mettez cette liaison dans le biberot que vous remuez bien ensemble ; il faut que ce potage ne soit ni trop clair ni trop épais, & d'un bon sel : en gras vous le faites avec du bon bouillon gras : en maigre avec du bouillon de poisson.

Potages glacés de toutes sortes de viandes.

Prenez telle viande qu'il vous plaira, comme poularde, poulets, aî-[...], pigeons, cannards, agneau, [...] de veau, carré de mouton; [...] se font tous de la-même façon: [...]nez les dans une casserole après [...] sont piqués & blanchis un mo-ment à l'eau bouillante; faites les [s]uite avec du bon bouillon & un bouquet de fines herbes: lorsqu'ils [s]ont cuits & glacés comme un frican-[deau]: mittonnez vôtre potage avec [du] bon bouillon, garnissez le bord [du] plat avec les légumes que vous jugerez à propos: dressez la viande [g]lacée dans le milieu; mettez un verre [d]e bouillon dans la casserole où vous [avez] fait cuire votre fricandeau pour [dé]tacher ce qui reste; passez-le au ta-[mis] pour le mettre dans le potage.

Potage de vermicel, en gras & en maigre.

[Pour] un moyen plat à potage, il [faut pren]dre une demi-livre de Ver-[micel que] vous faites blanchir un bouil-[lon dans] de l'eau, retirez le tout de [suite à] l'eau fraîche pour le mettre égoûter ; mettez-le dans une petite marmite avec du jus de veau, de l'excellent bouillon, un morceau de lard ficellez ; faites cuire à petit feu : lorsqu'il est cuit & assaisonné de bon goût, ôtez le morceau de lard ; ayez soin de le dégraissez, servez ni trop clair, ni trop épais : si vous voulez le servir avec un coulis d'écrevisses ou un coulis blanc, vous ne le mettrez dedans qu'au moment que vous êtes prêts à servir ; si c'est en maigre a près l'avoir fait blanchir, faites le cuire avec du bouillon de poisson, un morceau de beurre ; étant prêt à servir vous y mettrez une liaison de six jaunes d'œufs avec du bouillon.

Soupe Bourgeoise.

Prenez une marmite d'environ quatre pintes, mettez-y trois livres de tranches de bœuf & environ deux pintes & demie d'eau ; faites bouillir & bien écumer, ensuite vous y mettez trois où quatre carottes, deux panais, cinq ou six oignons, piquez en un de deux clous de gérofle ; faites un paquet de trois poireaux, une laitue, un pied de celery, un peu d'ozeille ; faites bouillir le tout ensemble à très-

feu : deux heures après vous y mettrez un jarret de veau ficelé que vous aurez fait blanchir auparavant : continuez de faire bouillir à petit feu jusqu'à ce que la viande soit cuite, mettez-y du sel, & mitonnez le potage, servez le jarret de veau dessus, garnissez le bord avec les légumes.

Potage aux Marrons.

Otez la premiere peau à un cent de Marrons, & pour ôter la seconde vous les mettrez dans une tourtiere entre deux feux, ou dans une poële à marrons jusqu'à ce que la peau se puisse ôter : ensuite mettez-les dans une petite marmite pour les faire cuire avec du jus & du bouillon : la cuisson faite, mettez à part ceux qui sont entiers, & les autres écrasez-les dans le bouillon de leur cuisson pour les passer dans une étamine pour en faire un coulis ; mitonnez le potage avec d'excellent bouillon : mettez-y le coulis de marrons ; garnissez le bord du plat de ceux qui sont entiers.

Potage d'Issus d'Agneau au coulis à la Reine.

Ayez un issus d'Agneau bien blanc;

parez la tête en lui coupant le mufle jusqu'auprès des yeux ; faite le dégorger à l'eau tiéde & ensuite blanchir un moment à l'eau bouillante : mettez l'Issus dans une petite marmite avec deux tranches de citron la peau ôtée, un bouquet de persil, ciboule, une gousse d'ail, deux clous de girofle, une feuille de laurier, basilic, deux carotes, un panais, deux ou trois oignons, du sel, des bardes de lard ; mouillez avec du bouillon & faites cuire à petit feu : mitonnez le potage avec un bon bouillon qui ne soit point coloré ; garnissez le plat que vous devez servir avec l'issus : dressez le potage, mettez-y dessus un coulis à la Reine & la tête d'agneau dans le milieu, découvrez-en la cervelle. Vous trouverez la façon de faire le coulis à la Reine ci-devant page 84.

Potage à la Chartre.

Prenez trois ou quatre ris de veau que vous faites dégorger dans de l'eau tiéde & blanchir à l'eau bouillante ; ôtez-en le cornet & laissez le ris entier : mettez-les dans une petite marmite avec des belles crêtes aussi blanchies, des champignons, un bouquet de de persil, ciboule, une petite gousse d'ail, deux cloux de gérofle : mouillez avec du bon bouillon ; faites cuire à petit feu : prenez le plat que vous devez servir, mettez-y des croûtes de pain molet avec d'excellent bouillon perlé ; faites mitonner jusqu'à ce qu'il se fasse un gratin, dressez dessus les ris de veau, crêtes, champignons & y mettez le bouillon de leur cuisson ; laissez encore un peu mitonner avant que de servir.

Bisque de Cailles.

Faites cuire quatre ou cinq Cailles entre des bardes de lard & du bon bouillon, ayez un ris de veau blanchi & un ris d'Agneau que vous faites dégorger & blanchir : mettez-les dans une casserole avec un pain de beurre, un bouquet de persil, ciboule, une gousse d'ail, deux cloux de gérofles ; passez-les sur le feu, mettez-y une petite pincée de farine : mouillez avec un peu de jus, du bouillon & deux petites cuillereés de coulis ; faites cuire : lorsque les cailles sont cuites vous les mettez dans le ragoût avec le bouillon de leur cuisson passez au tamis : dégraissez le ragoût & le poussez à grand feu pour réduire la sauce : mettez-y des petits œufs blanchis & épluchés ; faites bouillir deux ou trois bouillons pour qu'ils prennent du goût : mitonnez le potage avec d'excellent bouillon, servez dessus le ragoût de cailles.

Potages de toutes sortes de legumes.

Celui de navets se fait en coupant des navets suffisamment pour garnir le plat que vous devez servir ; faites les blanchir & cuire dans une petite marmite avec du bouillon & du jus ce qu'il en faut pour leur donner couleur : mitonnez le potage & y mettez une partie du bouillon de la cuisson des navets. *Celui de Radis* se fait de même à cette différence qu'il faut les faire blanchir plus long-tems. *Celui au petits Oignons blancs* se fait en coupant le bout de la queue & de la tête ; faites les blanchir & éplucher : mettez les cuire dans une petite marmite avec du bouillon, assaisonnez de sel : quand ils sont cuits, faites en un cordon autour du plat. *Celui de Celeri & de Poireaux* vous les faites blanchir & les ficelez en paquet pour les mettre cuire dans la marmite au potage. *Celui de*

[...] fait de même. Celui à la Chi[co]rée [dans] le tems du celeri, vous ca[...] un peu avec la chicorée; faites les blanchir & les mettez en paquet; faites les cuire à part. *Celui au pointes d'Asperges*, se fait en prenant des petites asperges que vous faites blanchir : mettez les en petits paquets ficellés, coupez un peu le petit bout de la pointe, & les mettez cuire à part dans une petite marmite. Il faut observer que toutes ces légumes doivent être bien cuites, que le pain que l'on employe pour mitonner les potages, soit d'un bon goût tendre & point de mie, si vous employez du pain rassis, pour qu'il mitonne mieux, faites le secher auparavent. Vous pouvez mettre sur tous ces potages, telle viande de boucherie, volaille ou gibier que vous voudrez.

Potage aux Choux.

Il faut mettre dans une marmite quelques livres de tranches de bœuf, un combien de jambon; faites les suer & un peu attacher à la marmite : mettez-y du bouillon de mitonnage & toutes sortes de légumes, comme celeri, navets, oignons, carottes, panais, poireaux, la moitié d'un choux ficellez ; le tout blanchi un moment à l'eau bouillante ; un morceau de petit lard, une mignonette comme celle qui est expliquée au bouillon de potage maigre page 80. Si vous voulez garnir ce potage de quelque gibier comme canard sauvage, sarcelle, perdrix, pluvier, faisan, rouge, celui que vous voudrez, il faut le flamber, vuider & le mettre cuire dans la marmite ; la viande & les choux étant cuits, mitonnez le potage & faite une garniture autour du plat avec les choux & petit lard.

Potage de Julienne en gras & en maigre.

Coupez en petit filets, deux racines, un panais, un dem-pied de celeri, laitue, ozeille, cerfeuil : mettez les dans une marmite avec deux ou trois oignons entiers, une carote, un panais, trois navets, le tout entier, un bouquet de persil, ciboule, une gousse d'ail, deux cloux de girofle, une feuille de laurier, mouillez avec d'excellent bouillon, du jus de veau ; faites cuire deux heures à petit feu, ôtez le bouquet, & les légumes entieres, mitonnez le potage avec le bouillon de la Julienne : en maigre il se fait de la même façon en vous servant de bouillon de poisson, jus d'oignons, & un peu de bon beurre.

Potages de différentes purées.

Celui de lentilles se fait en mettant cuire les lentilles avec du bouillon, une carotte, un panais, deux oignons, un bouquet de persil, ciboule, une gousse d'ail, deux cloux de girofle, un peu de sariette : lorsque les lentilles sont cuites, vous les passez en purée épaisse & les mouillez ensuite avec un bon jus de veau : mitonnez le potage avec d'excellent bouillon, & y mettez le coulis de lentilles. *Celui à la purée de navets,* se fait en coupant les navets par morceaux ; faites les blanchir & cuire avec un bon jus de veau, du bouillon, un bouquet comme celui des lentilles, quand ils sont bien cuits, passez-les en purée comme les lentilles. *Celui d'haricots blancs,* ayez des haricots cuits dans de l'eau que vous écrasez, faites suer & attacher comme du jus une tranche de jambon, de la ruelle de veau, oignons, carottes, panais, une feuille de laurier, une branche de sariette, deux cloux de girofle, une gousse d'ail; mouillez avec du bouillon: la viande étant cuite vous la retirez & y mettez les haricots écrasés; faites leur faire quelques bouillons, passez-les à l'étamine: mettez ce coulis dans le potage après qu'il est mitonné. *Celui de Pois*; faites cuire des Pois secs avec du bouillon de mitonnage, oignons, carottes, panais, un bouquet de persil, ciboule, une gousse d'ail, deux cloux de girofle, un peu de muscade, une feuille de laurier, un peu de sariette; quand ils sont cuits, il faut les piler & les passer à l'étamine avec un peu d'épinards blanchis & pilés, délayez cette purée dans un bon jus de veau, passez-la à l'étamine; il faut qu'elle soit d'un verd pâle & de bon goût: mettez-la dans le potage comme au précedent.

Potage de Semoüille en gras & en maigre.

Faites cuire la Semoüille de la même façon que le ris, en gras & en maigre avec d'excellent bouillon & du jus ce qu'il en faut pour lui donner une belle couleur; c'est une pâte qui nous vient d'Italie, il faut la choisir

Potage à la Dauphine.

Foncez une casserole avec un peu de bard, tranches de jambon & de veau, deux ou trois oignons en tranches, une carotte, un pannais; laissez attacher & mouillez comme un jus; faites bouillir à petit feu jusqu'à ce que la viande soit cuite; pilez un blanc de volaille cuite à la broche, cinq jaunes d'œufs durs, autant d'amandes douces; passez au tamis le jus de veau, délayez y ce que vous avez pilé pour le passer à l'étamine & en faire un coulis lié; mitonnez le potage avec d'excellent bouillon, en servant saupoudrez avec le coulis que vous aurez fait chauffer au bain-Marie, vous garnirez le potage si vous voulez avec une volaille ou jarret de veau.

Potage de Gibier.

Coupez par membres une perdrix, un lapreau, si vous voulez quelqu'autre gibier; mettez les dans une casserole avec tranches de veau & jambon, oignons, carottes & panais; faites les attacher à petit feu comme

A iv

un jus de veau, mouillez avec un excellent bouillon autant que vous en avez besoin pour votre potage; faites bouillir à petit feu jusqu'à ce que la viande soit cuite, passez-le au tamis pour vous en servir à mitonner le potage : garnissez-le avec la légume que vous voudrez.

Potages de toutes sortes de croûtes.

Coupez en deux un pain rond mollet, ôtez-en la mie que vous coupez en tranches : mettez cette mie dans le fond du plat que vous devez servir; trempez les croûtes dans du bouillon gras & les dressez sur la mie : mettez-y du bon bouillon qui ne soit pas dégraissé ; faites mitonner jusqu'à ce qu'il se fasse un petit gratin dans le fond du plat, ayez soin d'arroser de temps en temps le dessus des croûtes avec le bouillon gras du plat, & en mitonnant d'empêcher qu'elle ne tombe; quand il n'y a plus que de la graisse dans le plat : mettez-le sur un petit feu pour que le gratin se fasse doucement & ne sente point l'attaché : lorsque vous êtes prêt à servir vous y mettez un jus de veau, coulis à la purée verte, coulis de lentilles, coulis d'écrevisses ; tel coulis que vous jugez à propos : pour celui à la Reine il ne faut pas que les croûtes soit colorées ; aussi-tôt que le gratin commence à se former, ôtez-le du feu pour empêcher qu'il ne se colore.

Potage à la Parme.

Coupez des tranches de pain en façon de rôties, ce qu'il vous en faut pour le Potage ; faites les frire dans du sain-doux jusqu'à ce qu'elles soient d'une belle couleur dorée ; faites les mitonner avec d'excellent bouillon bien doux : garnissez le plat de la légume que vous jugez à propos : dressez le potage, jettez par dessus du parmesan rapé en servant.

Potage à l'Autriche.

Prenez un gros poulet que vous coupez par membres comme pour fricasser : mettez-le dans une casserole avec un peu de beurre, un bouquet de fines herbes : passez-les sur le feu, mouillez avec du bouillon ; faites bouillir jusqu'à ce que le poulet soit cuit & qu'il ne reste plus de sauce ; panez-les moitié parmesan & moitié mie de pain ; faites prendre couleur au four ;

prenez le plat que vous devez servir; mettez dans le fond un lit de pain tranché, sur le pain un lit de tranches de fromage de gruyere ou de parmesan, & sur le fromage un lit de choux bien cuit dans du bon bouillon ; couvrez les choux avec du pain tranché : mouillez avec du bon bouillon ; faites mitonner jusqu'à ce qu'il se forme un petit gratin dans le fond ; poudrez le dessus du pain avec du fromage rapé ; faites prendre couleur avec une pèle rouge ou dans le four ; lorsque vous êtes prêt à servir, mettez-y un peu de bouillon : dressez le poulet pané par dessus.

Garbure.

Mettez dans une marmite un combien de jambon bien lavé à l'eau chaude & ratissé, de la tranche de bœuf, deux cuisses d'oye ; faites suer & attacher sur un bon feu jusqu'à ce que la viande soit colorée : mouillez avec du bon bouillon : mettez-y ensuite une mignonette, trois ou quatre oignons, carottes panais, un pied de celeri, un choux verd blanchi à l'eau bouillante & ficelé, un morceau de petit lard blanchi ; faites bouillir à petit feu jusqu'à ce que la viande soit cuite : mitonnez le potage avec ce bouillon, du pain bis coupé en tranches & les choux ; laissez mitonner jusqu'à ce qu'il se forme un gratin dans le fond du plat : dressez dessus le combien de jambon, les cuisses d'oye & le petit lard : mouillez avec du bouillon sans que le potage soit trop clair.

Potage à la Madelonette.

Faites cuire avec de l'eau ou du bouillon toutes sortes de légumes, comme oignons, navets, choux, poireaux, celeri, chicorée, ozeille, laitues, carotes & panais : le tout ensemble & la quantité que vous jugez à propos suivant ce que vous voulez faire de bouillon : mettez-y avec des abatis de volaille, lorsque le bouillon sera fini de bon goût : mitonnez le potage avec du pain tranché : garnissez le plat de légumes, servez dessus les abatis de volaille.

Potage de Macarony.

Faites cuire du Macarony dans un bon bouillon gras comme le ris, ensuite vous mettez un lit de macarony dans le fond du plat que vous devez

E vj

servir, un lit de fromage râpé, remettez du macarony sur le fromage, continuez de mettre un lit de l'un sur l'autre en finissant par le fromage; faites mitonner à petit feu, donnez couleur au fromage avec la pêle rouge, en servant mettez-y un peu de bouillon.

Potage à la Mousquetaire.

Mettez dans une petite marmite un litron de petits pois avec une poignée d'ozeille en zestes : mouillez avec d'excellent bouillon & bon jus de veau ; faites cuire à petit feu, mitonnez le potage avec bon bouillon : ayez un carré de mouton que vous faites cuire & glacer comme un fricandeau : dressez le potage dans le plat : mettez dessus les pois & l'ozeille, masquez avec le carré de mouton glacé.

Potage à la Marquise.

Ayez un pain molet rond d'une demi-livre, ôtez-en toute la mie ; remplissez-le d'un ragoût de ris de veau, crêtes ; culs d'artichaux, fini de bon goût, & bien lié : mettez ce pain dans le milieu du plat que vous devez servir avec d'autres croûtes de pain : mouillez avec d'excellent bouillon ; faites mitonner le potage jusqu'à ce qu'il se fasse un petit gratin dans le fond : en servant mettez-y un coulis à la Reine.

Potage à la Rhinoceros.

Prenez trois pigeons aux aîles que vous échaudez & vuidez ; troussez les pates dans le corps, laissez les aîles, passez une petite brochette dans la tête & le cou pour que la tête se tienne droite ; faites-les blanchir & cuire dans la marmite : coupez en petit filets comme pour une Julienne, un demi pied de celeri, un poireau, une carote, un panais, un peu de chicorée, ozeille, laitue, cerfeuil : mettez le tout ensemble dans une petite marmite, avec du jus de veau, bon bouillon ; faites cuire à petit feu : mitonnez le potage avec d'excellent bouillon : mettez-y les filets de légumes avec le bouillon, le potage dressé, mettez les pigeons dessus, l'estomac en dessous & que la tête se tienne en l'air.

Potage de Navets à l'Italienne en gras & en maigre.

Ayez des Navets coupez comme il

faut pour garnir le potage, passez-les au sain-doux, en maigre dans du beurre jusqu'à ce qu'ils soient colorés : mettez les après les avoir égoutés dans une marmite avec deux cuillerées d'huile, des filets de racines, celeri, poireaux, passez le tout sur le feu & mouillez en gras avec du jus de veau & bon bouillon, en maigre avec une eau de pois ou de lentilles, jus d'oignon ; faites cuire à petit feu : mitonnez le potage avec ce bouillon : mettez les navets à part pour faire la garniture, servez dessus le potage une bonne purée de pois ou de lentilles.

Ouille au bain-Marie.

Ayez un pot de terre bien échaudé : mettez dedans quatre livres de tranches de bœuf, une livre de ruelle de mouton, deux livres de ruelle de veau, une perdrix & un chapon : le tout dégraissé & preparé à l'ordinaire, deux oignons piqués chacun d'un cloux de girofle, une carotte & deux pintes d'eau, couvrez le pot & bouchez le tour du couvercle avec du papier collé avec de la pâte ; faites bouillir dans un chaudron pendant sept ou huit heures, vous aurez soin de mettre de l'eau bouillante dans le chaudron à mesure qu'elle diminue, ensuite vous passerez votre bouillon au tamis, quand il sera bien reposé vous le repasserez dans une serviette, mitonnez avec votre potage & le servez dans un pot à Ouille.

Potage à la Crecy.

Faites blanchires toutes sortes de légumes comme carottes, panais, choux, oignons, un pied de celeri, navets : mettez-les dans une casserole avec quelques tranches de jambon & de veau, un morceau de bon beurre : passez-les long-tems sur un petit feu jusqu'à ce que le tout soit bien cuit : mettez-les dans un mortiez pour les piler très-fin : mouillez avec d'excellent bouillon pour en tirer un coulis que vous passez à l'étamine, & vous en servez pour le potage en maigre, à la place de veau & jambon vous prenez de la carpe & brochet : mouillez avec un bon bouillon maigre.

DES POTAGES MAIGRES.

Potage de Lazagne.

La Lazagne est une pâte d'Italie

de la même composition que celle du Macaroni, à la différence que celle-ci ressemble assez à la figure des copeaux de menuisier. Pour l'employer vous la lavez & la faites cuire comme du ris à très-petit feu avec du bon bouillon qu'il n'y ait que peu de sel; ensuite vous la retirez dans une passoire pour la faire égouter. Prenez le plat que vous devez servir, mettez-y dans le fond une couche de cette pâte, & par dessus quelques petits morceaux de beurre avec beaucoup de fromage de Parmesan ou de Gruyere rapé: remettez pardessus une couche de lazagne & de fromage en continuant de cette façon jusqu'à ce que le plat soit plein; il faut que la derniere couche soit de fromage. Mettez le plat sur un petit feu, couvrez-le avec un couvercle de tourtiere & du feu dessus; vous le servirez quand il sera d'une belle couleur dorée.

Potages maigres de différentes façons.

Faites un bouillon de mitonnage, comme il est dit page 80. avec ce bouillon vous diversifiez toutes sortes de potages aux légumes; ce sera la garniture que vous y ferez qui en donnera le nom, comme aux laitues, pourpier, concombres, asperges, navets, oignons, poireaux, celeri, cardes, radix; suivant le potage que vous voulez faire, vous prenez les légumes que vous faites blanchir & cuire à part dans une petite marmite avec du bouillon, un peu de beurre; la cuisson faite, mitonnez le potage avec du bouillon de mitonnage, mettez-y ce que vous jugerez à propos du bouillon de la légume que vous devez servir, sans que le goût domine, que le potage soit clair & de bon goût. *Pour le potage de Julienne* coupez une carotte, un panais ou demi-pied de celeri en petits fillets que vous mettez dans une petite marmite avec de la laitue, oseille, cerfeuil, un morceau de beurre, passez-les sur le feu, mouillez avec le bouillon de mitonnage un peu de jus d'oignons; la cuisson faite, servez-vous de ce bouillon pour mitonner le potage; en servant mettez le restant du bouillon pardessus avec les fillets de légumes & herbes. *Celui à l'eau* se fait de même en n'y mettant point de beurre; il faut passer les herbes & les servir sans garniture.

Potage maigre d'Ecrevisses au ris.

Foncez une casserole avec un peu de beurre, des tronçons de carpes, tranches d'oignons, carottes, panais; faites suer, & un peu moins attacher que pour du jus, mouillez avec du bouillon; laissez cuire à petit feu, & le passez au tamis: ayez un demi cent d'Ecrevisses que vous faites blanchir, prenez les coquilles que vous faites sécher & piler fin; les queues serviront pour ce que vous voudrez: délayez les coquilles dans le jus de carpe pour les passer à l'étamine, & en faire un coulis point trop lié. Vous avez une demi-livre de ris que vous aurez fait cuire avec du bouillon, un morceau de bon beurre; lorsque vous êtes prêt à servir, mettez-y le coulis d'écrevisses, faites chauffer sans bouillir.

Potage maigre à la Purée verte.

Prenez un litron de pois verts que vous mettez dans une casserole avec un bouquet de persil, ciboule, un morceau de beurre, mouillez avec du bouillon; quand ils sont presque cuits, il faut les piler & passer à l'é-

tamine en purée ; mitonnez le potage avec du bon bouillon, servez la
purée dessus. Les pois secs pour les
passer à l'étamine vous y mettez un
peu d'épinars blanchis.

Potage maigre à la Purée de Lentilles.

Mettez dans une casserole un peu de
beurre, tranches d'oignons, carottes,
panais, une branche de sariette, une
gousse d'ail, deux cloux de girofle,
trois ou quatre champignons, passez-
les sur le feu jusqu'à ce qu'elle se colore ; mouillez avec du bouillon, laissez
bouillir une demi-heure, passez au tamis, ayez des lentilles cuites au bouillon & pilées, délayez-les dedans, faites bouillir un bouillon, passez la purée au tamis : mitonnez le potage avec
du bon bouillon, mettez-y la purée en
servant.

Potage maigre de Ris à la Reine.

Lavez plusieurs fois à l'eau tiede
une demi-livre de ris, faites le cuire
à petit feu, avec bon bouillon, un bon
morceau de beurre, foncez une casserole avec un peu de bon beurre, tronçons de carpe, tranches d'oignons, carottes, panais ; faites suer, étant prêt de

s'attacher vous mouillez avec du bouillon, laissez cuire & passez au tamis; pilez cinq ou six amandes douces avec autant d'œufs durs, un peu de poisson cuit, une mie de pain passée sur le feu avec du lait ou de la crême délayée avec le bouillon de la carpe; passez à l'étamine, & faites chaufer au bain-Marie: étant prêt à servir mettez votre coulis dans le ris.

Potage au Lait de plusieurs façons.

Pour le faire au naturel, faites bouillir le lait avec une feuille de laurier-rose, un morceau de sucre, très-peu de sel, versez-en la moitié tout bouillant dans le plat sur du pain tranché; couvrez & tenez chaud sur de la cendre sans bouillir; en servant mettez le restant du lait: pour le mieux mettez quelques jaunes d'œufs dans le restant du lait; faites lier sur le feu en remuant jusqu'à ce que le lait s'épaississe, il faut l'ôter promptement; en faisant bouillir le lait vous y mettez, si vous voulez avec le sucre un peu de canelle, coriandre, une écorce de citron, & faites reduire à moitié, après l'avoir passé au tamis, vous le finissez comme le précedent. *Si vous voulez le faire à l'oignon*, hachez cinq ou six oignons que vous passez sur le feu avec du beurre jusqu'à ce qu'il soit bien cuit sans être coloré, mettez-y du lait tout bouillant ; faites bouillir, & y mettez un peu de sel, trempez le potage comme le précedent, en servant mettez le restant du bouillon. *Si vous voulez le faire aux choux*, faites cuire des choux dans une eau de pois avec bon beurre, un peu de sel, quand ils sont bien cuits, & qu'il ne reste presque plus de bouillon, mettez-y du bon lait tout bouillant, finissez le potage comme le précedent.

Ouille au Potiron.

Il faut avoir deux Potirons, l'un qui doit être choisi bien rond & de la grandeur d'un pot à ouille, coupez-lui le dessus en forme d'un couvercle, & de façon que vous puissiez le remettre à sa place sans qu'il paroisse avoir été ouvert, ôtez-en tous les pepins & la moitié de la chair ; ce que vous ferez aisément en le ratissant en dedans avec une cuilière à dégraisser ; ensuite vous ferez des petites ciselures sur tout le dehors du potiron seulement pour faire tenir une méringue de blancs d'œufs fouettés en neige, mêlés avec du sucre fin ; mettez cette méringue sur tout le tour du potiron sur le couvercle & la queue ; placez le potiron sur un plat-fond pour le mettre au four doux, après avoir jetté sur toute la meringue du sucre fin ; lorsqu'elle est cuite de belle couleur, dressez le potiron sur le plat que vous devez servir, mettez-y un potage fait de cette façon, coupez en dez des morceaux de potiron, faites-les cuire avec de l'eau, jusqu'à ce qu'ils soient presque en marmellade, & qu'il ne reste point d'eau ; ensuite vous y mettez une pinte de bon lait que vous aurez fait bouillir auparavant avec un morceau de bon beurre, du sucre ce qu'il en faut, un peu de sel fin. Quand vous êtes prêt à servir, vous y ajoûtez une liaison de six jaunes d'œufs que vous avez fait lier avec un peu de lait, mettez du pain tranché secher au four sans être coloré dans le potiron, versez dessus le bouillon de potiron ; servez couvert de son couvercle le plus chaudement que vous pourrez.

Potage de Citrouille.

Faites cuire de la citrouille de la même façon que le potiron précédent, & le potage fini de même ; prenez le plat que vous devez servir, mettez-y sur tout le bord du blanc d'œuf fouetté, mêlé avec du sucre fin ; faites cuire dans un four très-doux, mettez du pain tranché dans le plat, servez dessus le bouillon de citrouille.

Bisque maigre aux Ecrevisses.

Faites un coulis d'Ecrevisses, comme il est dit pour le potage ci-devant page 114. Prenez les queues que vous mettez dans une casserole avec des champignons, laitance de carpes, culs d'artichaux blanchis un quart-d'heure à l'eau bouillante, un morceau de beurre, passez-les sur le feu, mouillez avec du bouillon, faites cuire une demi heure ; mitonnez le potage dans le plat que vous devez servir avec un excellent bouillon, jusqu'à ce qu'il commence à s'attacher au fond du plat ; alors vous arrangez dessus les laitances, queues, artichaux, champignons, & le bouillon de leur cuisson, laissez encore un peu mitonner, jusqu'à ce qu'il ne reste point de bouillon; en servant masquez avec le coulis d'écrevisses.

Potage maigre de Moules.

Ratissez & lavez dans plusieurs eaux des Moules, mettez-les sur un bon feu pour les faire ouvrir, ôtez-les de leurs coquilles pour les mettre dans une casserole avec un morceau de beurre, un bouquet de persil, ciboule, passez sur le feu; singez & mouillez avec du bouillon de poisson; faites reduire à courte sauce, mettez-en la moitié dans des coquilles pour faire la garniture du potage, & l'autre moitié dans un petit pain de potage, mettez ce pain dans le plat que vous devez servir, & d'autre pain avec; mouillez avec du bouillon de poisson & de l'eau des Moules, faites mitonner jusqu'à ce qu'il commence à s'attacher; en servant mettez-y un coulis à la Reine, ou du bouillon de poisson lié de six jaunes d'œufs.

Ouilles maigres de plusieurs façons.

Faites blanchir toutes sortes de legumes comme oignons, carottes, panais,

panais, racine de persil, celeri, navets, poireaux; mettez le tout dans une marmite avec de l'eau de pois tirée au clair, une mignonette, quelques désossemens de carpes, faites bouillir à petit feu jusqu'à ce que les légumes soient cuites; ajoûtez-y des tranches d'oignons & de racines que vous passez sur le feu jusqu'à ce qu'elles soient bien colorées. Ce bouillon étant fini & tiré au clair, il vous servira pour faire l'ouille au vermicelle, que vous faites cuire avec ce bouillon, & du beurre, en servant du fromage rapé. Celui au ris, celui à la Julienne & autres se font de même.

Potage de Croutes en maigre de plusieurs façons.

Coupez par la moitié un pain mollet rond d'une livre, ôtez-en la mie que vous mettez dans le fond du plat que vous devez servir; trempez les croutes dans du beurre chaud, & les mettez sur la mie, mouillez avec du bon bouillon, laissez mitonner jusqu'à ce qu'il se fasse un gratin au fond du plat; arrosez de temps en temps le dessus des croûtes avec le beurre qui est dans le plat; ayez attention qu'elle ne tombe point; en servant mettez-y moitié bouillon & moitié jus d'oignons, ou si vous voulez un coulis à la purée verte, un coulis de lentilles, de navets, d'écrevisses, à la Reine, celui que vous voulez ; il n'y a que le coulis dont vous les masquerez qui en fera le changement, vous pouvez encore les servir avec un ragoût de concombres, de truffes, mousserons, champignons, celui que vous voulez.

Potage de lait d'Amandes.

Faites bouillir de l'eau avec un peu de canelle, une écorce de citron-verd, de la coriandre, un peu de sel & du sucre ; ayez des amandes échaudées & bien pilées, délayez-les dans cette eau pour les passer à plusieurs fois dans une étamine ; mettez du pain tranché dans le plat que vous devez servir avec du lait d'amandes, laissez-le tremper sur de la cendre chaude sans bouillir, en servant mettez le reste, servez le plus chaud que vous pouvez ; si vous le voulez au naturel, passez les amandes avec de l'eau chaude, vous y mettrez après un peu de sel & du sucre ce que vous jugez à propos.

Potage d'Orge mondé.

Faites tremper & laver de l'Orge mondé, mettez-le cuire dans une petite marmite avec bon bouillon, un peu de bon beurre ; quand il est cuit à petit feu & d'un bon sel ; ajoûtez-y du bouillon pour qu'il ne soit point trop épais, vous y pouvez mettre si vous voulez en servant un coulis d'écrevisses, ou un coulis à la Reine.

DES SAUCES.

Sauce à la Nompareille.

Coupez très-fin un peu de jambon cuit, autant de filets de blanc de poularde, un cornichon, un jaune d'œuf dur, un anchois, un peu de persil, une échalotte, le tout aussi fin que de la nompareille, & le mettez dans un bon restaurant faire un bouillon, servez-vous-en à ce que vous voudrez pour masquer viande ou poisson.

Sauce à la Nivernoise.

Mettez dans une casserole deux tranches de jambon, une gousse d'ail, deux cloux de girofle, une feuille de laurier, tranches d'oignon & racines, faites suer & un peu attacher, mouillez avec du bouillon, un demi verre de vinaigre estragon, deux cuillerées de coulis; faites bouillir à petit feu une heure, passez au tamis, servez pour sauce relevée.

Sauce petite Italienne.

Mettez dans une casserole une tranche de jambon, trois ou quatre champignons, deux ou trois échalottes, une demi-gousse d'ail, le quart d'une feuille de laurier, une bonne cuillerée d'huile; passez le tout ensemble sur un moyen feu, mouillez avec du consommé un peu de coulis, un demi-verre de vin de Champagne, faites bouillir à petit feu pendant une demi-heure; dégraissez, passez au tamis.

Sauce Italienne blanche.

Passez sur le feu avec une cuillerée d'huile des truffes hachées, deux gousses d'ail, persil, ciboule entiere, demi feuille de laurier, deux tranches de citron; singez, mouillez avec du consommé; un verre de vin de Champagne; faites bouillir à petit feu, dégraissez & passez au tamis.

Sauce à la Mariniere.

Prenez un foye de volaille ou de gibier, deux ou trois échalottes, deux truffes ; hachez le tout très-fin, & le mettez dans une casserole avec une cuillerée d'huile, deux ou trois cuillerées de coulis, un verre de vin de Champagne, peu de sel, gros poivre ; faites bouillir à petit feu une demi-heure, dégraissez.

Sauce au Celadon.

Foncez une casserole avec quelques zestes de lard, tranches de jambon de veau, oignons, carottes, panais, une gousse d'ail piquée d'un cloux de girofle ; faites suer & un peu attacher, mouillez avec un poisson de vin de Champagne, du bouillon, faites bouillir une heure à petit feu ; dégraissez & passez au tamis, mettez-y du persil blanchi haché très-fin, la moitié d'un pain de beurre manié d'une pincée de farine, faites lier sur le feu en la retournant, elle doit être consistante, sans être trop liée, pressez-y un jus de citron en servant.

Sauce au Coloris.

Cette sauce sert pour toutes sortes de viandes que l'on fait cuire dans une braise blanche; pour cet effet, vous foncez une casserole avec tranches de veau, jambon, oignons, mettez dessus la viande que vous voulez faire cuire, avec un bouquet de persil, ciboule, une gousse d'ail, deux cloux de girofle, deux tranches de citron, une demi feuille de laurier; couvrez de bardes de lard, faites suer & mouillez avec un peu d'excellent bouillon & un verre de vin de Champagne; la viande étant cuite à petit feu, vous passez la sauce au tamis, dégraissez, mettez-y deux cuillerées de coulis, faites réduire au point d'une sauce; en servant mettez-y gros comme une noix de beurre d'écrevisses; faites lier sur le feu sans bouillir, servez sur la viande.

Sauce au Consommé.

Foncez une petite marmite avec zestes de lard, tranche de jambon, tranche de bœuf, une vieille perdrix, oignons, carottes, panais, une racine de persil, un demi pied de celeri, deux navets, un bouquet de persil, ciboule, une gousse d'ail, deux cloux de girofle, une feuille de laurier, un peu de thim & basilique; faites suer à petit feu; quand la viande commence à s'attacher, mouillez avec du bouillon la quantité que vous jugez à propos: bouchez bien la marmite avec de la pâte pour la faire bouillir à petit feu pendant cinq heures: dégraissez, passez au tamis; ce consommé sert pour sauce particuliere, ou à donner du corps à toute sorte de petites sauces.

Sauce à la Saxe.

Foncez une casserole de tranche de veau, jambon, oignons, carottes, panais; faites suer & un peu attacher, mouillez avec un verre de vin de Champagne du bon bouillon, ajoûtez-y quelques champignons, une gousse d'ail; faites cuire à petit feu pendant une heure, passez au tamis, mettez-y une pincée de persil, cinq ou six feuilles d'estragon, deux feuilles de baume; le tout blanchi & haché très-fin, en servant un jus de citron.

Sauce à la Liaison.

Mettez dans une casserole un peu de ruelle de veau & une tranche de jambon, le tout coupé en dez, un morceau de bon beurre, un bouquet de persil, ciboule, une gousse d'ail, deux cloux de girofle, une feuille de laurier, deux feuilles d'estragon, un peu de basilic; passez le tout sur le feu, singez & mouillez avec du bon bouillon; faites cuire à petit feu & passez au tamis: lorsque vous serez prêt à vous en servir, vous y mettrez trois jaunes d'œufs, délayez avec un peu de bouillon, de la muscade rapée, une petite pincée de persil haché très-fin, un pain de beurre de Vambre; faites lier sur le feu, presse-y un grand jus de citron, sel, gros poivre.

Sauce à l'Oseille.

Pilez de l'oseille après l'avoir lavée & bien pressée; lorsque vous en aurez un grand verre de jus, passez-le au tamis, & le mettez dans une casserole avec un morceau de bon beurre manié d'une pincée de farine, deux jaunes d'œufs, muscade rapée, sel, gros poivre, faites lier sur le feu sans bouillir.

Sauce à la Mariette.

Foncez une casserole de tranches de veau, jambon, tranches d'oignons, une carotte, la moitié d'un panais, deux gousses d'ail, deux cloux de girofle, trois feuilles d'estragon; faites suer & un peu attacher, mouillez avec du bouillon, un verre de vin de Champagne, deux tranches de citron; faites bouillir à petit feu, dégraissez & passez au tamis, ajoûtez-y trois rocamboles écrasées.

Sauce au Cerfeuil.

Passez sur le feu quelques champignons avec un morceau de beurre, un bouquet de persil, ciboule, une gousse d'ail, deux échalottes, deux cloux de girofle, une feuille de laurier, trois feuilles d'estragon; singez fort, mouillez avec un verre de vin de Champagne, autant de bon bouillon, sel, poivre; faites bouillir à petit feu & réduire au point d'une sauce; passez au tamis sans dégraisser, ajoûtez-y du cerfeuil blanchi haché très-fin; faites chaufer sans bouillir.

Sauce au Persil.

Pilez très-fin une demi-poignée de persil, mettez-le dans une casserole avec autant de consommé qu'il vous faut pour une sauce ; laissez infuser un quart-d'heure, & le passez au tamis ; mettez-y un pain de beurre manié de farine, sel, gros poivre ; faites lier sur le feu ; pressez-y un jus de citron.

Sauce à la Civette.

Mettez dans une casserole du consommé avec un demi-verre de vin de Champagne ; faites bouillir un demi-quart d'heure, ajoûtez-y de la civette hachée, un pain de beurre manié de farine, sel, gros poivre, muscade râpée, faites lier sur le feu.

Sauce à la Garone.

Coupez un gros oignon en tranches, & le mettez dans un verre d'huile bien chaude, faites lui faire quelques bouillons, & y mettez ensuite un bouquet de persil, ciboule, une feuille de laurier, trois feuilles d'estragon, du basilic, trois gousses d'ail, trois cloux de girofle, quelques tranches de citron la peau ôtée, deux cuillerées de couls, un verre de bouillon ; faites cuire une demi-heure à petit feu ; dégraissez & passez au tamis.

Sauce au Fenouil.

Passez sur le feu cinq ou six oignons en tranches avec deux gousses d'ail & deux cuillerées de bonne huile ; mouillez avec deux cuillerées de coulis, un verre de vin de Champagne, un peu de consommé ; faites bouillir une heure à petit feu, dégraissez & passez au tamis ; ensuite vous y ajoûterez une pincée de persil & une branche de fenouil bien blanchi & haché très-fin, sel, gros poivre, faites bouillir un instant avant que de vous en servir.

Sauce à l'Amiral.

Hachez une anchois, une bonne pincée de câpres, sept ou huit rocamboles ; mettez le tout dans une casserole avec un verre de consommé, peu de sel, gros poivre, muscade rapée, un pain de beurre manié de farine ; faites lier sur le feu en servant jus de citron, & un grand filet de verjus.

Sauce à la Royale.

Foncez une casserole avec zestes de

lard, tranches de jambon, ruelle de veau blanchie un inſtant, un poulet coupé en deux, une gouſſe d'ail, trois ou quatre échalottes; faites ſuer le tout enſemble juſqu'à ce qu'il ſoit prêt de s'attacher, mouillez avec un verre de vin de Champagne, autant de conſommé, un demi-verre d'huile, laiſſez cuire à très-petit feu pendant une heure & demie; dégraiſſez & paſſez au tamis.

Sauce à la Flamande.

Piquez une gouſſe d'ail avec un cloux de girofle, & la mettez dans une caſſerole avec deux tranches de citron la peau ôtée, ſel, gros poivre, perſil blanchi haché, un verre de conſommé, gros comme la moitié d'un œuf de bon beurre manié de farine, laiſſez infuſer un quart-d'heure, & la faites lier ſur le feu, ôtez le citron & l'ail, ſervez à ce que vous voudrez.

Sauce à la Hâte.

Maniez un pain de beurre avec de la farine, & le mettez dans une caſſerole avec du bon conſommé, ſel, gros poivre; faites lier ſur le feu, ſervez avec un jus de citron.

Sauce à l'Agneau.

Maniez un pain de beurre avec deux pincées de mie de pain passée, trois échalottes, persil, ciboule, le tout haché; mettez-le dans une casserole avec un verre d'excellent bouillon, autant de vin de Champagne, sel, gros poivre; faites bouillir quelques bouillons, en servant pressez-y le jus d'une orange.

Sauce à l'Avare.

Hachez cinq ou six blancs de ciboules, & les mettez dans une casserole avec un filet de verjus, sel, gros poivre, un verre d'eau; faites chaufer & servez dans une sauciere.

Sauce au Verjus.

Pilez du verjus & le passez au tamis; mettez-le dans une sauciere avec une cuillerée d'huile, deux blancs de cibou-le hachés, sel, gros poivre.

Sauce au Pauvre Homme.

Faites bouillir cinq ou six bouillons, la moitié d'un citron coupé en tranches avec deux verres d'excellent bouillon, trois ou quatre blancs de ciboule hachés, sel, gros poivre; en servant ôtez le citron.

Sauce douce.

Faites bouillir deux verres de bon vin rouge avec deux petites cuillerées de vinaigre, trois cuillerées de coulis, gros comme la moitié d'un œuf de sucre, un oignon en tranches, un peu de canelle, une feuille de laurier; passez cette sauce au tamis après qu'elle aura bouilli un quart-d'heure pour la servir dans une sauciere.

Sauce au Fumet.

Prenez les flancs d'un liévre ou lapin cuit à la broche que l'on a desservis de la table; coupez-les par morceaux & les mettez dans une casserole avec un grand verre de vin rouge, un peu de coulis, une feuille de laurier, thim, basilic, un gros oignon en tranches, une gousse d'ail, deux clous de gérofle, une petite cuillerée de vinaigre, un verre de bouillon, sel, poivre, faites bouillir une heure à petit feu & reduire au point d'une sauce, passez au tamis.

Sauce Ravigotte.

Prenez une gousse d'ail coupée en filets, cerfeuil, pimprenelle, estragon, cresson à la noix, civette, de tout suivant sa force; après l'avoir bien lavé & pressé, mettez-le infuser une bonne heure dans un verre de consommé sur de la cendre chaude sans faire bouillir, passez-les au tamis avec un peu d'expression, mettez dans cette sauce un pain de beurre manié de farine, sel, gros poivre, faites lier sur le feu, servez avec un jus de citron.

Ravigotte froide.

Prenez la moitié d'un pied de celeri avec deux ou trois ciboules, deux échalottes, une gousse d'ail, un anchois, deux pincées de capres, estragon, cerfeuil, cresson à la noix, pimprenelle; pilez le tout ensemble très-fin, & le passez au tamis après l'avoir délayé avec un peu de coulis; ensuite vous y ajouterez de la moutarde, du vinaigre, de l'huile, sel, gros poivre, redélayez bien le tout ensemble pour le servir froid dans une saucière comme une remoulade.

Sauce à la Madeleine.

Mettez dans une casserole un peu de chapelure de pain fine, deux échalottes hachées, sel, gros poivre, un pain de beurre, une cuillerée de verjus, un verre de consommé; faites bouillir un bouillon; ne servez point trop lié.

Sauce à l'aspic.

Faites infuser pendant une heure dans un verre de bon consommé, du cerfeuil, estragon, pimprenelle, cresson à la noix, une feuille de baume; passez-les au tamis avec un peu d'expression, ajoûtez-y une cuillerée de vinaigre à l'ail, sel, gros poivre, servez froid dans une sauciere.

Sauce à la Gendarme.

Mettez trois verre de bon consommé dans une casserole, avec beaucoup de persil entier, & trois gousses d'ail; faites infuser une heure sur de la cendre chaude, ensuite passez-le au tamis, & mettez dans la sauce une laitue bien cuite pilée avec trois jaunes d'œufs durs, gros comme la moitié d'un œufs de bon beurre, sel, gros poivre; faites lier sur le feu, en servant grand jus de citron.

Sauce à la Belle-Vuë.

Foncez une casserole avec moële de bœuf, tranche de jambon, ruelle de veau, un poulet commun coupés en deux, deux oignons, une carotte la moitié d'un panais, un bouquet de persil, ciboule, une gousse d'ail, deux cloux de girofle, trois feuilles d'estragon, une feuille de laurier, thim, basilic; faites suer jusqu'à ce que cela commence à s'attacher: mouillez avec un grand verre de vin de Champagne, & bon bouillon; ajoutez-y quelques champignons; laissez bouillir à petit feu jusqu'à ce que la viande soit cuite, passez au tamis pour vous en servir à ce que vous voudrez, vous pouvez aussi en déguiser le goût en y mettant quelques ingrediens hachez, comme truffes, blanc de poularde, cornichons, jaunes d'œufs durs.

Sauce à la Moruë.

Mettez dans une casserole un bouquet de persil, ciboule, deux gousses d'ail, deux cloux de girofle, une feuille de laurier, des champignons, un morceau de beurre, passez le tout sur le feu; mettez-y une bonne pincée de farine : mouillez avec du lait ou de la crême ; faites bouillir jusqu'au point d'une sauce : passez au tamis, en servant une pincée de persil blanchi haché.

Sauce à la Polonoise.

Faites blanchir une gousse d'ail avec un peu d'estragon, cerfeuil, pimprenelle, deux feuilles de beaume, hachez le tout ensemble très-fin : mettez bouillir un verre de consommé avec autant de vin de Champagne, deux cloux de girofle ; laissez reduire à moitié ; ôtez les girofles : mettez-y ce que vous avez hachez, avec des zestes de bigarrade, sel, gros poivre ; faites chaufer sans bouillir.

Sauce au Foye.

Prenez des foyes de volaille ou de gibier, hachez-les très-fin & les mettez dans une casserole avec persil, ciboule, trois ou quatre feuilles d'estragon, un peu de basilic, deux échalottes, le tout haché très-fin, passez-les sur le feu jusqu'à ce que le tout soit cuit ; ensuite vous pilez le tout pour le délayer avec un peu de coulis, un verre de consommé, sel, gros poivre, un

...oit de beurre de l'ambre manié d'une pincée de farine; faites lier sur le feu en foyant grand jus de citron.

Sauce au Vin.

Faites bouillir une chopine de bon vin rouge avec un verre de bouillon, coriandre, canelle, du sucre, laissez reduire au point d'une sauce; passez au tamis, servez dans une sauciere.

Sauces blanches.

Délayez dans une casserole gros comme un œuf de bon beurre avec une bonne pincée de farine, un ou deux anchois hachés, mouillez avec de l'eau, ajoûtez-y quelques ciboules entieres, sel, gros poivre, un filet de vinaigre, faites lier sur le feu, ôtez les ciboules, avant que de servir.

Sauce à l'Espagnole.

Foncez une casserole de quelques restes de lard, bardes de veau & tranches de jambon, un oignon, une carotte, la moitié d'un panais, faites suer jusqu'à ce qu'il commence à se colorer dans le fond; mouillez avec deux grands verres de vin de Champagne, autant de consommé, trois gousses d'ail, deux pincées de coriandre, une feuille de laurier, trois feuilles d'estragon, deux cloux de girofle, deux cuillerées de bonne huile, trois cuillerées de coulis; faites bouillir à petit feu jusqu'à ce que la viande soit bien cuite, & reduite au point d'une sauce; ne dégraissez qu'un moment avant que de la passer.

Sauce Robert.

Hachez quelques oignons & les passez sur le feu avec un peu de beurre en les remuant souvent jusqu'à ce qu'ils commencent à prendre couleur; mettez-y un peu de coulis, un verre de bon bouillon, sel, gros poivre, laissez bouillir une demi-heure & reduire au point d'une sauce, en servant ajoûtez-y de la moutarde : en maigre vous la faites de la même façon en y mettant du coulis & bouillon maigre, vous passez cette sauce au tamis pour ceux qui n'aiment que le goût d'oignon.

Sauce à la Moutarde.

Faites bouillir un verre d'excellent bouillon, deux échalottes hachées, sel, poivre concassé, en servant une petite cuillerée de moutarde; vous la faites encore en délayant un peu de moutarde dans du coulis, un filet de vinaigre, sel, gros poivre; faites chauffer sans bouillir.

Sauce à la Carpe.

Coupez une carpe par tronçons, & a mettez dans une casserole avec un peu de lard, tranches de jambon & de veau, deux oignons, une carotte, la moitié d'un panais; faites suer & un peu attacher, mouillez avec un verre de vin de Champagne, du bon bouillon, un peu de coulis, un bouquet de persil, ciboule, une gousse d'ail, deux clous de girofle, une feuille de laurier, basilic; faites bouillir une heure à petit feu, dégraissez & passez au tamis.

Sauce à l'Anguille.

Coupez par tronçons une petite anguille, & la mettez dans une casserole avec zestes de lard, jambon, ruelle de veau, tranche d'oignons & zestes de racine, une gousse d'ail, deux cloux de girofle, trois ou quatre feuilles d'estragon; faites suer & attacher, mouillez avec deux verres de vin de Champagne, du coulis; faites bouillir une heure à petit feu, dégraissez & passez au tamis. La sauce à l'Esturgeon se fait de la même façon.

Sauce au Brochet.

Elle se fait comme la sauce à la Carpe.

Sauce à la Béchamel.

Mettez dans une casserole une tranche de jambon, quelques champignons, deux échalottes, une gousse d'ail, deux cloux de girofle, une feuille de laurier, un peu de basilic, un morceau de beurre; passez le tout ensemble sur le feu, jusqu'à ce qu'il commence à se colorer, mettez-y une bonne pincée de farine, mouillez avec de la crême ou du bon lait; faites bouillir une demi-heure à petit feu, passez au tamis; en servant mettez-y si vous voulez une petite pincée de persil blanchi haché très-fin.

Sauce au Maquereau.

Faites blanchir des groseilles vertes & les mettez dans une casserole avec une branche de fenouil bien blanchi, haché très-fin, un morceau de beurre, une pincée de farine, sel, gros poivre; mouillez avec du jus de veau ou jus d'oignons, faites lier sur le feu comme une sauce blanche.

Sauce Remoulade.

Si vous la servez chaude, il faut couper deux oignons en tranches, & les passer sur le feu avec un peu d'huile ; quand il commence à se colorer, mouillez avec un verre de vin blanc, autant de bouillon, deux tranches de citron, la peau ôtée, deux gousses d'ail, une feuille de laurier, thim, basilic, deux cloux de girofle ; faites bouillir un quart-d'heure & passez au tamis, ajoûtez un anchois haché, des capres hachées, une cuillerée de moutarde, sel, gros poivre ; faites chaufer sans bouillir. *La Remoulade froide* se fait avec persil, ciboule, échalotte, une gousse d'ail, capres, anchois, le tout haché très-fin, délayez avec une cuillerée de moutarde, huile, vinaigre, sel, gros poivre.

Sauce Poivrade.

Mettez dans une casserole un morceau de beurre avec tranches d'oignon, tranches de carotte, panais, la moitié d'une racine de persil, deux gousses d'ail, deux cloux de girofle, une feuille de laurier, un peu de basilic ; passez le tout ensemble jusqu'à ce qu'il commence à se colorer ; mouillez avec du coulis, un demi-verre de vinaigre, du bouillon, sel, poivre ; laissez bouillir & réduire au point d'une sauce, dégraissez & passez au tamis.

Sauce au Fenouil.

Faites chaufer un peu de coulis avec autant de consommé, ce qu'il vous en faut pour une sauce ; mettez-y infuser du fenouil, ôtez-le si tôt qu'il aura donné le goût à la sauce en servant un jus de citron.

Sauce hachée.

Faites suer une tranche de jambon, quand elle sera un peu attachée, hachez-la très-fin, & la remettez dans la même casserole, avec des champignons, persil, ciboule, deux échalottes, le tout haché, mouillez avec un verre de vin de Champagne, autant de consommé, peu de sel, gros poivre ; faites bouillir à petit feu & réduire au point d'une sauce, dégraissez avant que de servir.

Sauce au Bain-Marie.

Coupez en filets très-minces ce que vous jugerez à propos suivant ce que vous

vous voulez faire de sauce, de la ruelle de veau, jambon, tranche de bœuf, carottes, panais, racines de persil, navets, oignons, celeri, poireaux, de chaque légume que ce qu'il faut pour que le goût ne domine pas; mettez le tout dans une petite marmite sur une barde de lard, bouchez-la bien, & la mettez une heure sur de la cendre chaude pour la faire suer; ensuite vous y mettrez un peu de vin de champagne, & autant de bon bouillon, mettez votre marmite dans un bain-Marie pour la faire bouillir quatre heures; passez cette sauce au tamis de soye pour vous en servir à ce que vous jugerez à propos.

Sauce au Porc frais.

Coupez en tranches deux ou trois oignons & les passez avec une bonne cuillerée d'huile jusqu'à ce qu'il soit coloré; mouillez avec du bon bouillon, deux cuillerées de coulis, ajoutez-y des champignons, une gousse d'ail, deux cloux de girofle, un filet de vinaigre; faites bouillir une demi-heure & reduire au point d'une sauce, dégraissez & passez au tamis.

Sauce à la Nonette.

Coupez en dez de la ruelle de veau

Tome I. G

& une tranche de jambon; mettez-les dans une casserole avec une cuillerée d'huile, deux ou trois champignons un bouquet de persil, ciboule, une gousse d'ail, deux cloux de girofle, une-demi feuille de laurier, passez-les sur le feu, singez, mouillez avec un verre de bon bouillon, un peu de jus & un verre de vin de Champagne; faites bouillir à petit feu, dégraissez, passez au tamis; en servant ajoûtez-y trois ou quatre rocamboles & une douzaine de pistaches entieres.

Sauce Verte.

En gras & en maigre. Prenez du cerfeuil, persil, estragon, pimprenelle; lavez le tout ensemble, passez-le pour qu'il ne reste point d'eau, pilez-le très-fin, & le délayez avec un verre de bon consommé: passez à l'étamine avec expression, ajoûtez-y un pain de beurre manié d'une pincée de farine, sel, gros poivre; faites lier sur le feu sans bouillir.

Sauce Verte d'une autre façon.

En gras & en maigre. Faites blanchir un quart-d'heure une poignée d'épinars, avec du persil en feuilles & verd de ciboule; retirez-le à l'eau fraiche, pressez fort pour qu'il ne

reste point d'eau, & pilez très-fin ;
mettez dans une casserole des champignons, tranches d'oignon, deux gousses d'ail, trois ou quatre feuilles d'estragon, une feuille de laurier, un peu
de basilic, deux cloux de girofle, un
eu de beurre, passez le tout ensemble;
mouillez avec un verre de consommé,
autant de vin de Champagne : faites
bouillir cinq ou six bouillons, passez au
tamis ; servez-vous de cette sauce pour
délayer le verd pilé ; passez à l'étamine, assaisonnez de sel, gros poivre ;
faites chaufer sans bouillir.

Sauce piquante.

Faites suer une tranche de veau &
jambon ; quand elle est attachée, mouillez avec un verre de vin blanc, un demi-verre de vinaigre blanc, deux verres de bouillon, deux cuillerées d'huile, ajoûtez-y deux gousses d'ail, deux
tranches de citron la peau ôtée, cinq
ou six feuilles d'estragon, une feuille
de baume, une feuille de laurier, deux
cloux de girofle, une pincée de coriandre ; faites bouillir une heure à petit feu, & réduire au point d'une sauce, dégraissez & passez au tamis ; vous

G ij

pouvez y mettre un peu de coulis si vous voulez pour la lier.

Sauce au Bleu Celeste.

Prenez une petite poignée de mie de pain passée à la passoire, mettez-la dans une casserole avec une chopine de bon lait; faites-la bouillir & réduire jusqu'à ce qu'elle soit bien épaisse: ayez soin de la retourner sur la fin de crainte qu'elle ne s'attache; faites bouillir un verre de crême double; délayez avec la mie de pain pour la passer à l'étamine; faites bouillir un verre de vin de Champagne avec une gousse d'ail, pilez très-fin, un verd fait avec du cerfeuil, persil, verd de ciboule, estragon, faites blanchir un moment & le pilez après l'avoir bien pressé, délayez-le avec le vin de Champagne, passez au tamis, mettez ce verd avec la crême, ajoûtez-y un peu de consommé pour l'éclaircir, sel, gros poivre; faites chaufer sans bouillir.

Sauce au Pontife.

Faites suer & un peu attacher tranches de veau, jambon, oignons, catottes, panais, un demi-pied de celeri; mouillez avec deux verres de vin de Champagne & autant d'excellent bouillon; ajoûtez-y une gousse d'ail, quatre échalottes, un cloux de girofle; une pincée de coriandre, deux tranches de citron la peau ôtée; faites bouillir à petit feu jusqu'à ce que la viande soit cuite; dégraissez & passez au tamis: en servant ajoûtez, si vous voulez, un peu de coulis pour la lier, & une petite pincée de persil blanchi haché très-fin.

Sauce à la Nichon.

Prenez de la sauce au Pontife que vous passez au tamis, n'y mettez point de coulis: pour la lier mettez-y la moitié d'un pain de beurre manié d'une petite pincée de farine, du cerfeuil haché de deux ou trois coups de couteau; faites lier la sauce sur le feu.

Sauce au Révérend. *En gras & en maigre.*

Mettez dans une casserole un peu d'écorce de citron verd hachée très-fine, deux cornichons blanchis hachés, gros comme la moitié d'un œuf de bon beurre, sel, poivre concassé, une petite pincée de farine, délayez avec un verre de saurant; faites lier sur le feu.

Sauce à la Milanoise. *En gras & en maigre.*

Coupez en tranches trois ou quatre

oignons, & les mettez dans une casserole avec des zestes de jambon, une gousse d'ail, deux clous de girofle, une feuille de laurier, du persil en branches, deux cuillerées d'huile; passez le tout sur le feu jusqu'à ce qu'il commence à se colorer; mouillez avec un verre de vin de Champagne, autant de consommé; faites bouillir à petit feu, dégraissez & passez au tamis.

Sauce à l'Orange.

En gras. En gras vous foncez une casserole de veau, jambon, tranches d'oignon, zestes de racine; faites suer & attacher, mouillez avec deux verres de bouillon, un peu de coulis; faites bouillir à petit feu; dégraissez, passez au tamis: mettez-y des zestes de pelures d'orange, avec le jus de deux oranges, un pain de beurre, gros poivre; faites lier sur le feu sans bouillir. *En maigre* mettez dans

En maigre. une casserole un verre de bouillon de poisson, un anchois haché, sel, gros poivre, quelques zestes, & le jus de deux oranges, quatre pains de beurre de Vambre; il faut en manier un avec une bonne pincée de farine; faites lier sur le feu.

Sauce aux Canards.

Mettez dans une casserole un demi-verre de bon consommé, autant de jus de veau, sel, gros poivre, le jus de deux oranges; faites chaufer sans bouillir.

Sauce à l'Echalotte.

Hachez très-fin cinq ou six échalottes, & les mettez avec bon jus de veau ou de mouton, sel, gros poivre; faites bouillir un bouillon si vous voulez.

Sauce au Persil.

Faites blanchir une demi-poignée de persil, hachez-le très-fin, & le mettez dans une casserole avec une pincée de farine, trois pains de beurre, un anchois haché, sel, gros poivre, un filet de vinaigre, estragon; mouillez avec un demi-verre de consommé, autant de jus de veau ou de jus d'oignon; faites lier sur le feu. *En gras & en maigre.*

Sauce au Bled verd.

Faites mitonner à petit feu dans une casserole, une croûte de pain avec un verre de bon bouillon, un demi-verre de vinaigre, une gousse d'ail; ayez une *En gras & en maigre.*

poignée d'herbe de froment que vous lavez, faites-la blanchir cinq ou six bouillons, retirez-la à l'eau fraiche, & la pressez fort pour la piler très-fin, mettez ce verd avec la croûte de pain, & les passez ensemble à l'étamine, délayez avec un peu de consommé, si la sauce est trop liée ; assaisonnez de sel, gros poivre.

Sauce à la Reine.

En gras & en maigre. Mettez dans une casserole un verre de consommé avec un peu de mie de pain ; faites bouillir jusqu'à ce qu'il ne reste plus de bouillon, ôtez-la du feu, ajoûtez-y trois amandes douces, deux jaunes d'œufs durs, un peu de blanc de volaille ; le tout pilé très-fin, faites bouillir un grand verre de crême pour mouiller ce que vous avez pilé ; passez cette sauce à l'étamine ; assaisonnez de sel, gros poivre ; faites chaufer au bain-Marie.

Sauce d'Acide.

En gras & en maigre. Pilez trois jaunes d'œufs durs avec un anchois, mettez-les dans une casserole avec une pincée d'épices fines, sel, un demi-verre de vinaigre, deux pains de beurre, manié d'une pincée de farine ; mouillez avec un peu de jus de veau ou jus d'oignons ; faites lier sur le feu comme une sauce blanche.

Sauce à la Bécasse.

Prenez des carcasses de Bécasses cuites à la broche, écrasez-en les foyes & les mettez dans une casserole avec un verre de consommé, autant de vin rouge ; faites les bouillir & reduire au point d'une sauce, passez au tamis, en servant, sel, gros poivre, & le jus de deux oranges.

Sauces aux Truffes.

Hachez trois ou quatre Truffes & les mettez dans une casserole avec un verre de consommé, deux cuillerées de coulis, gras ou maigre, un bouquet de persil, ciboule, une demi-gousse d'ail, sel, gros poivre ; faites bouillir à petit feu & reduire au point d'une sauce, ôtez-le bouquet. *En gras & en maigre.*

Sauces maigres de plusieurs façons.

Avec le consommé, bouillon de poisson, jus & coulis maigres, vous faites toutes sortes de sauces de la même façon qu'en gras.

G v

Sauce genérale.

Pour faire cette Sauce; faites infuser pendant vingt-quatre heures dans un pot de terre bien couvert sur de la cendre chaude, tous les ingrédiens qui suivent: Prenez six échalottes concassées, une gousse d'ail, deux feuilles de laurier, thim & basilic à proportion, douze feuilles d'estragon, une demi-once de graine de moutarde concassée, une douzaine de zestes d'orange bigarade, un demi-gros de girofle, autant de macis, deux gros de poivre noir, deux onces de sel, le jus d'un citron, un demi-verre de verjus, quatre ou cinq cullerées à bouche de vinaigre blanc, un poisson de vin de champagne, ensuite vous passez le tout au clair pour le mettre dans une bouteille que vous aurez soin de bien boucher. Cette sauce se garde long-tems & sert pour toutes sortes de viande & poissons: l'ont peut aussi en mettre dans différentes sauces qui ont besoin d'acide, il ne faut s'en servir qu'avec modération, sur la dose marquée ci-dessus: l'on peut l'augmenter à proportion de ce que l'on en veut faire.

Maigre.

Sauce au Beurre noir.

Mettez du Beurre dans une poële &

le faites chauffer, quand il commence à fumer, jettez-y du persil en feuille ou haché de deux ou trois coups de couteau, quand il est croquant & bien verd ; mettez la sauce avec le persil sur le poisson que vous voulez servir, avec sel, gros poivre & vinaigre.

Sauce simple.

Mettez dans une casserole une pincée de farine avec du beurre, un filet de vinaigre, sel, gros poivre : mouillez avec un verre d'eau ; faites lier sur le feu, vous pouvez mettre dans cette sauce ^{Maigre.} du persil, ciboules, échalottes hachés.

CHAPITRE PREMIER.

DU BŒUF.

NOus avons les bœufs d'Auvergne, du Cotentin, de Normandie & autres Pays : pour l'avoir bon il faut le choisir d'une chair bien couverte & d'un rouge foncé, tirant sur le cramoisi, les parties dont on se sert pour la Cuisine sont la cervelle, le palais, la langue, la graisse, le gras-double. Dans la cuisse nous avons le trumeau,

la tranche, le gite à la noix, le ci-
mier, la moëlle, l'aloyau, le filet d'a-
loyau, la culotte & la queue, *après la
cuisse* nous avons les charbonnées, la
poitrine & tendron de poitrine, les
flanchets, les entrecôtes, le gros bout,
le paleron : il faut employer plus
promtement la cervelle, le gras-double & le palais : les autres parties du
bœuf veulent être un peu mortifiées :
la dissection pour le servir sur la table
tant bouilli que rôti, se fait en coupant
la culotte dans le milieu en travers ; la
viande la plus fine est celle qui est auprès des os de la queue, la charbonnée
se coupe en travers en morceaux minces, la poitrine se coupe en travers auprès des tendrons, le paleron comme la
charbonnée, l'aloyau : ôtez une peau
nerveuse & dure qui est sur le filet ; coupez le filet en travers & tranches minces,
la viande qui est de l'autre côté du filet
se coupe de la même façon, le gîte &
la tranche se coupent en travers, la
langue se coupe par tranches en travers, le plus tendre est le côté du gros
bout, toutes les langues se coupent de
même, le trumeau se sert avec une cui-
liere parce qu'il doit être bien cuit
à cause que c'est une viande courte &
pleine de cartillages.

Langues de Bœuf au gros sel.

Lardez une langue de Bœuf avec du gros lard ; mettez-la cuire dans la marmite de la pièce de bœuf ou à part avec de l'eau, de l'oignon, quelques racines, lorsqu'elle est cuite, ôtez-en la peau & la dressez sur le plat que vous devez servir avec du bouillon, du gros sel, & un peu de persil verd autour.

Hors d'œuvre

Langues de Bœufs en caisses.

Prenez une langue de Bœuf cuite dans la marmite de la piece de beuf, ôtez la peau & la coupez par tranches : mettez-la dans une casserole avec persil, ciboule, une pointe d'ail, champignons, le tout haché, un morceau de beurre, sel, fines épices, passez-le tout ensemble sur le feu pendant un quart-d'heure & le mettez refroidir ; faites une farce avec un morceau de ruelle de veau, autant de graisse de bœuf, un peu de mie de pain desséchée, avec de la crême, sel poivre, persil, ciboule, une pointe d'ail, liez de trois jaunes d'œufs : prenez le plat que vous devez servir ; mettez de cette farce dans le fond, le ragoût de la langue dessus, couvrez avec le restant de la farce,

Hors d'œuvre & Entrée.

unissez tout le dessus avec un couteau trempé dans l'œuf, pannez de mie de pain : mettez cuire dessous un couvercle de tourtiere pendant trois quart-d'heure, lorsqu'elle est d'une belle couleur dorée, égoutez-en la graisse, essuyez les bords du plat : mettez dessus une petite sauce claire ; faites avec moitié jus de veau & bon bouillon, un filet de vinaigre, sel, gros poivre.

Langue de Bœuf à la remoulade.

Hors-d'œuvre
Faites blanchir une Langue de bœuf & la lardez avec du gros lard ; mettez-la cuire avec du bouillon, un peu de sel, un bouquet, la cuisson faite : ôtez-en la peau & la fendez tout du long sans la séparer tout à fait, seulement pour que le lard paroisse : mettez dans une casserole, du persil, ciboule, capres, anchois, échalottes, le tout haché très-fin, un filet de vinaigre, une pincée de chapelure de pain fine, un demi-verre de jus de veau, autant de bouillon, un peu de sel, du gros poivre ; faites bouillir le tout ensemble un moment : mettez-y la langue pour la faire migeotter un quart-d'heure & prendre du goût ; en servant ajoutez-y un peu de moutarde.

Langue de Bœuf en ragoût.

Lardez une langue de Bœuf avec du gros lard & la faites cuire dans une petite braise avec du bouillon, sel, poivre, un bouquet de persil, ciboule, une feuille de laurier, thim, basilic, deux cloux de girofle, une gousse d'ail, oignons, racines : la cuisson faites, ôtez-en la peau, fendez-la en deux, dressez dessus tel ragout que vous jugerez à propos, comme ris de veau, truffes, champignons, petits oignons.

Hors d'œuvre & Entrée.

Langue de Bœuf grillée.

Mettez cuire une langue de bœuf à la braise de la même façon que la précédente après l'avoir lardée de gros lard, lorsqu'elle est cuite, ôtez-en la peau, coupez-la en deux sans la separer tout à fait, trempez-la dans de l'huile, pannez de mie de pain ; faites griller à petit feu en l'arrosant legérement avec un peu d'huile : mettez dans une casserole de l'échalotte hachée, un demi-verre de bouillon, autant de jus de veau, sel, gros poivre, un filet de

Hors d'œuvre

vinaigre ou de verjus ; faites bouillir un instant : dressez la sauce dans le plat & la langue dessus.

Langues fumées.

Entre-mets. Prenez la quantité de langues de bœuf que vous jugerez à propos, mettez-les deux ou trois heures dans de l'eau pour les faire tremper, après leurs avoir coupez le gros bout : mettez-les égouter & essuyer avec un linge ; pour les saler, faites une poudre avec quelques feuilles de laurier, thim basilic, coriandre, geniévre, persil, ciboule, ail, échalotte, cloux de girofle : mettez le tout un peu sécher dans le four pour le piler plus facilement, ayez du sel pilé, & sur une livre de sel, deux onces de salpêtre : melez le sel avec la poudre des fines herbes, prenez un pot de grais, arrangez-y vos langues à mesure que vous les salez ; faites ensorte qu'elles soient bien serrées les unes contre les autres de façon qu'il n'y ait point de vuide entre, lorsqu'elles sont toutes salées, couvrez bien le pot pour qu'elles ne prennent point l'évent, laissez au sel pendant huit jours, ensuite vous les retirerez du pot pour les attacher par le petit bout à un grand bâton, & les metrez fumer dans la cheminée jusqu'à ce qu'elles soient bien séches : elles se conserveront long-tems de cette façon. Lorsque vous voudrez vous en servir, faites les cuire dans une braise légere : la saumure qui vous reste après avoir tiré les langues est excellente pour faire du petit salé.

Langues de Bœuf fourrées.

Faites dégorger des Langues de la même façon que les precédentes, ayez des boyeaux de bœuf bien nétoyés & trempés quelques heures dans de l'eau & des herbes aromatiques : mettez les langues dans les boyeaux ; faites une saumure avec de l'eau bouillante, un peu de salpêtre, & beaucoup de sel, cloux de girofle, macis, poivre long, gingembre, thim, laurier, basilic, geniévre, coriandre ; faites bouillir cette saumur une bonne demi-heure à petit feu, passez-la au tamis & laissez reposer pour la tirer au clair : mettez-y les langues pandant douze jours, ensuite vous les retirez pour les faire sécher à la cheminé pendant qu'elles sechent, vous pouvez si vous voulez, bruler dessous des herbes de sen-

Entre. met froid

162 LES SOUPERS

teur, elle se font cuire de la même façon que les langues fumées

Langue de Bœuf à la broche.

Hors-d'œuvre ou Entrée

Faites blanchir une langue de bœuf & la mettez dans une petite marmite avec du bouillon ou de l'eau, sel, poivre, deux oignons, carottes, panais, un bouquet de persil, ciboule, deux gousses d'ail; trois cloux de girofle, thim, laurier, basilic, quand elle est cuite aux trois quarts, ôtez la peau, piquez tout le dessus de petit lard pendant qu'elle est encore un peu chaude, rachevez de la faire cuire à la broche, servez avec une sauce piquante, comme celle que vous trouverez page 147.

Langue à la Braise.

Hors-d'œuvre ou Entrée

Mettez cuire à moitié dans la marmite à la piece de bœuf, une langue après l'avoir fait blanchir, ensuite vous ôtez la peau & la lardez de gros lard, rachevez de la faire cuire dans une petite marmite avec du bouillon, sel, poivre, une carotte, un panais, deux oignons, bardes de lard, un bouquet de persil, ciboule, une gousse d'ail, deux cloux de girofle, une feuille de laurier, thim, basilic, quelques feuilles d'estragon, un verre de vin blanc, laissez cuire à petit feu, servez avec telle sauce ou ragoût que vous jugerez à propos, les langues de veau, mouton & de cochon se servent de même.

Langue en Crepine.

Lardez de gros lard une Langue de Bœuf & la faites cuire de la même façon que la precédente, hachez de l'oignon & le passez sur le feu avec un peu de panne jusqu'à ce qu'il soit cuit, ensuite mettez-y un demi-septier de sang de cochon, un quarteron de panne hachée, un peu d'épices fines, & du sel ; faites chaufer jusqu'à ce que le sang soit bien lié en tournant toujours, arrangez une crepine sur un plat fond : mettez-y de l'appareil de boudin, & la langue de bœuf fendue en deux sans être separée, dessus, remettez le reste dessus la langue & l'enveloppez de la crépine : pannez de mie de pain, & faites cuire & prendre une belle couleure au four ; servez avec une sauce faite avec un peu de coulis, un demi-verre de consommé & jus de citron.

Langue à la sainte-Menehoult.

Hors-d'œuvre ou Entrée.

Faites cuire une langue de bœuf lardée de gros lard à la braise de la même façon que les précédentes ; quand elle est cuite, fendez-la par le milieu sans la separer, trempez dans de l'œuf battu, pannez de mie de pain, retrempez-la dans du beurre ou le gras de sa cuisson, repannez de mie de pain ; faites griller à petit feu en l'arrosant de tems en-temps avec un peu de beurre, servez avec une petite sauce claire au verjus, ou une remoulade dans une sauciere.

Langue de Bœuf au gratin.

Hors-d'œuvre

Coupez en tranches très-minces une langue de bœuf froide & cuite à la braise : mettez dans une casserole un morceau de beurre, persil, ciboule, champignons, échalottes, une demi-gousse d'ail, le tout haché, passez-le sur le feu & y mettez une pincée de farine, mouillez avec un peu de coulis, du jus & du bouillon, un filet de vinaigre, peu de sel, gros poivre ; laissez bouillir & réduire au point d'une sauce, ajoutez-y un anchois & capres hachées : mettez la moitié de cette sau-

dans le fond du plat que vous devez servir, arrangez dessus les tranches de langue de bœuf ; faites migeoter sur un petit feu jusqu'à ce qu'il se fasse un gratin dans le fond du plat, en servant mettez le restant de la sauce.

Pâté & Tourte de Langue de Bœuf.

Faites cuire une langue dans la marmite à la piece de bœuf après l'avoir fait blanchir, quand elle est presque cuite, ôtez la peau & la laissez refroidir pour la couper par tranches très-minces : dressez un Pâté ou une Tourte comme il sera dit à l'article de la Patisserie, arrangez dessus les tranches de langue, assaisonnez de sel, gros poivre, deux tranches de jambon, un bouquet de persil, ciboule, une gousse d'ail, trois cloux de girofle, thim, laurier, basilic, couvrez de bardes de lard & beaucoup de bon beurre, finissez le pâté ou la tourte ; faites cuire au four, quand il est cuit ôtez les bardes & le bouquet, dégraissez & mettez dedans une sauce à l'Espagnole ou celle que vous voudrez.

Entrée.

Langue de Bœuf au Parmesan.

Faites cuire à moitié une langue

Hors-d'œuvre

dans la marmite à la piece de bœuf, rachevez de la faire cuire dans une braise bien nourrie où il n'y a que peu de sel, ôtez-en la peau & la laissez refroidir, coupez-la en tranches minces : mettez un peu de bon coulis dans le fond du plat que vous devez servir avec un peu de parmesan rapé, arrangez dessus les filets de langue : remettez dessus un peu de coulis, couvrez de parmesan ; faites migeoter sur un feu doux, couvrez d'un couvercle de tourtier avec du feu dessus, laissez jusqu'à ce que le parmesan soit d'une belle couleur dorée, & qu'il y ait peu de sauce.

Cervelle de Bœuf.

Hors-d'œuvre. La Cervelle de Bœuf se prépare comme celle de veau, vous trouverez les façons différentes à l'article du veau.

Palais de Bœuf à la sainte-Menoult.

Hors-d'œuvre. Prenez trois Palais de Bœuf cuits dans de l'eau, épluchez-les & les mettez prendre du goût dans une sainte-Menoult, qui se fait en mettant dans une casserole un bon morceau de beurre manié de deux pincées de farine ; sel, poivre, deux échalottes, une gousse d'ail, persil, ciboule, une feuille de laurier, thim, basilic : mouillez d'un demi-septier de lait ; faites bouillir & y mettez les palais de bœuf pour les faires migeoter sur le feu pendant trois quart-d'heure, ensuite vous les égoutez & trempez dans le gras de leur cuisson, pannez de mie de pain & les faites griller, servez avec une remoulade dans une sauciere.

Palais de Bœuf à la Poulette.

Ayez des Palais de Bœuf cuits à l'eau & bien épluchés, coupez-les en filets & les mettez dans une casserole avec un morceau de bon beurre, une tranche de jambon, des champignons, un bouquet de persil, ciboule, une gousse d'ail, deux clous de girofle, cinq ou six feuilles d'estragon, passez sur le feu, singez, mouillez avec un verre de vin blanc, du bouillon, laissez bouilir à petit feu jusqu'à ce qu'il n'y ait presque plus de sauce, ôtez le bouquet ; assaisonnez de sel, gros poivre, mettez-y une liaison de trois jaunes d'œufs avec de la crême, une petite pincée de persil haché ; faites lier sur le feu, en servant un jus de citron.

Hors-d'œuvre

Palais de Bœuf à l'Angloife.

Hors-d'œuvre. Prenez des Palais de Bœuf bien épluchés & cuits dans une braife, fendez-les chacun en deux comme fi vous coupiez une barde de lard : mettez fur chaque morceau une farce de volaille, affaifonnez de bon goût, roulez-les comme des petites paupiettes, enfuite vous les trempez dans une pâte faite avec de la farine, un jaune d'œuf, une cuillerée d'huile, un peu de fel, & du vin blanc que vous mettez à mefure que vous délayez jufqu'à ce qu'elle foit un peu plus épaiffe qu'une crême double ; faites frire, fervez d'une belle couleur dorée.

Palais de Bœuf au petit lard.

Hors-d'œuvre. Coupez du petit lard en tranches & le mettez dans une cafferole pour le faire fuer fur un petit feu jufqu'à ce qu'il foit cuit, égoutez-en la graiffe & y mettez un peu de coulis, un bon filet de vinaigre, un peu de confommé trois ou quatre échalottes hachées, du gros poivre, des palais de bœuf cuits dans une braife & coupez en quatre ; faites chaufer le tout enfemble fans bouillir.

Palais

DE LA COUR.

Palais de Bœuf au Pontife.

Prenez des Palais de Bœuf cuits dans une bonne braise, coupez-les en rond un peu plus grand qu'un gros écu ; coupez aussi des mies de pain un peu minces de même grandeur ; faites-les frire bien blondes, prenez le plat que vous devez servir, arrangez dessus les palais de bœuf, & sur chaque morceau, couvrez-les d'une mie de pain frite : mettez un peu de sauce au Pontife dans le fond du plat ; faites migeoter sur un petit feu le plat couvert ; en servant arrosez le pain avec le restant de la sauce : vous trouverez la façon de la faire à l'article des sauces page 148. *Hors-d'œuvre*

Palais de Bœuf au Parmesan.

Faites cuire deux Palais de Bœuf dans une petite braise sans sel, lorsqu'ils sont cuits & refroidis coupez-les en travers de largeur d'un demi-doigt, coupez aussi des mies de pain de même grandeur & même quantité, passez-les sur le feu avec du beurre jusqu'à ce qu'elles soient blondes : mettez dans une casserole un demi-verre de coulis, une cuillerée de jus, du gros *Hors-d'œuvre* poivre, un pain de beurre de Vambre; faites lier sur le feu, mettez la moitié de cette sauce dans le fond du plat que vous devez servir, & une poignée de parmesan rapé dessus, arrangez-y après les filets de pain & les filets de palais de bœuf que vous entremêlez l'un avec l'autre le plus près que vous pourrez, versez dessus le restant de la sauce; poudrez tout le dessus avec du parmesan; faites glacer dans le four ou dessous un couvercle de tourriere jusqu'à ce que le parmesan soit d'une belle couleur dorée, qu'il ne reste presque point de sauce

Palais de Bœuf en filets.

Hors-d'œuvre. Faites cuire deux palais de bœuf dans une braise; quand ils sont cuits & refroidis, coupez-les en filets longs & minces, faites les mariner une heure dans le jus d'un citron, mettez-les égoûter pour les tremper dans une pâte faite avec farine, une cuillerée d'huile, un peu de sel & vin blanc; faites les frire d'une belle couleur dorée.

Palais de Bœuf en Timbale.

Hors-d'œuvre. Mettez des morceaux de crepine dans de petites timbales, coupez des palais de bœuf cuits à la braise de gran-leur & épaisseur d'un gros écu, les rognures vous les coupez en petits filets; mettez un morceau de palais dessus la crépine, ensuite un lit de bonne farce de volaille cuite, sur la farce un lit de palais de bœuf, remettez un lit de farce, après un lit de truffes émincées ; continuez de cette façon jusqu'à ce que la timbale soit remplie : il faut finir par un morceau de palais du bœuf comme celui que vous avez mis dans le fond ; envelopez le tout de la crépine, soudez un peu le dessus avec de l'œuf ; faites cuire au four, la cuisson faite ôtez-les de la timbale sans les rompre, essuyez de leurs graisses avec un linge ; servez avec une bonne sauce.

Palais de Bœuf à la Brochette.

Prenez deux ou trois palais de bœuf, cuits à l'eau bien épluchés, que vous coupez en carré de largeur d'un bon doigt ; mettez-le dans une casserole avec des champignons, échalottes, une demi-gousse d'ail, persil, ciboule, basilic ; le tout haché très-fin, avec un morceau de beurre, sel, gros poivre, muscade ; passez le tout sur le feu, & mettez une bonne pincée de farine ; mouillez avec deux cuillerées de cou-

Hors-d'œuvre

lis, un verre de vin de Champagne, faites bouillir à petit feu sans dégraisser, jusqu'à ce qu'il n'y ait plus de sauce: ajoûtez-y un peu de beurre & trois jaunes d'œufs, faites lier sur le feu, que la sauce soit bien épaisse. Embrochez les palais de bœuf à des petites brochettes; faites tenir la sauce après, pannez de mies de pain, faites griller de belle couleur, servez à sec, ou si vous voulez une sauce du jus clair avec un filet de verjus.

Palais de Bœuf en Menus droits.

Entremets Prenez deux ou trois oignons que vous coupez en filets, passez-les sur le feu jusqu'à ce qu'ils soient à moitié cuits avec un peu de beurre; mettez-y deux palais de bœuf cuits à l'eau, épluchez & coupez en filets, singez un peu & mouillez avec un peu de coulis, jus de veau & bouillon; laissez bouillir jusqu'à ce qu'il y ait peu de sauce; dégraissez, assaisonnez de sel, gros poivre, un peu de muscade, un filet de vinaigre; en servant mettez-y un peu de moutarde.

Palais de Bœuf à la Mariette.

Hors-d'œuvre Faites cuire trois palais de bœuf dans

de l'eau pendant une heure ; ensuite vous les retirez bien épluchés, & fendez chacun en deux dans toute leur longueur : mettez entre ces deux morceaux des tranches minces de jambon & de petit lard ; ficellez les palais de bœuf comme s'ils étoient entiers, & les mettez cuire dans du bouillon, peu de sel, gros poivre, un bouquet de persil, ciboule, une gousse d'ail, deux cloux de girofle ; servez-les avec du consommé & jus de citron.

Palais de Bœuf à la Provençale.

Hors-d'œuvre

Ayez des palais de bœuf cuits dans une braise ; coupez-les en filets, & les mettez dans une casserole avec un pain de beurre, deux cuillerées d'huile, sel, gros poivre, muscade rapée, deux échalottes, une gousse d'ail, cinq ou six feuilles d'estragon, champignons, persil, ciboule, le tout haché très-fin ; faites migeoter sur le feu un quart-d'heure : ensuite vous y mettrez un peu de coulis, un demi-verre de vin de Champagne, autant de consommé ; faites bouillir, & dégraissez en servant un jus de citron.

Palais de Bœuf au Parmesan aux oignons.

Hors-d'œuvre.

Prenez des palais de bœuf cuits dans une bonne braise ; coupez-les en gros filets, ayez des petits oignons blancs cuits dans du bouillon ; faites une sauce avec un peu de coulis, une cuillerée de bon consommé, un morceau de beurre, gros poivre ; faites lier sur le feu, prenez le plat que vous devez servir, mettez la moitié de cette sauce dans le fond avec du parmesan rapé : arrangez dessus les filets de palais de bœuf entremêlés de petits oignons, remettez le restant de la sauce dessus, couvrez de parmesan ; faites glacer dans le four ou dessous un couvercle de tourtiere.

Palais de Bœuf au Gratin.

Hors-d'œuvre.

Faites cuire des palais de bœuf dans une braise avec des petits oignons blancs ; faites un gratin avec un foye gras, une truffe hachée, lard rapé, deux jaunes d'œufs cruds, un peu de sel ; mettez cette farce dans le fond du plat que vous devez servir, faites-le attacher sur de la cendre chaude, arrangez dessus les palais de bœuf coupés par morceaux, entremêlés avec les petits oignons; servez dessus une sauce au Pontife ou à l'Espagnole. *Les palais de veau & de mouton se préparent de la même façon que ceux de bœuf.*

Palais de Bœuf à l'Escalope.

Prenez quatre palais de bœuf cuits à l'eau, otez-en la peau & tout ce qui est dur; coupez-les par feuillets de la grandeur d'un petit écu le plus mince que vous pourrez; foncez une casserole de tranches de jambon, mettez dessus deux cuillerées d'huile, persil, ciboules, champignons, échalottes, une pointe d'ail, le tout haché très-fin, sel, gros poivre, une couche de palais de bœuf; remettez dessus les palais de bœuf de fines herbes, ensuite une couche de palais; continuez de cette façon jusqu'à la fin, couvrez le dessus de bardes de lard; faites cuire à petit feu sur de la cendre chaude: quand ils commenceront à bouillir, mettez-y un demi-verre de vin blanc, une heure après retirez-les du feu pour dégraisser: otez les bardes & le jambon, mettez-y une cuillerée de blond de veau ou coulis, un jus de citron; servez à courte sauce.

Hors d'œuvre

Palais de Bœuf à la Marmotte.

Hors-d'œuvre. Epluchez deux ou trois palais de bœuf cuits à l'eau & les coupez en tranches, coupez aussi en tranches un morceau de petit lard que vous mettez suer dans une casserole sur un petit feu; quand il est à moitié cuit, mettez-y les morceaux de palais de bœuf avec persil, ciboule, échalottes, une pointe d'ail, le tout haché, du gros poivre, un demi-septier, de vin blanc ; faites bouillir le tout ensemble à petit feu jusqu'à ce que le petit lard soit cuit : ensuite prenez le plat que vous devez servir, dressez-y le ragout, panez le dessus avec de la mie de pain ; faites prendre couleur au four ou dessous un couvercle de tourtiere ; servez à courte sauce.

Palais de Bœuf à la Ravigotte.

Hors. d'œuvre Prenez des palais de bœuf cuits à l'eau bien épluchés ; coupez chacun en six morceaux, & les mettez dans une casserole avec une tranche de jambon, un bouquet de persil, ciboule, une gousse d'ail, deux cloux de girofle, un morceau de beurre ; passez sur le feu, singez, mouillez avec un verre de vin blanc, autant de consommé; laissez bouillir à petit feu, dégraissez, assaisonnez de sel, gros poivre, laissez réduire au point d'une sauce liée; en servant mettez-y une pincée d'herbes à ravigotte, blanchies & hachées très-fin, comme estragon, pimprenelle, cerfeuil, cresson à la noix, civette, de chacun suivant sa force.

Palais de Bœuf de plusieurs façons.

Lorsque le palais de bœuf est cuit à l'eau, vous l'épluchez & le coupez de la grandeur que vous jugez à propos; faites-lui prendre gout pendant une demi-heure dans une bonne braise, essuyez les de leur graisse, dressez dans le plat que vous devez servir; mettez dessus une sauce un peu piquante, celle que vous voudrez, ou le ragout que vous jugerez à propos. *Hors-d'œuvre*

Queue de Bœuf au Chou.

Coupez une queue de bœuf en plusieurs morceaux, faites-la blanchir & cuire avec du bouillon, un bouquet de persil, ciboule, une gousse d'ail, trois clous de girofle, une feuille de laurier; quand elle aura bouilli une heure, mettez-y la moitié d'un gros chou bien *Entrée.*

blanchi, une livre de petit lard auſſi blanchi coupé en tranches, tenant à la couenne bien ficellé ainſi que le chou, un peu de ſel, poivre; la cuiſſon faite, retirez le tout de la braiſe pour l'égouter & eſſuyer de ſa graiſſe, dreſſez ſur un plat ou dans une terrine, la queue entremêlée de chou, & le petit lard par deſſus: maſquez le tout avec une ſauce d'un bon coulis de veau.

Queue de Bœuf aux Lentilles.

Entrée. Faites cuire dans une braiſe une queue de bœuf coupée par morceaux après l'avoir fait blanchir, & un morceau de petit lard coupé en tranches tenant à la couenne, foncez une caſſerole avec tranches de veau, jambon, tranches d'oignon, zeſtes de carottes, panais; faites ſuer & attacher, mouillez de bouillon, faites bouillir à petit feu juſqu'à ce que la viande ſoit cuite, paſſez au tamis: ayez des lentilles cuites à l'eau ou au bouillon, égoutez-les pour les piler, mettez-les faire un bouillon dans le conſommé de veau, & les paſſez à l'étamine; dreſſez la queue de bœuf & le petit lard dans une terrine, & le coulis de lentilles deſſus. *La queue de bœuf ſe ſert de la même façon à la purée verte.*

Queue de Bœuf en Pâté chaud.

Faites cuire aux trois quarts une ou deux queues de bœuf dans une braise legere, retirez-la pour la mettre refroidir, dreſſez un pâté, arrangez dedans la queue de bœuf avec deux tranches de jambon, ſel, fines épices, du bon beurre & des bardes de lard; finiſſez le pâté, & le faites cuire au four: enſuite vous ôtez les bardes, le jambon; dégraiſſez-le, mettez-y une bonne ſauce ou un ragoût de ris de veau, foye gras, truffes, celui que vous voudrez.

Entrée

Queue de Bœuf de pluſieurs façons.

La queue de bœuf coupée par morceaux & bien cuite dans une bonne braiſe ſe ſert de pluſieurs façons; vous la panez & grillez, ſervez à ſec avec une remoulade dans une ſauciere: on la ſert auſſi en hauchepot avec toutes ſortes de légumes, avec différentes ſauces & ragoûts, comme de concombres, aux marrons, aux truffes, aux navets, aux petits oignons, au ris de veau, aux cornichons & autres que vous jugerez à propos.

Entrée

Gras-Double à la Robere.

Hors-d'œuvre. Coupez trois ou quatre oignons en dez & les passez sur le feu avec un morceau de beurre jusqu'à ce qu'ils soient presque cuits; ayez du gras-double bien épais, gras, cuit à l'eau & bien nettoyé; coupez-le en gros dez & le mettez avec les oignons, mouillez avec du coulis, un verre de bon vin blanc, autant de bon bouillon, un bouquet de persil, ciboule, une gousse d'ail, deux clous de girofle, une feuille de laurier, thim, basilic, trois ou quatre feuilles d'estragon; faites bouillir à petit feu, sel, gros poivre, dégraissez, laissez réduire au point d'une sauce liée, en servant un peu de moutarde.

Gras-Double au Verjus.

Hors-d'œuvre. Ayez du gras-double bien cuit & nettoyé, faites-le mariner avec de l'huile, sel, gros poivre, persil, ciboules, échalottes, une gousse d'ail, le tout haché très-fin, panez en faisant tenir la marinade après, faites griller de belle couleur, servez avec une sauce moitié verjus & moitié jus de veau, sel, gros poivre.

Gras-Double de plusieurs façons.

Ayez du gras-double cuit, nettoyé *Hors-* & lavé, coupez-le en filets ou autre fa- *d'œuvre* çon; & le mettez dans une casserole avec des champignons en filets, un bouquet de persil, ciboule, deux gousses d'ail, trois cloux de girofle, cinq ou six feuilles d'estragon, une feuille de laurier, thim, basilic, un morceau de beurre, une tranche de jambon; passez sur le feu, singez, mouillez avec un verre de vin blanc, autant de bouillon, faites bouillir & réduire à courte sauce, en servant une liaison de trois jaunes d'œuf, sel, gros poivre, un grand filet de verjus: *si vous le voulez au roux, mettez-y du jus & du coulis à la place d'une liaison*; vous y pouvez mettre en servant une pincée de persil blanchi haché, ou une pincée d'herbes à ravigoetes aussi blanchies hachées.

Rognon de Bœuf à la Moutarde.

Coupez en filets minces un rognon *Hors-* de bœuf, ayez trois ou quatre oignons *d'œuvre* coupés en tranches minces, mettez-les dans une casserole avec un peu de beurre, passez-les sur le feu jusqu'à ce qu'ils soient à moitié cuits; mettez-y le rognon mince avec sel, gros poivre, couvrez la casserole & le faites bouillir sur un petit feu qu'il ne fasse que migeoter, le rognon fournira suffisamment de sauce pour sa cuisson ; en servant mettez-y de la moutarde.

Rognon de Bœuf à la Mode.

<small>Hors-d'œuvre</small> Coupez en filets minces deux rognons de bœuf, ôtez-en les nerfs, coupez aussi en petites tranches minces une livre de petit lard ; ayez du persil, ciboule, deux échalottes, une gousse d'ail ; prenez une terrine de moyenne grandeur, mettez dans le fond une barde de lard, arrangez dessus un lit de rognons de bœuf, assaisonnez avec un peu de sel, gros poivre & de vos fines herbes hachées, mettez-y des tranches de lard & après un lit de rognons de bœuf : continuez de cette façon jusqu'à la fin ; couvrez bien la terrine, & faites cuire à très-petit feu pendant trois heures comme le bœuf à la mode : sur la fin de la cuisson mettez-y deux cuillerées d'eau de vie, servez dans la terrine, si vous voulez, chaud ou froid.

Rognon de Bœuf en Filets.

<small>Hors-d'œuvre</small> Faites cuire un rognon de bœuf dans

…braise après l'avoir coupé en filets, ...yez un ragoût de chicorée ou un ragoût de concombres émincés & fini de
bon goût; mettez-y les filets de rognon de bœuf pour leur faire faire un
bouillon ensemble; servez bien assaisonné & d'un goût un peu relevé.

Rognon de Bœuf en Pâté chaud.

Coupez un rognon de bœuf en tran-   En trée.
ches minces, arrangez-les par lits dans
un pâté dressé, en mettant entre chaque lit des fines herbes hachées comme persil, ciboules, échalottes, une
gousse d'ail, champignons, sel, fines
épices, couvrez de bardes de lard &
de bon beurre, finissez le pâté; faites
bouillir un verre de vin de Champagne avec deux cuillerées à ragoût de
coulis, & un verre de consommé; laissez réduire au point d'une grande sauce; dégraissez le pâté, ôtez les bardes,
mettez-y la sauce avec le jus d'une bigarrade. La Tourte se fait de même.

Rognon de Bœuf à la Bourgeoise.

Coupez en deux un rognon de bœuf,   Hors-
le mettez dans une casserole avec   d'œuvre.
persil, ciboule, une gousse d'ail, deux
échalottes, le tout haché, sel, gros

poivre, thim, laurier, basilic, hachez comme en poudre; un morceau de beurre, passez-le sur le feu cinq ou six tours, panez-le de mie de pain pour le faire griller à petit feu en l'arrosant avec le restant du beurre qui a servi à le passer; servez avec une sauce moitié jus, & moitié verjus.

Tetine de Vache au Verjus.

Hors-d'œuvre. Coupez une tetine de vache par morceaux, & la mettez dans une casserole avec un morceau de beurre, persil, ciboules, champignons, une gousse d'ail, le tout haché très-fin, passez sur le feu, singez, mouillez avec un verre de bouillon, autant de vin blanc, sel, gros poivre; faites cuire & réduire à courte sauce, mettez-y une liaison de trois jaunes d'œufs délayés avec du bouillon, en servant une grande cuillerée de verjus.

Usage de la Graisse de Bœuf & Mouelle.

Pour vous en servir il faut ôter les petites peaux & les nerfs; elle sert pour mettre dans beaucoup de farces, ainsi que la mouelle, à nourrir des braises, si vous voulez vous en servir en place de beurre, mettez-la tremper dans de

DE LA COUR. 185

l'eau tiede en la battant avec la main pour la rendre maniable ; l'eau étant froide, pressez la graisse pour en faire sortir l'eau.

Tranches de Bœuf à la Bourgeoise.

Lardez avec du gros lard un morceau de tranche de bœuf ; pilez dans un mortier du persil, ciboules, deux échalottes, deux rocamboles, un peu de thim, laurier, basilic ; délayez le tout avec un verre de vin blanc pour le mettre dans une terrine avec la tranche de bœuf, sel, gros poivre ; laissez-la mariner deux ou trois heures avec son assaisonnement, & la faites cuire sur un petit feu : vous la servirez chaude ou froide avec la sauce de sa cuisson.

Hors-d'œuvre ou Entremet.

Hachis de Bœuf à la hâte.

Prenez de la tranche de bœuf tendre qui soit mortifiée, ôtez-en les filandres, & les hachez très-fin ; mettez dans une casserole un morceau de beurre, persil, ciboules, échalottes, le tout haché, passez le tout ensemble avec la viande hachée sur un bon fourneau pendant un quart-d'heure ; ensuite retirez la viande pour mettre dans la casserole un peu de beurre avec une

Hors-d'œuvre.

pincée de farine; faites prendre un peu couleur à la farine, & mouillez avec un verre de bouillon, un filet de vinaigre, sel, gros poivre; remettez-y la viande seulement pour faire chaufer, il ne faut pas qu'elle bouille parce qu'elle se racorniroit.

Tranche de Bœuf à la Camargot.

Entrée.

Ayez de la tranche de bœuf, de la noix tendre ou de la piece ronde qu'elle soit épaisse, lardez-la par tout moitié gros lard & moitié filets d'anchois; mettez-la dans une casserole avec des bardes de lard au fond, assaisonnez avec des fines épices, point de sel à cause des anchois, un bouquet de persil, ciboule, deux gousses d'ail, deux échalottes, une feuille de laurier, thim, basilic, un verre de vin blanc; faites cuire à petit feu pendant cinq ou six heures; lorsqu'elle est cuite, passez cette sauce au tamis; mettez-y un pain de beurre de Vambre manié de farine, des capres fines entieres. Si la sauce étoit trop courte, vous y ajoûteriez un peu de bouillon ou du jus; faites lier sur le feu, servez sur la tranche.

Hors-d'œuvre ou Entremets.

Tranche de Bœuf à la Royale.

Lardez un morceau de tranche épais

le avec des gros lardons de lard, assaisonnée de sel, fines épices, persil, ciboules, une gousse d'ail, deux échalottes, le tout haché très-fin, une feuille de laurier, thim, basilic hachés comme en poudre; mettez votre bœuf dans une terrine sur peu de lard, avec quelques oignons en tranches, zestes de racine; faites cuire à très-petit feu pendant cinq ou six heures dans son jus bien couvert; sur la fin de la cuisson vous y mettrez deux cuillerées d'eau de vie. Cette façon s'appelle bœuf à la mode quand on le sert chaud, & bœuf à la Royale quand il est froid; vous passez la sauce au tamis, & ne la dégraissez point quand on la sert froide.

Tranche de Bœuf à la Servante.

Coupez en petites tranches minces Entrée de la tranche de bœuf, foncez une terrine avec un peu de lard; arrangez dessus de la tranche de bœuf, ensuite un lit de petit lard, remettez une couche de tranches de bœuf, assaisonnez le tout de sel fin, fines épices, persil, ciboules, une gousse d'ail, deux échalottes, le tout haché, mouillez avec un demi-poisson d'eau de vie; couvrez la terrine, & la bouchez avec de la pâte au tour; faites cuire six ou sept heures sur de la cendre chaude, servez dans la même terrine, si vous voulez.

Tranches de Bœuf au Caramel.

Entrée. Prenez un morceau de tranche de bœuf de la grosseur que vous jugez à propros, lardez-la de gros lardons assaisonnés de sel, fines épices; piquez tout le dessus avec du petit lard comme un fricandeau, mettez-la cuire avec du bouillon, un verre de vin blanc, un bouquet de persil, ciboules, deux gousses d'ail, deux échalottes, trois cloux de girofle; laissez cuire à petit feu; la cuisson faite, passez la sauce au tamis, & dégraissez, remettez-la sur le feu pour la faire réduire en caramel, glacez-en tout le dessus de la tranche du côté qu'elle est piquée; servez dessous un ragoût de légume telle que vous jugerez à propos, comme chicorée, laitue, épinars.

Canellons de Bœuf.

Entrée ou Entremêt. Hachez un morceau de tranche de bœuf avec autant de graisse & du jambon cru; mettez ce que vous avez haché dans une terrine avec du lard coupé en petits dez, le quart de ce que vous avez de farce, deux ou trois œufs blancs & jaunes, persil, ciboules, champignons, quelques échalottes, le tout haché très-fin, thim, laurier, basilic en poudre, peu de sel, fines épices, un demi-poisson d'eau de vie, mêlez le tout ensemble, prenez toute cette farce pour en former plusieurs rouleaux de la longueur & grosseur d'une grosse endouille; mettez autour quelques bardes de lard, envelopez chaque cannelon avec du papier blanc bien colé, & par dessus le papier vous les envelopez encore avec une pâte faite simplement avec de l'eau & de la farine; faites cuire pendant deux heures au four: lorsqu'ils seront retirés, si vous voulez les servir chauds, ôtez la pâte, le papier & bardes; dressez dans le plat que vous devez servir avec une sauce un peu piquante & claire; si vous les servez froids pour entremêts, n'ôtez la pâte qu'au moment que vous servez.

Andouillettes de tranches de Bœuf.

Prenez de la tranche de bœuf de la noix tendre, coupez-la mince & en longueur comme une barde de lard; mettez dessus une bonne farce faite avec des foyes de volaille, ou volaille cuite

Hors-d'œuvre

à la broche, de la mouelle de bœuf, perfil, ciboules, champignons, une petite échalotte, le tout haché très-fin, fel, fines épices, liez de trois jaunes d'œuf ; roulez la tranche en façon d'andouillettes, faites mariner avec de l'huile, panez de mie de pain, faites griller à petit feu, en arrofant avec le reftant d'huile de la marinade ; fervez avec une fauce claire de jus de veau & un peu de verjus.

Bœuf de defferte à la Sainte-Menehoult.

Hors-d'œuvre — Lorfque vous avez un refte de la piece qui a été fervie, étant froid vous le coupez proprement par tranches, & le faites mariner une demi-heure avec un peu d'huile, perfil, ciboules, champignons, une pointe d'ail, deux échalottes, le tout haché, fel, gros poivre, faites tenir le plus que vous pourrez de la marinade à chaque morceau, & le panez de mie de pain ; faites griller à petit feu en les arrofant avec le reftant de la marinade : fervez avec un jus clair & un filet de verjus.

Bœuf de defferte à la Bourgeoife.

Hors-d'œuvre — Coupez par tranches cinq ou fix oignons, & les paffez fur le feu avec un morceau de beurre jusqu'à ce qu'il soit cuit; mouillez avec un bon verre de bouillon, deux échalottes hachées, sel, gros poivre; mettez-y du bœuf cuit, coupé proprement par tranches, faites bouillir un moment dans la sauce; étant prêt à servir mettez-y une liaison de trois jaunes d'œufs; faites lier sur le feu, ajoûtez-y un filet de vinaigre.

Bœuf de desserte en Papillotte.

Coupez par tranches du bœuf cuit & froid, mettez-le mariner avec de l'huile ou du beurre, persil, ciboule, champignons, échalottes, une pointe d'ail, le tout haché très-fin, sel, gros poivre; mettez les tranches de bœuf avec toute leur marinade dans trois ou quatre demi-feuilles de papier blanc; pliez le tout autour comme des papillottes, graissez-les dehors: faites griller à petit feu, servez avec le papier *Hors d'œuvre*

Culotte de Bœuf à la Mantoue.

Foncez une marmite de deux ou trois bardes de lard, des tranches d'oignon, de racines; mettez dessus un morceau de culotte de bœuf ou une culotte entiere; il faut la bien ficeller pour la retirer facilement sans qu'elle se rom- *Grosse Entrée.*

pe quand elle est cuite; faites suer un moment, & la mouillez avec du bouillon, assaisonnez de sel, poivre, un bouquet de persil, ciboule, quatre cloux de girofle, trois gousses d'ail, deux feuilles de laurier, thim, basilic; faites cuire à petit feu à la braise, à la moitié de la cuisson vous y mettrez des petits choux farcis que vous ferez de cette façon: Faites blanchir pendant une demi-heure un chou entier, retirez-le à l'eau fraiche pour le bien presser, ôtez-en les feuilles une à une sans les casser; ayez une farce de godiveau faite avec un morceau de ruelle de veau, graisse de bœuf hachée ensemble, mettez-y deux œufs entiers, sel, poivre, persil, ciboule, un peu d'échalotte, un demi-septier de crême; mettez de cette farce dans une grande feuille de choux, remettez après une feuille de choux un peu plus petite avec de la farce dessus; continuez de cette façon jusqu'à ce que cela vous forme un petit choux de la grosseur d'un pain d'un sol, arrondissez-les bien & les ficellez, faites-en de cette façon la quantité que vous jugerez à propos, mettez-les cuire avec la pièce de bœuf; la cuisson faite, retirez le tout de la braise pour le bien

bien égouter & essuyer avec un linge; dressez la piece de bœuf dans le plat que vous devez servir, les petits choux autour; servez dessus une bonne sauce faite avec du coulis, deux anchois hachés : si vous n'avez point de coulis, prenez une partie de la sauce de la cuisson passée au tamis & dégraissée, mettez-y un pain de Beurre, manié de farine ; faites lier sur le feu, ajoûtez-y du persil blanchi haché, avec un jus de citron ou un filet de vinaigre.

Culotte de Bœuf fumée.

Désossez le plus que vous pourrez une culotte de bœuf sans la défigurer, frottez-la par tout avec une livre de sel, & deux onces de salpêtre : mettez-la dans un vaisseau juste à sa grandeur avec toutes sortes de fines herbes, comme persil, ciboule, thim, laurier, basilic, sariette, une poignée de geniévre, un peu de coriandre, ail, échalotte, couvrez bien le vaisseau, & laissez la piece de bœuf pendant huit jours au sel, ensuite vous la retirez pour la mettre fumer à la cheminée jusqu'à ce qu'elle soit seche ; ôtez-la pour la garder le tems que vous voudrez dans un endroit sec : lorsque vous voulez vous en servir,

Gros Entre nét froid.

mettez-la dans une marmite avec un peu d'eau ou du bouillon sans sel, quelques oignons, racine; un bouquet de fines herbes, cloux de girofle, muscade, faites cuire à petit feu & refroidir dans sa cuisson, servez sur une serviette garnie de persil verd : avant que de la faire cuire, si elle étoit trop salée, il faudroit la mettre un jour ou deux tremper dans de l'eau.

Culotte à l'Ecarlate sans salpêtre.

Gros Entremêt froid.

Prenez une belle culotte bien couverte que vous désossez à forfait; ayez une livre de sel fin que vous mêlez avec une once d'épices mêlées; coupez une livre & demie de lard en gros lardons, roulez-les dans le sel pour leur en faire prendre le plus que vous pourrez, lardez-en partout la piece de bœuf, à la reserve du côté qu'elle est couverte, frottez après la piece de bœuf avec le reste du sel & des épices, mettez-la dans un linge blanc avec sept ou huit feuilles de laurier, thim, basilic à proportion, le quart d'un litron de genievre concassé : après l'avoir enveloppé d'un linge blanc, vous y mettez encore une nape autour pour l'envelope en plusieurs doubles; enterrez la piece de bœuf dans la terre pendant sept ou-huit jours c'est ce qui la fera rougir à la place de salpêtre, ensuite vous la ferez cuire avec quelques tranches de bœuf, du bouillon sans sel, ou de l'eau, un bouquet de persil, ciboule, oignons, carottes, panais : la cuisson faite, laissez refroidir dans sa sauce, & servez sur une serviette, garnie de persil verd.

Culotte de Bœuf à la Gascogne.

Faites mariner pendant quatre jours une Culotte désossée, avec une demi-livre de bonne huile, sept ou huit gousses d'ail, une demi-livre de sel fin, une demi-once d'épices mêlées, deux feuilles de laurier, thim, basilic, ensuite vous la mettez cuire avec toute sa marinade & une pinte de vin blanc, autant de bouillon, lorsqu'elle est cuite, mettez-la égouter & bien essuyer de sa graisse, dressez dans le plat que vous devez servir, passez au tamis une partie de sa sauce bien dégraissée, ajoûtez-y un peu de coulis ; faites faire quelques bouillons & réduire au point d'une sauce ; faites attention qu'il n'y ait point trop de sel. *La poitrine se prepare de la même façon.*

Grosse Entrée.

Culotte de Bœuf dans son jus.

Grosse Entrée.

Désossez si vous voulez une piéce de bœuf & la lardez de gros lard, faites la cuire dans une marmitte pendant huit ou dix heures à petit feu, suivant que la piéce est forte ; avec un peu de bouillon, un gros bouquet de persil, ciboule, deux gousses d'ail, trois échalottes, deux feuilles de laurier, thim, basilic, quatre cloux de girofle, la moitié d'une muscade, sel, poivre, il faut qu'elle ne fasse que migeoter & toujours à courte sauce, quand elle est cuite, passez la sauce au tamis, dégraissez, servez sur la piéce de bœuf.

Culotte de Bœuf diversifiée.

Grosse Entrée.

Faites cuire une piéce de bœuf de la même façon que la précedente ; à moitié de la cuisson ajoutez-y six gros oignons, une douzaine de navets coupez proprement, carottes & panais tournez en bâton, faites blanchir le tout avant que de le mettre avec la piéce de bœuf ; la cuisson faite, mettez les légumes autour de la viande ; ajoutez-y un peu de coulis dans la sauce bien dégraissée ; faites réduire au point d'une sauce : une autrefois pour changer à la place de ces légumes, vous y mettez des choux blanchis & des saucisses. L'on peut encore masquer une piéce de bœuf cuite de cette façon avec differentes sauces & ragoûts.

Culotte de Bœuf au vin de Champagne.

Faites mariner pendant deux jours une culotte de bœuf bien frottée de sel fin & la mettez dans une terrine avec six gousses d'ail, épices mêlées, deux feuilles de laurier, thim, basilic, six clous de girofle, trois quarterons d'huile fine ; ensuite vous la mettez cuire avec toute sa marinade & deux pintes de bon vin blanc, ou du vin de Champagne, laissez cuire à petit feu, passez la sauce au tamis, dégraissez, faites réduire au point d'une sauce, prenez garde au sel, ajoutez-y du coulis suffisamment pour la lier : servez sur la piéce de bœuf. <small>Grosse Entrée.</small>

Culotte de Bœuf à la Royale.

Foncez une marmitte de tranches de bœuf, jambon, & de veau, mettez dessus une culotte de bœuf désossée, avec tranches d'oignons, zestes de carottes, panais, bardes de lard, sel, poivre, faites suer pendant une heure, en- <small>Grosse Entrée.</small>

suite mouillez avec une demi-bouteille de vin de Champagne & autant de bouillon, un bouquet de persil, ciboule, deux gousses d'ail, quatre cloux de girofle, une demi-muscade; laissez cuire à petit feu pendant cinq ou six heures: la cuisson faite, égoutez la piece de bœuf & l'essuyez de sa graisse avec un linge blanc: servez dessus un ragoût mêlé de ris de veau, foyes gras, crêtes, champignons, culs-d'artichaux, petits-œufs: vous trouverez la façon de le faire à l'article des ragoûts.

Culotte de Bœuf à la Sainte-Menehoult.

Grosse Entrée. Ficelez une Culotte de Bœuf & la faites cuire dans la marmite avec de l'eau & des légumes ordinaires du bouillon, quand elle est presque cuite, mettez-la dans une braisiere avec du bouillon, du sel suffisamment pour lui donner du goût, avec un bouquet de fines herbes; faites bouillir pendant une heure, & l'égoutez, dressez sur le plat que vous devez servir: mettez trois ou quatre cuillerées de coulis dans une casserole avec un peu de beurre, & six jaunes d'œufs; faites lier sur le feu, arrosez avec tout le dessus de la piece de bœuf, pannez de mie de pain ; faites prendre couleur au four, garnissez le tour en servant avec des mies de pain trempées dans de l'œuf, frites à petit feu & bien blondes.

Aloyau au demi-Sel.

Mettez dans une terrine un Aloyau mortifié de la premiere piece : frotez-le partout avec du sel fin : laissez-le dans son sel pendant deux jours : ensuite vous le ferez cuire à la broche comme à l'ordinaire, servez avec une sauce faite avec un peu de coulis, deux ou trois cuillerées de jus, câpres, anchois, échalottes, le tout haché très-fin. *Grosse Entrée.*

Aloyau en Baril.

Désossez à forfait un Aloyau mortifié, roulez-le en forme de baril, il faut le bien ficeler pour qu'il conserve la forme que vous lui aurez donnée, coupez du lard en gros lardons, assaisonnez de sel, fines épices, persil, ciboule, échalottes, le tout haché très-fin, lardez-en partout l'aloyau : mettez-le dans une marmite juste à sa grandeur avec des bardes de lard au fond : mettez dessus tranches d'oignons, de racines, un gros bouquet *Grosse Entrée.*

de persil, ciboule, deux feuilles de laurier, thim, basilic, deux gousses d'ail, quatre cloux de girofle, sel, gros poivre; faites suer à petit feu pendant une heure, ensuite mouillez avec une pinte de vin blanc, autant de bouillon, laissez bouillir à petit feu pendant quatre ou cinq heures: lorsqu'il sera cuit: mettez-le égouter & essuyer de sa graisse, n'otez la ficelle que quand vous l'aurez dressé dans le plat que vous devez servir: mettez dessus telle sauce ou ragoût que vous jugerez à propos.

Filets d'Aloyau de toutes façons.

Entrée

Lorsque vous voulez servir un filet d'Aloyau entier pour entrée, vous prenez un Aloyau de la premiere piece & celui qui a le plus de filet, l'aloyau vous servira pour une piece de bœuf, levez le filet entier, parez-le de ses filandres & le lardez de gros lard: mettez-le dans une casserole avec un peu de lard fondu, persil, ciboule, champignons, échalottes, le tout haché très-fin, sel, gros poivre, passez-le sur le feu, & le mettez ensuite avec l'assaisonnement dans une autre casserole foncée de tranches de veau, & de deux tranches de jambon, couvrez de bardes de lard, faites cuire à petit feu, à moitié de la cuisson mettez-y un verre de vin blanc, lorsqu'il est cuit, prenez le fond de la sauce, mettez-y un peu de coulis, faites bouillir seulement pour dégraisser, passez la sauce au tamis, servez sur le filet; si vous voulez le servir avec différentes sauces ou ragoûts, après l'avoir lardé de gros lard, mettez le cuire avec du bouillon, un verre de vin blanc, un bouquet de persil, ciboule, une gousse d'ail, deux cloux de girofle, une carotte, un panais, deux oignons, lorsqu'il est cuit, vous le servez avec telle sauce ou ragoût que vous jugez-à-propos; ce même filet étant cru vous le piquez de petit lard, le faites cuire & glacer comme un fricandeau. Le filet d'un aloyau qui a été cuit à la broche & que l'on a desservi de la table, se peut mettre de bien des façons: quand il est froid, vous le coupez le plus mince que vous pouvez & le servez avec telle ragoût que vous jugez-à-propos, comme ragoût de concombres, de celeri, de chicorée, de cardes; lorsque le ragoût est fini, vous y mettez le filet seulement pour le faire chaufer: vous en

I v

faites de même pour les sauces avec lesquelles vous le voulez servir.

Aloyau au four.

Grosse Entrée. Foncez une chaponiere proportionée à la grandeur de votre Aloyau, avec quelques bardes de lard : mettez dessus l'aloyau & le filet en dessous, vous le larderez si vous voulez : mettez avec un bouquet de persil, ciboule, deux gousses d'ail, trois cloux de girofle, sel, gros poivre; faites suer une demi-heure sur le feu, & le mouillez avec trois demi-septiers de vin du Rhin, quand il sera en train de bouillir : mettez-le dans le four, bien couvert, & le laissez bouillir six ou sept heures, quand il est cuit, passez la sauce au tamis après l'avoir dégraissée : servez sur l'aloyau.

Aloyau en Ragoût.

Grosse Entrée. Faites cuire un Aloyau lardé de gros lard avec du bouillon, une demi-bouteille de vin blanc, un bouquet garni de fines herbes, oignons, racines, sel, poivre; faites bouillir à petit feu & courte sauce jusqu'à la parfaite cuisson : ôtez de la braise & le servez avec un ragoût de ris de veau, champignons, & petits œufs, fini de bon goût.

Aloyau à la Dauphine.

Défoſſez à forfait un Aloyau; faites un trou dans le milieu pour y mettre un ſalpicon cru de cette façon, coupez en gros filets deux tranches de jambon, une poularde déſoſſée, deux ris de veau blanchis, une langue de bœuf, le tout étant coupé en filets: il faut le manier avec perſil, ciboule, une gouſſe d'ail, champignons, le tout haché très-fin, ſel, gros poivre, thim, laurier, baſilic en poudre, lard rapé, quatre jaunes d'œufs crus: mettez ſe ſalpicon dans le milieu de l'aloyau, trouſſez-le bien en rond & le couſez pour que le ſalpicon ne puiſſe point ſortir: mettez-le cuire dans une marmite juſte à ſa grandeur, avec un peu de bouillon, une bouteille de vin de Champagne, un gros bouquet de perſil, ciboule, une gouſſe d'ail, trois cloux de girofle, une feuille de laurier, cinq ou ſix feuilles d'eſtragon, trois ou quatre oignons, deux racines, un panais; faites cuire à petit feu, ſervez avec une ſauce à l'Eſpagnole. *Groſſe Entrée*

Filet d'Aloyau en Crépine.

Entrée. Prenez un filet d'Aloyau cru, parez-le de ses filandres, ciselez-le en dessous & en longueur dans plusieurs endroits pour mettre dans les ciselures du lard rapé, mêlez avec des champignons, truffes, persil, ciboule, une pointe d'ail, le tout haché très-fin, sel, gros poivre, deux jaunes d'œufs, le jus de la moitié d'un citron; après avoir rempli toutes les ciselures du filet: mettez le dans une crépine double, attachez-le à un hatelet pour le faire cuire à la broche en l'arrosant avec un peu d'huile & un demi-verre de vin de Champagne, quand il est presque cuit, la crépine un peu colorée; tenez-le chaudement dans une casserole pour donner le tems au filet de rendre son jus; dressez dans le plat & le jus sur le filet.

Filet d'Aloyau aux fines herbes.

Parez un filet d'Aloyau & le lardez de gros lard; faites le revenir sur le feu avec un peu de bon beurre: mouillez avec un verre de vin de Champagne, autant de bouillon, sel, poivre; faites cuire à petit feu; aux trois quarts de la cuisson, passez toute la sauce au tamis, dégraissez & mettez dans cette sauce un pain de beurre manié d'une pincée de farine, persil, cibou-le, champignons, deux échalottes, une demi-gousse d'ail, cinq feuilles d'estragon, le tout haché très-fin, un peu de jus de veau; faites bouillir & y mettez le filet rachever de cuire; & réduire au point d'une sauce

Filet d'Aloyau aux Oignons en Crépine.

Coupez en filets environ une dou- Entrée. zaine de moyens oignons: mettez-les dans une casserole avec du beurre & les passez sur le feu jusqu'à ce qu'ils soient bien cuits, ensuite mettez-y sel, gros poivre, un anchois haché, trois jaunes d'œufs avec un peu de bouillon; faites lier sur le feu, ayez un filet d'aloyau cuit à la broche que vous émincez, coupez de la crépine en plusieurs morceaux: mettez sur chaque morceau un peu d'oignons, sur l'oignon, du filet mincé, remettez de l'oignon, ensuite du filet, envelopez avec de la crepine en façon de balottes, trempez-le dessus avec de l'œuf, pannez de mie de pain, & faites cuire au four ou sous un couvercle de tourtiere jusqu'à ce qu'il soit d'une belle couleur dorée, servez avec une sauce faite avec un peu de coulis, du consommé & un filet de vinaigre.

Filet de Bœuf à l'Intendante.

Entrée Faites une farce avec quelques foyes de volailles, lard rapé, un peu de beurre, persil, ciboule, champignons hachez, liez de trois jaunes d'œufs, sel, fines épices, ayez un filet de bœuf cru que vous parez de ses nerfs, coupez-les en deux & l'aplatissez avec le couperet en l'abattant entre deux linges; lardez chaque morceau en travers avec du moyen lard, ensuite vous mettez la farce dans le milieu de chaque morceau de filet, & les enveloppez avec un linge en les arrondissant; faites les cuire avec bon bouillon, un verre de vin de Champagne, un bouquet de fines herbes : la cuisson faites, servez avec un ragoût de truffes ou de ris de veau.

Filet de Bœuf aux Anchois.

Entrée Ayez cinq ou six Anchois bien lavés & les mettez dessaler deux heures dans de l'eau, coupez-les en filets : prenez un filet de bœuf, ôtez-en les nerfs & le lardez avec du gros lard & les filets d'anchois : mettez le cuire à très-petit feu avec un peu de bouillon, un verre de vin de Champagne, un bouquet de persil, ciboule, une gousse d'ail, deux cloux de girofle, une feuille de laurier : la cuisson faite, passez la sauce au tamis qui doit-être courte, dégraissez : mettez-y un pain de beurre maniez de farine, deux autres pains maniés, deux cuillerées de crême, une petite poignée de câpres fines entieres ; faites lier sur le feu, servez sur le filet.

Filet de Bœuf à l'Amiral.

Hachez cinq ou six oignons & les passez sur le feu jusqu'à ce qu'ils soient tout à fait cuits avec un morceau de beurre, ensuite vous y mettrez deux anchois coupés en petit filets, du lard rapé, deux jaunes d'œufs crus, du gros poivre, basilic en poudre, peu de sel : ayez un filet d'aloyau, ôtez-en les nerfs & le faites blanchir un instant à l'eau bouillante, coupez-le en dessous en petites tranches sans les séparer : mettez entre toutes les tranches l'oignon que vous avez preparé, envelopez le filet avec une crépine & le faites cuire à la broche; servez-le avec une sauce faite avec un peu de coulis, du consommé & un grand jus de citron.

Filet de Bœuf Glacé.

Entrée Faites cuire un jaret de veau avec quelques abatis de volaille & de l'eau, ayez soin de bien écumer, passez-le bouillon au tamis: mettez-le sur le feu après l'avoir dégraissé, avec un verre de vin de Champagne, un peu de sel, deux tranches de citron; faites bouillir & y mettez deux œufs cruds blancs, jaunes & les coquilles, laissez bouillir jusqu'à ce que la gelée soit bien claire & reduite au point d'une grande sauce, passez dans une serviette, ayez un filet d'aloyau lardé de lard & jambon; faites le cuire dans une petite braise bien nourrie: la cuisson faite vous le laissez refroidir dans la braise, ensuite vous le coupez mince en tranches & l'arrangez dans le plat que vous devez servir: mettez dessus la gelée pendant qu'elle est encore un peu tiéde: il faut qu'il y en ait assez pour que le filet en soit couvert; faites prendre sur de la glace ou dans un endroit frais.

Filets de Bœuf grillés.

Coupez en travers & en tranches de l'épaisseur d'un demi-doigt, un filet d'aloyau ; battez chaque tranche avec le couperet pour les applatir le plus mince que vous pourez : mettez dans chaque morceau un peu de farce de volaille finie de bon goût, & les roulez ; faites les mariner avec un peu d'huile, persil, ciboule, une gousse d'ail, deux échalottes, une feuille de laurier, thim, basilic, le tout entier, sel, gros poivre, une heure après, ôtez toutes les fines herbes ; & faites griller les filets : servez avec une sauce faite avec un peu de coulis, du consommé, une échalotte hachée très-fine, sel, gros poivre, le jus de la moitié d'un citron. *Entrée*

Filet de Bœuf à la Nivernoise.

Mettez dans une casserole un peu de beurre manié de farine, avec un demi-verre de vinaigre, un verre de bouillon, sel, poivre, trois cloux de girofle, deux pincées de coriandre concassée, une feuille de laurier, thim, basilic, deux gousses d'ail, deux oignons en tranches ; faites tiédir sur le feu, *Entrée* en remuant la marinade, ôtez-la du feu & y mettez un filet de Bœuf, lardé, de lard pour le faire mariner quatre ou cinq heures, ensuite vous l'égoutez, & mettez une barde de lard dessus le côté qui n'est point piqué, envelopez-le avec du papier pour le faire cuire à la broche & le servez avec une sauce à la Nivernoise que vous trouverez page 123.

Filet de Bœuf à l'Italienne.

Entrée

Piquez tout le dessus d'un filet de bœuf après avoir ôté tous les nerfs ; faites des ciselures de l'autre côté pour y faire entrer du persil, ciboule, champignons, une demi-gousse d'ail, le tout haché, thim, basilic, laurier en poudre, & manié avec du lard rapé, sel, gros poivre, enveloppez le filet avec du papier & le faites cuire à la broche : la cuisson faite, pannez de mie de pain le côté qui n'est point piqué; faites prendre couleur au feu, servez dessous une sauce à l'Italienne que vous trouverez page 124.

Filet de Bœuf à la Gendarme.

Entrée

Coupez un filet de Bœuf en petites tranches le plus mince que vous pourez : mettez-les mariner avec de l'huile, persil, ciboule, une gousse d'ail, des champignons, le tout haché très-fin, sel, gros poivre, ensuite vous les enfilez dans un hâtelet avec toute la marinade, enveloppez avec du papier ; faites cuire à la broche, servez avec une sauce faite avec un peu de coulis, un verre de vin de Champagne, sel, gros poivre ; faites bouillir quelques bouillons, en servant mettez-y une pincée d'herbes à ravigotte blanchies, hachées très-fines.

Poitrine de Bœuf fumée.

Suivant la grosseur de la poitrine de Bœuf que vous ferez fumer, vous ferez une saumure plus ou moins grande, mettez beaucoup de sel dans une terrine avec de l'eau, du poivre, tranches d'oignons, gousse d'ail, thim, laurier, basilic, geniévre, échalotte, cloux de girofle : mettez-y la piece de bœuf environ quinze jours, ensuite vous l'égoutez & la mettez dans une presse pour faire sortir la saumure, pendez-la à la cheminée pour la faire fumer jusqu'à ce qu'elle soit séche : l'on peut bruler dessous des herbes aromatiques pour ceux qui en aime le goût, la

Gros Entremêt froid.

saumure peut vous servir pour du petit salé : lorsque vous voulez la servir, mettez-la tremper dans de l'eau tiéde pour la faire un peu désaler & la faites cuire comme un jambon.

Poitrine de Bœuf au Monarque.

Grosse Entrée Prenez une belle piéce de poitrine bien coupée que vous ficelez & faites cuire avec du bouillon, une chopine de vin blanc, un gros bouquet de persil, ciboule, deux gousses d'ail, quatre cloux de girofle, deux feuilles de laurier, thim, basilic, six échalottes, le quart d'une muscade, sel, poivre la cuisson faites : mettez-la égouter, faites un trou dans le milieu assez grand pour y mettre de la farce avec un ragoût de six petits pigeons, ris de veau, crêtes, foyes gras, champignons fini de bon goût, & bien liée : couvrez le ragoût avec de la même farce : mettez dessus toute la piéce de bœuf une sauce bien liée, faite avec du coulis, deux pain de beurre, quatre jaunes d'œufs ; faites lier sur le feu, pannez de mie de pain, faites prendre couleur au four, servez avec une sauce à l'Espagnole.

Poitrine de bœuf à la Sainte-Menehoult.

Ficelez une piéce de bœuf de poitrine & la mettez cuire dans la marmitte à l'ordinaire, quand elle est presque cuite, mettez-la dans une braiziere avec un peu de bouillon, sel, poivre, un bouquet de persil, ciboule, deux gousses d'ail, quatre cloux de girofle, thim, laurier, basilic, tranches d'oignons & de carottes, rachevez de la faire cuire & prendre du goût ; faites-la égouter & dressez sur le plat que vous devez servir ; mettez dessus une sauce comme à la précedente, pannée de mie de pain & faites prendre couleur au four, essuyez le plat pour qu'il ne reste point de graisse, servez dessous une sauce piquante comme celle que vous trouverez page 147. *Grosse Entrée*

Poitrine de bœuf de plusieurs façons.

La poitrine de bœuf cuite dans une braize ou dans la marmitte d'ordinaire après lui avoir fait prendre du goût comme à la précedente, vous l'égoutez & bien essuyée de sa graisse, dressez dans le plat que vous devez servir, masquez la avec telle sauce ou ragoût que vous jugerez-à-propos. *Grosse Entrée*

Tendrons de Bœuf de plusieurs façons.

Entrée. Prenez de la poitrine de bœuf, coupez-en les tendrons de la grandeur que vous jugerez à propos ; faites les blanchir un moment à l'eau bouillante & les retirer à l'eau fraîche ; faites-les cuire avec du bouillon un verre de vin blanc, un bouquet de persil, ciboule, une feuille de laurier, thim, basilic, deux cloux de girofle, une gousse d'ail, sel, gros poivre, tranches d'oignons & de racines, quand ils sont cuits prenez le fond de la sauce que vous passez au tamis & dégraissez : mettez-la dans une casserole avec un pain de beurre manié de farine, une pincée de cerfeuil blanchi un moment & haché très-fin, faites lier sur le feu : mettez-y un jus de citron ou un filet de vinaigre, servez sur les tendrons : étant cuits de cette façon à la braise vous les servez avec différentes sauces ou un ragoût de petits oignons, on les sert aussi cuits à la braise avec des saucisses & des choux que l'on fait cuire avec les tendrons. Il ne faut mettre les saucisses cuire avec, qu'une heure avant que de les retirer de la braise, on fait aussi du petit salé avec la poitrine de bœuf, vous la mettez au sel de la même façon que la culotte de bœuf fumée qui est expliquée ci devant, si vous voulez ne la point fumer & la conserver long-tems, étant coupée par morceaux, passez-la pendant une demi-heure sur le feu dans beaucoup de sain-doux nouvellement fait, arrangez-la dans un pot de terre, les morceaux bien serrés, versez dessus le sain-doux, qu'il y en ait suffisamment pour couvrir la viande, lorsque le tout sera froid, couvrez bien le pot & le mettez dans un endroit frais, vous pouvez conserver de cette façon des vieux dindons & des oyes.

Côtes ou Carbonnade de Bœuf au four.

Coupez une côte de Bœuf un peu Entrée. épaisse, faites-la cuire dans une petite braise avec du bouillon, un peu de sel, quelques tranches d'oignons & racines, lorsqu'elle est cuite passez la cuisson dans un tamis & la remettez sur le feu pour la faire réduire en glace ; faites la attacher autour de la côte & la remettez refroidir, prenez un morceau de beurre ou du lard râpé que vous mêlez avec persil, ciboule, champignons, une pointe d'ail, deux échalottes, le tout haché très-fin, thim, laurier, basilic en poudre, mettez le tout autour de la côte de bœuf & enveloppez de papier: mettez au four pendant une demi-heure pour faire prendre le goût des petites herbes, ensuite ôtez le papier, dressez la côte sur le plat que vous devez servir, ramassez toutes les petites herbes qui tiennent après le papier pour les mettre dans une casserole avec un peu de coulis, un demi-verre de consommé, un filet de verjus, sel, gros poivre; faites chaufer, servez sur la côte.

Côte de Bœuf à la remoulade.

Entrée ou Hors-d'œuvre

Coupez une côte de bœuf un peu épaisse parez-la proprement & laissez la côte courte, il faut la larder de gros lard & faire cuire à petit feu, avec un peu de bouillon, sel, poivre, un bouquet de persil, ciboule, une gousse d'ail, deux cloux de girofle, une feuille de laurier, thim, basilic: la cuisson faite, prenez le gras de sa cuisson pour y tremper la côte & la pannez de mie de pain; faites griller à petit feu, arrosez-la légerement avec un peu de beurre pour qu'elle ne séche point & qu'elle prenne belle couleur, servez à

seg

fec & une rémoulade dans une fauciere, vous trouverez la façon de la faire à l'article des fauces page 143.

Côte de Bœuf à l'Angloife.

Applatiffez avec le couperet une *Entrée* Côte de Bœuf après l'avoir parée proprement ; faites la revenir dans une cafferole avec un peu de lard fondu, ensuite faites-la cuire dans ce même lard à très-petit feu, avec un verre de vin blanc, autant de bouillon, toutes fortes, de fines herbes hachées très-fin, comme perfil, ciboule, deux échalottes, creffon a lenois, eftragon, pimprenelle, cerfeuil, civette, fel, gros poivre, lorsqu'elle eft cuite, dreffez dans le plat, dégraiffez à moitié la fauce de fa cuiffon : mettez-y trois jaunes d'œufs ; faites lier, fervez fur la côte.

Côtes de Bœuf à la Hollandoife.

Coupez très-minces une ou deux *Entrée* Côtes de Bœuf, défoffez-les, ne laiffez qu'un très-petit bout de la côte ; faites des fuer fur le feu avec un peu de beurre jufqu'à ce qu'elles foient prefque cuites : mettez-les refroidir, & le jus qu'elles ont rendu mettez-le à part, ayez une farce faite avec un peu de ruelle de

Tome I. K

veau, lard blanchi, ou de la graisse de bœuf, cerfeuil, estragon, pimprenelle, cresson alenois, basilic, sel, muscade, poivre ; liez de trois jaunes d'œufs, envelopez les côtes avec cette farce, & les faites cuire à petit feu dessous un couvercle de tourtiere, prenez le jus des côtes de bœuf que vous mêlez avec un peu de consommé, une cuillerée de verjus, sel, gros poivre, servez dessous les côtes.

Côtes de Bœuf de plusieurs façons.

Entrée   La Côte de Bœuf cuite à la braise se sert avec differentes sauces & ragoût, l'on peut encore les servir piquées & glacées comme un fricandeau ; pannez & grillez comme les côtelettes de mouton, cuites dans leur jus avec toutes sortes de fines herbes.

Oreilles de Bœuf.

Hors-d'œuvre & Entremets   Les Oreilles de Bœuf après les avoir échaudées comme celles de veau, faites les cuire long-tems à très-petit feu avec du bouillon, un demi-verre d'eau-de-vie, un bouquet de persil, ciboule, deux gousses d'ail, trois clous de girofle, thim, laurier, basilic, sel, poivre, un quarteron de sain-doux, oignons, carottes, panais, une moitié de racine de persil; la cuisson faite, servez avec la sauce que vous jugerez à propos pour hors-d'œuvre: si vous voulez les servir pour entremets, faites-les un peu de plus haut goût, trempez-les dans le gras de leur cuisson pour les panner & griller comme les pieds à la Sainte-Menehoult.

CHAPITRE II.

DU VEAU.

LE bon Veau doit être choisi blanc & bien gras, les meilleurs nous viennent de Rouen, de Montargis, de Pontoise, de Caën, & de plusieurs endroits des environs de Paris; l'on employe la tête entiere, ou séparément, les oreilles, la cervelle, les yeux, la langue: la fressure comprend le foye, le mout, le cœur, les pieds & la fraise, les boyaux, les amourettes, la toile & le ris, ensuite le cuisseau, le jaret, le casi, la ruelle, le rognon, la longe, l'épaule, le colet, le carré, le filet, la poitrine, le tendron de poitrine, la queue: il faut observer que les issus doivent être employés le plus tôt que l'on peu principalement dans l'été: la dissection du Veau se fait pour le cuisseau quand il est rôti: ils faut servir les noix qui sont les plus tendres, la plus estimée est celle de dessous: la longe, coupez-en le filet par petites tranches en travers; le petit filet le plus délicat se trouve dans l'intérieur de la longe dessous le rognon; le rognon vous le coupez en petits morceaux, le casi se sert avec ses petits os en petits morceaux, comme les jointures en sont marquées ils se coupe facilement en appuyant le couteau dessus; le carré se coupe par côtelettes, on peut encore le couper comme la longe en filets: la poitrine, découvrez les tendrons d'une peau charnue qui est dessus, séparez-les tendrons d'avec les côtes, ce qui est facile en coupant l'endroit, où le couteau ne resiste pas à côté du tendron, que vous coupez en petits morceaux; l'épaule, le morceau le plus délicat est une noix envelopée de graisse qui se trouve dessous l'épaule sur la gauche, le reste se coupe en tranches; les morceaux les plus estimés de la tête sont, les oreilles, les yeux, & la cervelle, la langue se coupe par morceaux; les bajoues & les os ou il reste encore de la viande se sert le dernier.

Tête de Veau à la Bourgeoise.

Coupez le museau à une Tête de Veau jusqu'au près des yeux sans couper la langue; faites-la tremper dans l'eau jusqu'à ce qu'elle soit bien dégorgée, & ensuite blanchir à l'eau bouillante: mettez-la cuire avec de l'eau, oignons, racine, un bouquet de persil, ciboule, deux gousses d'ail, trois cloux de girofle, sel. La cuisson faite, égoutez-la & découvrez la cervelle: servez chaudement avec une sauce au vinaigre, sel, gros poivre. *Entrée.*

Tête de Veau Farcie.

Ayez une Tête de Veau avec sa peau bien échaudée, désossez-la & ne gardez que la peau; pour le reste de la tête vous pouvez la faire cuire comme la precédente; faites une farce avec un morceau de ruelle de veau, graisse de bœuf, mie de pain desséchée, avec du lait, persil, ciboule, champignons, le tout haché, quatre jaunes d'œufs, sel, poivre: mettez cette farce dans la peau de la tête de veau; faites un trou *Entrée.*

dans le milieu de la farce pour y mettre un ragoût froid, fini de bon goût de ce que vous jugerez à propos, comme filet de viande, compotte de pigeons, ou ragoût de ris de veau mêlez, envelopez-le de farce & de la peau, en lui donnant la figure comme si la tête de veau étoit entiere, cousez-la & la couvrez de bardes de lard, envelopez avec une étamine ; faites cuire dans une braise avec bouillon, vin blanc, un bouquet garni, sel, poivre : la cuisson faite ; servez avec une sauce à l'Espagnole ou à l'Italienne.

Tête de Veau à la poivrade.

Entrée. Laissez la peau à une Tête de Veau, désossez-la dessous la peau jusqu'auprès des yeux ; faites la cuire comme celle à la bourgeoise, à cette différence qu'il faut mettre cuire avec un morceau de petit lard coupé en tranches tenant à la couënne, quand elle est cuite, égoutez-la bien ; servez autour garni de petit lard ; pour la sauce, faites bouillir un demi-verre de vinaigre, autant de bouillon, une gousse d'ail, persil, ciboule entiere ; passez au tamis, assaisonnez de sel, gros poivre ; servez sur la tête.

Tête de Veau au Verd-galand.

Prenez une Tête de Veau bien blan- Entrée. che, levez-en la cervelle que vous coupez en deux, les oreilles, les yeux, la langue, les bajoues : mettez le tout dégorger dans l'eau du soir au lendemain ; ensuite faites blanchir & cuire avec un verre de vinaigre, du sel suffisamment, du bouillon, trois ou quatre échalottes, deux gousses d'ail, trois clous de girofle, deux oignons en tranches, deux racines : il ne faut mettre la cervelle qu'à la moitié de la cuisson, retirez le tout pour l'égouter & refroidir ; faites une pâte avec de la farine, une cuillerée de bonne huile, sel fin, délayez avec du vin blanc jusqu'à ce que la pâte file en la versant avec la culliere, ajoutez-y beaucoup de persil verd, chaque feuille rompue en deux, trempez-y les morceaux de tête de veau pour les faires frire de belle couleur, servez sortant de la poële.

Tête de Veau en Crépine.

Ayez une Tête de Veau avec sa Entrée. peau, levez la peau sans la déchirer, désossez la tête pour en lever la langue que vous coupez en filets, coupez aussi en filets une poularde cruë, mêlez ces filets avec perfil, ciboule, champignons, échalottes, fel, poivre; faites une farce avec la cervelle, six jaunes d'œufs durs, de la mie de pain deffechée avec du lait, perfil, ciboule, champignons, fel, poivre, pilez le tout enfemble: mettez cette farce fur la peau de la tête de veau, arrangez les filets de viande fur la farce, roulez la tête de veau & l'envelopez d'une crépine, & enfuite avec une étamine, ficelez & faites cuire dans une braife avec du vin blanc, affaifonnez de bon goût: la cuiffon faites, ôtez l'étamine, laiffez la crépine, effuyez bien de fa graiffe, fervez avec une fauce au Pontife que vous trouverez à l'article des fauces page 148.

Tête de Veau à la Sauce au Porc-frais.

Entrée.   Faites cuire une Tête de Veau après l'avoir blanchie & défoffée, avec du bouillon, bardes de lard, un gros bouquet, fel, poivre: la cuiffon faite & bien égoutée, fervez avec une fauce faite de cette façon: Coupez en tranches deux oignons & les mettez dans de l'huile bien chaude, paffez-les quelques tours fur le feu: mouillez avec du coulis, du bouillon, un citron entier coupé en tranches, la peau ôtée, deux gousses d'ail, persil, ciboule, thim, laurier, basilic; faites bouillir un quart-d'heure, dégraissez, passez au tamis: mettez-y sel, gros poivre, servez sur la tête de Veau.

Tête de Veau à la Sainte-Menehoult.

Faites cuire une tête de veau com- Entrée. me celle à la bourgeoise, ensuite vous prenez un peu de volaille cuite à la broche; faites-en une farce avec la cervelle, lard rapé, mie de pain desséchée sur le feu avec du lait, persil, ciboule, champignons, trois jaunes d'œufs, sel, poivre; farcissez en la place de la cervelle, les oreilles & le dessus de la tête; mettez dessus une sauce bien liée faite avec un peu de coulis, un morceau de beurre, trois jaunes d'œufs, panez ensuite avec de la mie de pain, mettez cuire au four jusqu'à ce qu'elle soit d'une belle couleur dorée; servez avec une sauce relevée.

Tête de Veau marinée.

Ayez une tête de veau que vous fai- Entrée. tes cuire aux trois-quarts comme celle à la bourgeoise; prenez-en la langue, la cervelle, les oreilles & les bajoues;

K v

faites-les mariner avec sel, poivre, vinaigre, ail, échalotte, persil, ciboule, ensuite vous les farinez ou trempez dans une pâte pour les faire frire & servir garnis de persil frit.

Oreilles de *Veau* frites.

Hors-d'œuvre.   Prenez des oreilles de veau bien échaudeés, & les faites blanchir ; mettez-les cuire avec du bouillon, bardes de lard, la moitié d'un citron en tranches, la peau ôtée, sel, un bouquet de persil, ciboule, une gousse d'ail, deux échalottes, deux clous de girofle ; la cuisson faite, égoutez & essuyez, trempez-les dans une aumelette pour les paner de mie de pain & frire de belle couleur ; servez garnies de persil frit ; vous pouvez les farcir si vous voulez.

Oreilles de *Veau* au Pontife.

Hors-d'œuvre.   Faites cuire des oreilles de veau de la même façon que les précedentes ; ayez attention qu'elles soient bien blanches : après les avoir égouttées & bien essuyées avec un linge, servez dessus une sauce au Pontife que vous trouverez à l'article des sauces page 148.

Oreilles de *Veau* en Menus-Droits.

Hors-d'œuvre.   Faites cuire des oreilles de veau avec

du bouillon; la cuisson faite & refroidie, coupez-les en filets, passez de l'oignon en filets avec un peu de beurre, jusqu'à ce qu'il soit presque cuit; mouillez avec un peu de coulis, un demi verre de vin blanc, autant de bouillon, mettez-y les oreilles; assaisonnez de sel, gros poivre, rachevez de faire cuire à petit feu, dégraissez, en servant un peu de moutarde.

Oreilles de *Veau* au Gratin.

Faites un gratin avec des foyes de volaille ou un peu de mie de pain que vous mêlez avec du bon beurre, persil, ciboule, une échalotte hachée, sel, gros poivre, deux jaunes d'œufs, mettez le gratin dans le fond du plat que vous devez servir; faites-les attacher sur de la cendre chaude, ensuite égouttez-en la graisse, & mettez dessus des oreilles bien blanches, cuites dans une braise; servez dessus la sauce que vous jugerez à propos. *Hors d'œuvre*

Oreilles de *Veau* à la Martine.

Mettez dans une casserole un verre de consommé, avec autant de vin blanc, un peu de mie de pain, gros comme la moitié d'un œuf de bon beurre, per- *Hors d'œuvre* fil, ciboule, échalottes hachées, sel, gros poivre; faites bouillir & réduire au point d'une sauce: en l'ôtant du feu, mettez-y quelques zestes & jus d'orange, servez dessus des oreilles de veau cuites dans une braise de bon goût & blanche.

Pannache de Veau.

Entremêt.
Ayez quatre oreilles de veau bien échaudées, fendez-les en deux comme les pannaches de cochon, & les mettez cuire avec un peu de bouillon & autant de vin blanc, un bouquet de persil, ciboule, une gousse d'ail, deux échalottes, une feuille de laurier, thim, basilic, deux cloux de girofle, un morceau de beurre; lorsqu'elles sont cuites, trempez-les dans le gras de cuisson pour les paner de mie de pain; faites griller de belle couleur; servez avec une sauce à la Nivernoise que vous trouverez à l'article des sauces, page 123.

Oreilles de Veau au Fromage.

Hors-d'œuvre
Mettez cuire des oreilles de veau dans une petite braise où il y ait peu de sel; la cuisson faite & égoutée, trempez-les dans un peu de beurre pour les paner moitié mie de pain &

moitié fromage de Parmesan, & les mettez au four pour prendre belle couleur; faites une farce avec un peu de fromage rapé, deux pincées de mie de pain, trois jaunes d'œufs; foncez avec le plat que vous devez servir, & les faites gratiner sur un peu de cendre chaude; servez les oreilles sur le gratin avec une sauce d'un coulis clair.

Oreilles de Veau à l'Italienne.

Faites-les cuire avec bouillon, tranches de citron pour les tenir blanches, bardes de lard, un bouquet de persil, ciboule deux gousses d'ail, sel, poivre, un demi-verre d'huile; la cuisson faite, & bien essuyées de leur graisse, servez dessus une sauce à l'Italienne que vous trouverez à l'article des sauces, page 124. Hors-d'œuvre

Oreilles de Veau à la Sainte-Menehoult.

Faites cuire des oreilles de veau dans une bonne braise assaisonnée de bon goût, mettez-les égouter & tremper dans de l'œuf battu, panez de mie de pain, trempez-les ensuite dans de l'huile, ou du beurre chaud, repanez-les, & les faites griller de belle couleur; Hors-d'œuvre servez à sec avec une rémoulade dans une saucière ; vous trouverez la façon de la faire, page 143.

Cervelles de Veau à la Crême.

Hors-d'œuvre

Faites dégorger & blanchir deux cervelles de veau, mettez-les cuire avec du bouillon, deux tranches de citron, la peau ôtée, un bouquet de persil, ciboules, une gousse d'ail, deux cloux de girofle, couvrez de bardes de lard; ensuite après les avoir égoutées, servez dessus une sauce à la Bechamelle que vous trouverez à l'article des sauces, page 142.

Cervelle de Veau aux petits Oignons.

Hors-d'œuvre

Faites blanchir des petits oignons blancs ce que vous jugerez à propos pour garnir deux cervelles de veau, mettez le tout cuire ensemble avec bon bouillon, bardes de lard, un verre de vin blanc, sel, poivre, un bouquet de persil, ciboules, deux cloux de girofle, une feuille de laurier, thim, basilic, la cuisson faite, égoutez les cervelles & les oignons, dressez les cervelles au milieu, les oignons autour, servez dessus une sauce à ravigotte, ou telle sauce que vous jugerez à propos.

Cervelles de Veau aux Ecrevisses.

Ayez deux cervelles de veau bien dégorgées & blanchies, faites-les cuire avec du bouillon, deux tranches de citron la peau ôtée, sel, poivre; couvrez de bardes de lard, égoutez-les pour les dresser dans le plat que vous devez servir; faites un coulis d'écrevisses, comme il est dit à l'article des coulis, page 72. Prenez les queues des écrevisses qui vous ont servi pour les coulis; mettez-les cuire avec un demi verre de vin de Champagne, & autant de bouillon: quand il n'y aura presque plus de sauce, mettez-les dans le coulis; servez dessus les queues & le coulis d'écrevisses.

Hors d'œuvre

Cervelle de Veau au Soleil.

Faites quatre morceaux d'une cervelle de veau, & les faites cuire une demi-heure avec un demi-septier de vin blanc, deux tranches de citron, sel, poivre, deux gousses d'ail, persil, ciboule, deux échalottes, une feuille de laurier, thim, basilic, trois cloux de girofle; ensuite vous les mettez égouter & refroidir, trempez-les dans une pâte faite avec farine, un peu d'huile,

Hors d'œuvre ou Entremets

sel, délayez avec du vin blanc ; faites frire de belle couleur : si vous voulez, vous pouvez les tremper dans de l'œuf battu pour les paner de mie de pain, & faites frire de même.

Cervelles de Veau à la Gascogne.

Hors-d'œuvre

Mettez dans une casserole un peu de mie de pain bien fine, avec gros comme la moitié d'un œuf de bon beurre, deux gousses d'ail blanchies & écrasées très-fin, persil, ciboules, échalottes hachées, un verre de vin de Champagne avec autant de bouillon, sel, gros poivre ; faites bouillir le tout ensemble & réduire au point d'une sauce ; servez dessus des cervelles de veau cuites dans une braise blanche.

Cervelles de Veau au Réveil.

Hors-d'œuvre

Faites cuire deux cervelles avec du vin blanc, bardes de lard, un bouquet de persil, ciboules, une gousse d'ail, trois clous de girofle, peu de sel, & gros poivre ; mettez dans une casserole gros comme la moitié d'un œuf de bon beurre, un peu de coulis, une cuillerée de moutarde : faites lier sur le feu, trempez les cervelles dans cette sauce & les panez moitié parmesan & mie de pain ;

faites prendre couleur dessous un couvercle de tourtiere, servez avec une sauce faite avec un peu de consommé & de la moutarde: faites chaufer sans bouillir, servez dessous les cervelles de veau.

Cervelles à différentes Sauces.

La cervelle de veau après l'avoir fait dégorger, blanchir, & cuire avec un peu de bouillon, vin blanc, sel, poivre, bardes de lard, bouquet de fines herbes, se peut servir avec la sauce que l'on juge à propos. L'on peut encore les garnir de ce que l'on veut, comme petits oignons, foyes gras, aillerons, saucisses, croutons, câpres, anchois, & autres petites garnitures. *Hors-d'œuvre*

Cervelles de Veau grillées.

Faites cuire deux cervelles comme celles au réveil; ensuite vous les trempez dans du beurre chaud où il y a du persil, ciboules, deux échalottes, une pointe d'ail, le tout haché, panez-les de mie de pain, & faites griller à petit feu de belle couleur; servez dessous une sauce faite avec du consommé, un filet de vinaigre blanc, sel, gros poivre. *Hors-d'œuvre*

Yeux de Veau de différentes façons.

Hors-d'œuvre. Appropriez les yeux de veau, & les faites cuire comme la cervelle, ensuite si vous voulez les faire frire, trempez-les dans des œufs battus, panez de mie de pain, & faites frire ; vous pouvez aussi les tremper dans une pâte, si vous voulez les faire griller, vous les trempez dans du beurre chaud où il y a des fines herbes hachées ; panez-les de mie de pain & les faites griller de belle couleur : servez avec une sauce relevée ; l'on peut les mettre dans des matelottes, ou les servir seuls avec les sauces que l'on veut.

Langues de Veau.

Hors-d'œuvre. Voyez langues de bœuf page 157. jusqu'à 165. Celles de veau s'accommodent & se servent de la même façon.

Fraises de Veau au naturel.

Hors-d'œuvre. Mettez dans une marmite un morceau de beurre manié de farine, avec du bouillon ou de l'eau, sel, poivre, un bouquet de persil, ciboules, deux gousses d'ail, trois clous de girofle, du thim, laurier, basilic, deux oignons, une carotte, un panais ; faites bouillir,

& y mettez la fraise de veau après l'avoir fait dégorger & blanchir; laissez-la bouillir à petit feu jusqu'à ce qu'elle soit cuite : servez-la bien chaude avec une sauce au vinaigre dans une saucière.

Fraise de Veau au Soleil.

La fraise de veau étant cuite comme la précédente, mettez-la égouter, & la coupez par petits bouquets, dégraissez-la, & faites mariner pendant quelques heures avec un peu de vinaigre, du bouillon, sel, poivre, cloux de girofle, tranches d'oignons, une gousse d'ail : ensuite vous l'égoutez de sa marinade & essuyez, mettez-la dans une pâte, & faites frire d'une belle couleur dorée. *Hors-d'œuvre.*

Fraise de Veau à la Provençale.

Coupez en filets une fraise de veau, après l'avoir fait cuire comme celle au naturel ; dégraissez-la, & la mettez dans une sauce faite de cette façon : mettez dans une casserole un pain de beurre, des champignons hachés, une demi gousse d'ail écrasée très-fin ; passez sur le feu, singez, mouillez avec un verre de vin blanc, autant de bon bouillon, un peu d'huile, sel, gros *Hors-d'œuvre.*

poivre ; laissez bouillir & réduire au point d'une sauce, mettez-y les filets, & servez à courte sauce avec un jus de citron.

Crepinettes de Fraises de Veau.

Hors-d'œuvre. Coupez deux ou trois oignons en dez, & les passez sur le feu jusqu'à ce qu'ils soient cuits avec un peu de beurre; ensuite mettez-y une fraise de veau, cuite au naturel, & coupée en petits morceaux, avec de la mie de pain desséchée avec de la crême, un peu de panne coupée en petits dez, du sel, fines épices, basilic en poudre, échalottes, persil, ciboules hachées, trois jaunes d'œufs ; mêlez le tout ensemble, & le mettez dans des morceaux de crépines que vous roulez en forme de boudin, ou à plat comme des crépinettes; panez-les dessus, & faites prendre couleur au four ou sous un couvercle de tourtiere pendant une demi-heure pour donner le temps à la panne de cuire servez-les à sec ou avec une sauce claire de bon goût.

Bignets de Fraises de Veau.

Hors-d'œuvre. Ayez une fraise de veau cuite au naturel, coupez-la par morceaux de longueur d'un doigt, & les faites mariner une bonne heure sur de la cendre chaude, avec un peu d'huile, un pain de beurre, sel, gros poivre, persil, ciboules, échalottes hachées ; ensuite roulez chaque morceau avec les fines herbes, & les trempez dans une pâte à frire après les avoir laissés refroidir ; faites-les frire dans une friture bien chaude ; servez d'une belle couleur dorée.

Fraises de Veau en Crepines.

Coupez de l'oignon en filets, & le passez sur le feu avec du beurre, mettez-y une pincée de farine, mouillez avec un peu de bouillon, du coulis, sel, fines épices, un demi-verre de vin blanc, laissez bouillir jusqu'à ce que l'oignon soit cuit ; la sauce courte & liée, mettez-y une fraise de veau cuite comme au naturel, & coupée par petits morceaux, avec trois jaunes d'œufs, un peu de lard rapé ; mêlez le tout ensemble, & le mettez dans une crépine, que vous dressez dans le plat que vous devez servir ; faites prendre couleur au four : en servant mettez dessus une sauce à l'Italienne. *Hors-d'œuvre*

Tourtes aux Zéphires de Fraise de Veau.

Faites une Tourte avec du feuille- *Entrée.*

tage en mettant deux abaisses de feuilletage l'une sur l'autre ; faites un bord avec la même pâte, dorez le dessus & mettez cuire au four, l'abaisse de dessus se léve comme si la tourte étoit pleine, quand elle est cuite vous y mettez une fraise de veau préparée de cette façon : hachez des champignons & les passez sur le feu avec un peu de beurre, un bouquet de persil, ciboule, une gousse d'ail, singez & mouillez avec un verre de vin de Champagne, du coulis, laissez cuire & réduire au point d'une sauce ; dégraissez, & y mettez une fraise de veau cuite au naturel, bien dégraissée & coupée par petits bouquets, assaisonnez de sel, gros poivre, en servant grand jus de citron.

Fraise de Veau à l'Allemande.

Hors-d'œuvre. Faites un gratin avec du fromage de gruyere rapé, un peu de mie de pain, deux jaunes d'œufs & un peu de coulis : mettez ce gratin dans le fond du plat que vous devez servir ; faites-le attacher sur de la cendre chaude, ensuite mettez dessus une fraise de veau cuite au naturel, dégraissez, coupez en bouquets & mis dans une sauce Robert finie de bon goût, courte & bien liée, garnissez tout autour avec des petits oignons blancs cuits dans du bouillon, & des croutons de pain passez au beurre, le tout arrangé proprement, arrosez tout le dessus avec un peu de beurre chaud où vous avez délayé une cuillerée de moutarde, pannez ensuite moitié mie de pain & fromage rapé ; faites prendre couleur dessous un couvercle de tourtiere ou au four, servez bien dégraissé : vous pouvez si vous voulez mettre dans le fond une sauce claire piquante.

Fraise de Veau à différentes Sauces.

La Fraise de veau cuite au naturel, après l'avoir bien dégraissée & coupée par petits bouquets, se peut servir avec toutes sortes de sauces piquantes, l'on en fait aussi des andouilles & des petits pâtés. *Hors-d'œuvre*

Foye de Veau à la hâte.

Coupez en tranches un Foye de Veau & le mettez dans une poële, avec un peu de beurre, beaucoup d'échalottes hachées, sel, gros poivre, passez-le sur un moyen feu pendant un bon quart-d'heure, servez-le avec sa *Hors-d'œuvre* sauce qu'il a rendu & un grand filet de vinaigre.

Foye de Veau à la Rocambole.

Hors-d'œuvre

Hachez des champignons & une douzaine de rocambolles : mettez-les dans une poële avec un Foye de Veau, coupés en tranches, un morceau de beurre, passez-les sur le feu & y mettez une bonne pincée de farine : mouillez avec du vin blanc ; faites bouillir à petit feu une demi-heure & reduire à sauce courte ; assaisonnez de sel, gros poivre, un filet de vinaigre en servant.

Foye de Veau à la Poulette.

Hors-d'œuvre

Coupez en tranches le foye de veau & le mettez dans une poële avec persil, ciboule, hachés, un morceau de beurre, passez-le sur le feu & y mettez une petite pincée de farine : mouillez avec du vin blanc & autant de bouillon ou de l'eau, assaisonnez de sel, gros poivre ; faites bouillir & réduire à courte sauce, en servant mettez-y une liaison de trois jaunes d'œufs délayés avec une cuillerée de verjus, autant de bouillon ; faites lier sur le feu sans bouillir.

Foye

Foye de veau à la broche.

Piquez tout le deſſus d'un foye de veau avec du lard, mettez-le cuire à la broche, en l'arroſant ſouvant avec la graiſſe, ſervez deſſous une ſauce piquante comme celle que vous trouverez à l'article des fauces pages 147. *Hors-d'œuvre*

Foye de Veau en Hatereaux.

Coupez un foye de veau en tranches, & le faites mariner ſur de la cendre chaude avec du beurre, perſil, ciboules, échalottes, une gouſſe d'ail, truffes, thim, laurier, baſilic; le tout haché très-fin, ſel, gros poivre, coupez des morceaux de crepine, arrangez deſſus chaque morceau pluſieurs tranches de foye de veau avec tout l'aſſaiſonnement, envelopez bien avec la crepine, embrochez ſur un hâtelet, & envelopez le deſſus de bardes de lard & papier, faites-le cuire à la broche, ſervez deſſous une ſauce piquante comme celle à l'Aſpic, à la Nivernoiſe & autres. *Hors-d'œuvre*

Foye de veau à la braiſe.

Ayez un foye de veau bien blond, lardez-le en travers avec du gros lard, mettez-le dans une petite marmitte *Hors-d'œuvre*

Tom. I.   L

juste à sa grandeur avec un bouquet de persil, ciboule, une grosse gousse d'ail, trois cloux de girofle, thim, laurier, basilic, oignons, racines, sel, poivre, mouillez avec un demi-septier de vin blanc, faites bouillir une bonne heure, servez-le avec une sauce piquante; vous pouvez si vous voulez faire réduire sa cuisson au point d'une sauce, si elle n'est point trop salée, la passer au tamis, dégraisser, & y mettre un pain de beurre, manié de farine, du persil blanchi haché, faite lier la sauce sur le feu, & servir sur le foye, en y ajoutant un filet de vinaigre.

Crépinettes frites de foye de Veau.

Hors-d'œuvre. Coupez en petits dez trois ou quatre oignons, & les passez sur le feu avec un morceau de beurre, quand ils sont à moitié cuits, mettez-y un foye de veau haché, ayez soin d'ôter les nerfs; passez encore le tout ensemble, & y mettez une pincée de farine, un peu de panne coupée en petits dez, du sel, fines épices, mouillez avec de la crême, laissez bouillir jusqu'à ce que la sauce soit courte & bien liée, mettez réfroidir, coupez des morceaux de crepines de la grandeur que vous voulez faire les crépinettes, mettez votre composition dessus, que vous envelopez de la crépine, trempez-les dans de l'œuf battu pour les paner de mie de pain, faites frire d'une belle couleur dorée.

Foye de Veau à la Mariniere.

Mettez dans une casserole un bon morceau de beurre avec un foye de veau coupé en tranches de l'épaisseur d'un doigt, faites-le rissoller sur le feu jusqu'à ce qu'il soit cuit, en le retournant des deux côtés ; ensuite vous l'ôtez de la casserole : mettez dans la même casserole une pincée de farine ; mouillez peu à peu avec un demi septier de vin rouge, mettez-y quatre ou cinq échalottes, persil, ciboules ; le tout haché, sel, gros poivre, faites bouillir deux ou trois bouillons, & réduire au point d'une sauce liée, remettez y le foye seulement pour le faire chaufer sans bouillir ; en servant une pincée de câpres, & un anchois haché. *Hors-d'œuvre ou Entrée.*

Saucisses de foye de Veau.

Hachez très-fin trois ou quatre oignons, passez-les sur le feu avec un peu de beurre, prenez un foye de veau bien *Hors d'œuvre*

gras, ôtez-en les nerfs, & le haché;
mêlez-le avec l'oignon, de la panne
coupée en petits dez, sel, fines épices;
entonnez cette farce dans des boyaux
de veau ou de cochon, ou envelopez
de crépines en saucisses plattes, faites
griller comme à l'ordinaire.

Rognons de veau de plusieurs façons.

Hors-d'œuvre. Coupez de l'oignon en tranches, & le mettez dans une casserole avec un rognon de veau mincé, un morceau de beurre, passez-le sur le feu, singez & mouillez avec du bouillon, un demi-verre de vin blanc, assaisonnez de sel, gros poivre; en servant une liaison de trois jaunes d'œufs, & de la crême. Si vous le mettez au roux, à la place de liaison, mettez-y du coulis : vous pouvez encore le servir grillé avec une sauce piquante. Le rognon de veau cuit à la broche, sert à faire des rôties & des aumelettes pour entremets, à faire des farces pour ce que l'on juge à propos.

Fressure de Veau à la Poulette.

Hors-d'œuvre. Faites blanchir une fressure de veau après l'avoir coupée en petits morceaux, & la mettez dans une casserole avec un morceau de beurre, des champignons, un bouquet de persil, ciboule, une gousse d'ail, trois cloux de girofle, une feuille de laurier, thim, basilic, deux échalottes, passez le tout ensemble sur le feu, singez & mouillez avec du bouillon ou de l'eau, assaisonnez de sel, gros poivre, faites bouillir & réduire à courte sauce, en finissant mettez-y une liaison de trois jaunes d'œufs avec de la crême, faites lier sur le feu sans bouillir, ajoûtez-y un peu de verjus ou un filet de vinaigre.

Pieds de veau de plusieurs façons.

Les pieds de veau au naturel se font cuire comme la fraise, & se mangent avec une sauce au vinaigre ; quand ils sont mis au naturel, vous les mettez, si vous voulez, à la poulette comme la fressure précédente ; l'on en fait aussi des menus droits comme les palais de bœuf, l'on en sert aussi de frits ; il faut les fendre en deux avant que de les faires cuire, & en ôter les gros os : après qu'ils sont cuits, on les fait mariner avec du vinaigre, fines herbes, sel, poivre ; égoutez-les bien de leur marinade pour les tremper dans une pâte, & frire de belle couleur.

Hors-d'œuvre

Pieds de veau farcis.

Hors-d'œuvre. Fendez par deſſous les pieds de veau pour les déſoſſer à forfait, rempliſſez-les avec une farce faite avec ruelle de veau, mie de pain deſſéchée, avec de la crême, de la graiſſe de bœuf, perſil, ciboules, un peu d'échalottes hachées, ſel, fines épices, liez de quelques jaunes d'œufs, envelopez les pieds avec bardes de lard, & des morceaux d'étamines; ficellez pour que la farce ne ſorte pas, mettez-les cuire avec un demi-ſeptier de vin blanc, autant de bouillon, un bouquet de perſil, ciboule, trois cloux de girofle, une feuille de laurier, thim, baſilic, ſel, poivre, oignons, carotte, & panais, faites cuire à petit feu, & les ſervez avec la ſauce que vous jugerez à propos.

Pieds de Veau au citron.

Hors-d'œuvre. Ayez des pieds de veau cuits au naturel, après les avoir égoutés, mettez-les dans une caſſerole avec la moitié d'un citron coupé en tranches, la peau ôtée, un verre d'huile, autant de conſommé, faites-les bouillir une demi-heure, ſur un très-petit feu qu'ils ne faſsent que frémir, ensuite, ôtez-les de la sauce pour les essuier sur un linge, passez la sauce au tamis après l'avoir dégraissée, mettez y un bon coulis avec un pain de beurre manié de farine, un anchois haché, faites lier sur le feu, ajoutez-y le jus de la moitié d'un citron : servez sur les pieds.

Pieds de Veau à la Sainte Menéhoult.

Fendez en deux chaque pied de veau, & les ficellez ensemble comme s'ils étoient entiers, faites les blanchir, & ensuite cuire avec du bouillon, un demi-poisson d'eau de vie, sel, poivre, un bouquet de persil, ciboule, une gousse d'ail, deux feuilles de laurier, thim, basilic, quatre cloux de girofle, une bonne pincée de coriandre, quelques bardes de lard, la cuisson faite, laissez-les réfroidir à moitié dans leur sauce, mettez les égouter, & les trempez dans le gras de leur cuisson pour les paner de mie de pain, faites griller, & servez à sec. *Entremets.*

Ris de Veau de plusieurs façons.

Le ris de veau sert à garnir des ragoûts, & tourtes d'entrée, à faire des entremets de plusieurs façons, comme *Entremets.*

en fricassée de poulets, en caisses, en hatelets, marinés, frits, de quelque façon que vous les mettiez, il faut les faire dégorger à l'eau tiéde pendant deux ou trois heures, ensuite blanchir un demi quart-d'heure à l'eau bouillante ; retirez-les à l'eau fraîche, pour en ôter le cornet, & les préparez de la façon que vous jugerez à propos.

Ris de Veau à la Duchesse.

Hors-d'œuvre ou Entremets. Si vous les servez pour hors-d'œuvre, vous les garnirez de quelques ragoûts de légumes après les avoir préparés de cette façon : Faites blanchir les ris de veau, & piquez tout le dessus de petit lard, faites entrer dans le milieu un petit salpicon composé de champignons, truffes, foyes gras, arrêtez-les avec une petite brochette pour qu'il ne sorte point en cuisant, faites cuire avec un bon bouillon de consommé de veau, & ensuite glacer comme un fricandeau ; servez si vous voulez avec une sauce au vin de Champagne ou autre.

Ris de Veau au Pontife.

Entremets. Après avoir fait blanchir les ris de veau, & égoutés, mettez-les cuire en tre des bardes de lard, deux tranches de citron la peau ôtée, un peu de bouillon, sel, poivre, un bouquet de persil, ciboules, égoutez-les pour les dresser sur le plat que vous devez servir, mettez dessus une sauce au Pontife : vous trouverez la façon de la faire à l'aricle des sauces, *pag.* 148.

Ris de Veau en Hérisson.

Faites blanchir les ris de veau, coupez du jambon & truffes en façon de petits lardons, passez le jambon sur le feu avec un pain de beurre, laissez le réfroidir, & en lardez les ris de veau tout en travers, & entremêlés de truffes, laissez passer par dessus le jambon, & les truffes, de façon que cela forme les piquans d'hérisson, mettez cuire les ris dans la même casserole où vous avez passé le jambon, avec bon bouillon, un demi-verre de vin de Champagne, peu de sel, gros poivre, la cuisson faites, dégraissez la sauce, & la passez au tamis; ajoutez y un peu de coulis pour la lier, servez sur les ris. Vous pouvez encore les servir avec une autre sauce.

Ris de Veau en Consommé.

Hors-d'œuvre ou Entremets.

Faites cuire des ris de veau après les avoir fait blanchir, & ôtez le cornet, mettez les dans une casserole avec un verre de bon consommé, un bouquet de persil, ciboule, une gousse d'ail, deux cloux de girofle, un demi-verre de vin de Champagne, une tranche de jambon, sel, gros poivre, la cuisson faite, dégraissez la sauce, & la passez au tamis; faites la réduire sur le feu si elle est trop longue : en servant sur les ris, mettez y une petite pincée de persil blanchi haché trés-fin.

Ris de Veau en Cristaux.

Entremets.

Ayez trois ou quatre beaux ris de veau bien blanchis; coupez les ris, & les gorges chacun en quatre morceaux, mettez les cuire avec du bon consommé, & un verre de vin de Champagne, deux tranches de citron la peau ôtée, une tranche de jambon, un bouquet de persil, ciboule, une demi-gousse d'ail, deux cloux de girofle, sel, gros poivre, la cuisson faite, mettez égouter les ris, & les embrochez dans des hatelets d'argent ; dégraissez la sauce, & la passez au tamis;

ajoutez-y du consommé bien clair, avec deux œufs blancs & jaunes, & même les coquilles, faites bouillir jusqu'à ce que votre consommé soit bien clair, & qu'il y en ait assez, mettez les hatelets dans des moules étroits à cannellons, avec la sauce que vous passez dans une serviette ; mettez vos moules prendre à la glace : lorsque vous êtes prêt à servir, trempez les moules dans de l'eau chaude pour les faire détacher, & les dressez promptement dans le plat que vous devez servir.

Ris de Veau aux fines herbes.

Foncez une casserole de deux tranches de veau blanchi, une tranche de jambon, une gousse d'ail entiere piquée d'une petite branche de fénouil, une autre d'un cloux de girofle, persil, ciboules, échalotte hachée ; mettez dessus des ris de veau blanchis, sel, gros poivre, couvrez de bardes de lard, faites suer sur de la cendre chaude ; à moitié de la cuisson mettez-y un demi-verre de vin de Champagne, rachevez de faire cuire, dressez les ris sur le plat que vous devez servir, mettez un peu de coulis dans la sauce, faites bouillir un bouillon pour dé-

Hors-d'œuvre

graisser : passez au tamis, & servez sur les ris.

Ris de Veau à la Pluche verte.

Hors-d'œuvre Ayez des ris de veau blanchis, piquez-les en travers avec des branches de persil, faites-les cuire avec un peu de consommé, un demi verre de vin de Champagne, une gousse d'ail, piquée d'un cloux de girofle, sel, gros poivre ; la cuisson faite, dressez les ris & mettez dans la sauce une pincée de persil blanchi haché, un pain de beurre manié de farine, faites lier sur le feu & servez sur les ris avec un jus de citron.

Ris de veau à l'Angloise.

Hors-d'œuvre ou Entremets. Hachez du persil, ciboule, champignons, deux échalottes, un peu de basilic, maniez le tout avec un morceau d'excellent beure, sel, gros poivre, mettez un peu de ce beurre dans le fond d'une casserole, arrangez dessus des ris de veau blanchis, & coupés en tranches minces; entremêlez-les avec le beure maniée de fines herbes, & quelques cuillerées de bonne huile, faites cuire sur de la cendre chaude couvrez d'une feuille de papier, & d'un couvercle : la cuisson faite, retirez les ris, dégraissez la sauce, mettez-y un peu de coulis, & un peu de consommé, en servant le jus de la moitié d'un citron.

Ris de veau à la d'Armagnac.

Ayez des ris de veau blanchis que vous coupez en travers, chacun en trois morceaux, faites les cuire entre des bardes de lard ; hachez du persil, ciboules, une truffe ou champignons, quelques échalottes, maniez le tout avec un morceau de beurre, & de la mie de pain, sel, gros poivre : prenez les ris de veau, & les arrangez sur le plat que vous devez servir, en mettant une tranche de chacun dans le fond du plat, mettez sur chaque tranche de vos fines herbes, & les recouvrez d'une autre tranche comme s'ils étoient entiers ; ajoutez y un demi-verre de vin de Champagne, faites bouillir sur un petit feu le plat couvert. Servez à courte sauce. *Hors-d'œuvre*

Ris de veau à la broche.

Faites-les blanchir, & piquez tout le dessus avec du petit lard, embrochez-les à un hatelet, & cuire à la *Hors-d'œuvre ou Entremets.*

broche, servez dessous la sauce que vous jugerez à propos : étant piqués de cette façon, vous pouvez aussi les faire cuire, & glacer comme un fricandeau, un jus de citron dans la sauce en servant.

Rissolle à la Choisy.

Hors-d'œuvre. Faites cuire des tétines de veau avec du bouillon, un bouquet de persil, ciboule, sel, poivre ; quand elles sont cuites, & froides, coupez les en deux, & en travers : ayez une bonne farce fine de volaille que vous mettrez entre deux morceaux, soudez les bords avec l'œuf battu, trempez-les dans une pâte à frire, & faites frire d'une couleur bien blonde, servez chaudement, vous pouvez encore quand elles sont farcies les tremper dans de l'œuf battu, & pannez de mie de pain, retrempez les dans du bon beurre chaud, & les repannez de mie de pain, faites griller de belle couleur.

Queues de Veau au chou.

Entrée. Ayez deux queues de veau, & une demi-livre de petit lard, faites les blanchir un moment, & les retirez l'eau fraiche, faites auſſi blanchir à l'eau bouillante pendant une demi-heure un chou coupé en pluſieurs morceaux, retirez-les à l'eau fraiche pour le bien preſſer, ficelez le tout chacun en leur particulier, & les mettez cuire enſemble avec un bon bouillon, ſel, gros poivre, bardes de lard, un bouquet de perſil, ciboules, une gouſſe d'ail, trois cloux de girofle, une feuille de laurier, & baſilic; la cuiſſon faite, égoutez & eſſuyez de ſa graiſſe, dreſſez les queues entremêlées de chou, & le petit lard coupé en tranches ſur les choux, ſervez deſſus une ſauce faite d'un bon coulis.

Queues de Veau diverſifiés.

Les queues de veau après les avoir Entrée fait blanchir, ſi vous voulez les ſervir en fricandeau, il faut les piquer de petit lard, & les faire cuire de la même façon, quand elle ne ſont point piquées, vous les faites cuire dans une bonne braiſe, & les ſervez avec différentes ſauces ou ragoût de ceux que vous jugerez à propos, étant cuites à la braiſe vous les pannez, & grillez, ſervez à ſec, une rémoulade dans une ſauciere.

Queues de Veau au gratin.

Entrée. Piquez des queues de veau après les avoir fait blanchir, & les mettez cuire avec bon bouillon, un bouquet garni, une tranche de jambon, quand elles sont cuites, passez la sauce au tamis, & la dégraissez, faites-la réduire au point d'une glace, glacez avec tout le dessus des queues, & les dressez sur un gratin; mettez dans le fond du plat que vous devez servir un gratin de cette façon, hachez quelques foyes de volaille que vous mêlez avec une poignée de mie de pain, un peu de beurre, du lard rapé, trois jaunes d'œufs, persil, ciboule, sel, gros poivre, faites attacher cette farce en mettant le plat sur un peu de cendres chaudes, égoutez-en la graisse avant que d'y mettre les queues, servez avec la sauce que vous voudrez d'un bon coulis clair.

Queues de veau farcies.

Entrée. Ayez des queues de veau blanchies, & les mettez cuire avec du bouillon, sel, poivre, un bouquet de persil, ciboule, une gousse d'ail, deux cloux de girofle, quand elles sont cuites, &

un peu réfroidies, ôtez tous les os par en dessous sans écorcher la peau, mettez à la place des os, une bonne farce fine de volaille, assaisonnée de bon gout, roulez les morceaux de façon qu'ils paroissent entiers, trempez les dans une pâte à frire, & les faites frire de belle couleur ; vous pouvez encore étant farcies de cette façon, les tremper dans du bon beurre chaud où vous aurez mis un peu de persil, ciboule, échalottes hachées, sel, gros poivre, deux jaunes d'œufs, ensuite vous les pannez de mie de pain, & leur faites prendre couleur au four, pour les servir avec une sauce claire de bon gout. La queue de veau *en hatereau* se fait de la même façon ; à cette différence que vous faites les morceaux plus petits, & les dressez sur des rôties de pain.

Amourettes de plusieurs façons.

Ce que l'on appelle amourettes est une espéce de moële envelopée d'une peau que l'on trouve dans le veau, & l'agneau ; il faut les lever sans les déchirer, & les couper par morceaux, jettez-les un instant dans l'eau bouillante, & les retirez à l'eau fraiche,

Entremets.

après les avoir égoutés, faites les mariner avec sel, poivre, une gousse d'ail, persil, ciboule, du vinaigre, ensuite vous les trempez dans une pâte pour les faire frire de belle couleur. *Si vous voulez les mettre en ragoût*, mettez-les cuire avec des petits oignons blancs blanchis entre des bardes de lard, un bouquet de persil, ciboule, une demi-feuille de laurier, thim, basilic, cloux de girofle, mouillez avec un verre de vin blanc, & autant de bouillon, sel, poivre : la cuisson faite, égoutez-les, & dressez sur le plat que vous devez servir ; garnissez autour avec des croutons de pain passés au beurre, mettez dessus la sauce que vous jugerez à propos. *Si vous voulez les servir à la crême*, après les avoir blanchis, faites sortir la moële, mettez-y à la place une crême que vous faites de cette façon : Délayez une bonne pincée de farine avec un œuf, un macaron écrasé, un peu de citron verd rapé, du sucre & de la crême ; faites cuire sur le feu, arrangez vos amourettes dans des petites caisses de papier beurré, après avoir remis deux blancs d'œufs fouettés dans la crême, faites prendre couleur au four ; il ne faut qu'un moment pour les faire monter. L'on fait aussi des amourettes composés avec des boyaux de dindons, & de cochons de lait, de la même façon que pour le boudin blanc, ou avec la même composition que la crême ci dessus. Si vous les faites avec la composition du boudin blanc, il ne faut point les faire griller, faites-les cuire entre des bardes de lard, un peu de bouillon, & les servir avec une sauce à la Reine.

Tendrons de Veau aux petits pois.

Coupez par morceaux les tendrons d'une poitrine, faites les dégorger, & blanchir, si vous voulez qu'ils soient bien blancs, faites les cuire à part avec des bardes de lard, la moitié d'un citron en tranches, du bouillon, un bouquet, sel, poivre; la cuisson faite après les avoir essuyés & dressés sur le plat; servez dessus un ragoût de petits pois: vous pouvez si vous voulez après les avoir fait blanchir, les mettre dans une casserole avec un bon morceau de bon beurre, un litron de petits pois, un bouquet de persil, ciboule, une petite branche de sariette, un clou de girofle, une tranche de jambon, passez-les sur le feu, mettez-y une pincée de farine, mouillez moitié bouillon moitié jus, un peu de coulis, faites cuire & réduire à courte sauce, ne mettez du sel qu'un moment avant que de servir.

Tendrons de Veau Printaniers.

Entrée

Faites blanchir des tendrons, après les avoir coupés comme les précédents, mettez-les dans une casserole, avec un peu de bon beurre, un bouquet de persil, ciboules, deux cloux de girofle, une feuille de laurier, thim, basilic, une gousse d'ail, passez les sur le feu, & les singez, mouillez avec un verre de vin blanc, autant de bouillon, sel, poivre; faites cuire à petit feu un moment avant que de servir, mettez-y une liaison de cette façon: Prenez une bonne poignée de bled verd, faites-le blanchir un demi quart-d'heure à l'eau bouillante, retirez-le à l'eau fraiche pour le bien presser, pilez-le dans un mortier pour en tirer un demi-verre de jus, que vous passez au tamis; faites lier sur le feu sans bouillir.

Tendrons de Veau fris.

Coupez, & faites blanchir des tendrons, mettez les cuire avec un verre de vin blanc, autant de bouillon, un bouquet de persil, ciboule, ail, cloux de girofle, thim, laurier, basilic, sel, poivre, faites cuire à petit feu, quand ils font cuits, ôtez le bouquet, faites réduire la sauce qu'elle s'attache toute auprès les tendrons, mettez-les réfroidir, & ensuite les tremper dans de l'œuf battu, pannez de mie de pain, & les faites frire d'une belle couleur dorée, si vous voulez ne les point paner, trempez-les dans une pâte à frire.

Tendrons de Veau à la poulette.

Coupez, & faites blanchir les tendrons, mettez-les dans une casserole avec une tranche de jambon, des champignons, un morceau de beurre, un bouquet de persil, ciboules, une gousse d'ail, deux cloux de girofle, passez-les sur le feu, singez & mouillez avec un verre de vin blanc & du bouillon, faites cuire & réduire à courte sauce, dégraissez un peu, & y mettez une liaison de trois jaunes d'œufs avec de la crême.

Entrée.

Tendrons de veau aux légumes.

Les tendrons blanchis & coupés

comme les précédents, vous les mettez cuire entre des bardes de lard, & deux tranches de citron, bon bouillon, sel, poivre, un bouquet garni, faites-les cuire à petit feu, & qu'ils restent blancs, ensuite vous les essuyez de leur graisse pour les dressez dans le plat que vous devez servir, mettez la sauce que vous jugerez à propos, ou un ragoût de légumes fini de bon goût.

Tendrons de veau en fricandeau.

Entréee. Levez la peau qui est dessus les tendrons, & laissez entiére la poitrine, mettez-la dégorger & blanchir, piquez tout le dessus avec du lard, mettez-la dans une casserole avec quelques morceaux de ruelle de veau, une tranche de jambon, un bouquet de persil, ciboule, une gousse d'ail, un peu de basilic, deux cloux de girofle, du bouillon, faites cuire à petit feu; la cuisson faite, passez la sauce au tamis, & la dégraissez, faites la réduire sur le feu jusqu'à ce qu'elle soit réduite en glace, & la mettez dessus le lard avec trois ou quatre plumes bien propres, la poitrine étant bien glacée, vous mettez un peu de coulis dans la casserole avec un peu de bouillon, faites chauffer en détachant ce qui tient à la casserole, passez la au tamis pour la servir dessous la poitrine : vous pouvez si vous voulez, servir une autre sauce ou un ragoût de légumes.

Poitrine de veau à l'Italienne.

Ayez une poitrine de veau entiére, Entrée. que vous faites dégorger dans l'eau, & blanchir, mettez la cuire avec deux cuillerées d'huile, un demi-septier de vin blanc, autant de bouillon, deux tranches de citron, sel, poivre, un bouquet de persil, ciboules, une gousse d'ail, deux cloux de girofle, un peu de basilic : la cuisson faite, essuyez-la de sa graisse, étant dégraissée dans le plat, levez la peau qui est dessus les tendrons pour la renverser dessus les côtes, servez dessus une sauce à l'Italienne, que vous trouverez à l'article des sauces, page 124.

Poitrine de veau frite.

La poitrine de veau frite se prépare Entrée de la même façon que les tendrons frits, à cette différence que vous laissez la peau charnue qui est sur les tendrons, celle que vous faites frire panée ; s'appelle communément au basilic, en servant au tour du persil frit.

Poitrine de veau en fricandeau.

Entrée   Elle se fait de la même façon que les tendrons ci-devant, à cette différence que vous laissez la peau charnue qui est sur les tendrons, & pour qu'elle ne se retire point trop, vous l'attachez sur les bords avec une brochette avant que de la faire blanchir, & piquez ensuite tout le dessus avec du petit lard.

Poitrine de Veau en surprise.

Entrée   Faites une farce avec de la ruelle de veau, graisse de bœuf, mie de pain desséchée avec du lait, persil, ciboule, champignons hachés, liez de quatre jaunes d'œufs, ayez une poitrine de veau entière, cuite à la braise, mettez tout autour sur la poitrine un bord de farce de largeur & hauteur d'un doigt, & dans le milieu un ragoût froid à courte sauce, fini de bon goût, fait de ris de veau, champignons, petits œufs; couvrez tout le dessus avec de la même farce, unissez avec de l'œuf battu & un couteau, panez de mie de pain, faites cuire au four de belle couleur dorée, & servir avec une bonne sauce après avoir égouté le plat de sa graisse.

Coupez

Oreilles de Veau farcies à la Quenef. Hors-d'œuvre

Faites cuire les oreilles de veau dans une poëlle blanche; étant cuites & frites, vous les farcissez avec une farce de Quenef comme celle qui est expliquée pour les Quenelles de poularde, trempez-les dans une pâte pour les faire frire de belle couleur.

Rouchy de Veau. Entrée.

Il faut lever l'épaule avec le carré que les deux tiennent ensemble; défossez le filet & le lardez de gros lard, faite mariner votre Rouchy avec un peu d'eau, vinaigre, sel, poivre, toutes sortes de fines herbes; oignons racines, mettez cuire à la broche enveloppé de bardes de lard & de papier; servez avec sauce piquante.

Poitrine de veau marinée. Entrée

Coupez une poitrine de veau par tendrons, & la faites cuire aux trois quarts avec du bouillon; ensuite vous la mettez mariner pendant une bonne heure avec deux cuillerées de vinaigre, un peu de bouillon de sa cuisson, sel, poivre, deux gousses d'ail, quatre cloux de gérofle, tranches d'oignon, thim, laurier, basilic. Lorsqu'elle a pris assez le goût, égoutez-la & farinez, faites frire de belle couleur, servez garnie de persil frit, Vous pouvez la tremper dans une pâte à frire en place de la fariner.

Poitrine de veau farcie en ragoût.

Entrée. Farcissez une poitrine entre la peau & les tendrons, cousez-la tout autour pour que la farce n'en sorte pas, mettez-la cuire avec du bouillon, un verre de vin blanc, un bouquet garni, sel, poivre. La cuisson faite, essuyez-la de sa graisse, servez dessus un ragoût mêlé de ris de veau, champignons, petits œufs; ou un autre ragoût, comme de truffes, de mousserons, celui que vous voudrez. Vous trouverez la façon de les faire à l'article des ragoûts.

Poitrine de veau au court-bouillon.

Grosse Entrée. Ayez une poitrine de veau entiere; après l'avoir fait dégorger & blanchir, mettez-la cuire dans une casserole juste à sa grandeur, avec un peu de bon bouillon, un demi-septier de vin de champagne, un bouquet de persil, ciboules, une grosse gousse d'ail, trois cloux de girofle, thim, laurier, basilic, une pincée de coriandre dans un petit linge, zestes de carottes & panais, tranches d'oignons, sel, poivre. La cuisson faite, servez-la avec un peu de bouillon de sa cuisson passé au tamis & dégraissé.

Poitrine de veau au Pontife.

Mettez une bonne farce de viande *Entrée* entre la peau & les tendrons de la poitrine, coufez tout autour pour empêcher que la farce ne forte, piquez tout le deffus de la poitrine avec du lard, & la faites cuire à la broche enveloppée de papier. Quand elle eft d'une belle couleur dorée, ôtez le papier & la ficelle, fervez deffous une fauce au Pontife, que vous trouverez à l'article des fauces, page 148.

Poitrine de veau en crépine.

Faites cuire aux trois quarts dans une *Entrée.* braife une poitrine de veau entiere, après l'avoir fait blanchir; en l'ôtant de la braife, levez la peau qui eft deffus les tendrons, mettez-y à la place des tranches de truffes affaifonnées avec un peu de fel, enveloppez le tout avec une crépine & une feuille de papier, mettez-la cuire près d'une heure à la broche; fervez avec la fauce que vous jugerez à propos, ou un ragout de truffes.

Poitrine de veau à la Romaine.

Ayez une poitrine de veau entiere de *Entrée* moyenne grandeur, faites-la dégorger & blanchir, mettez la cuire avec un peu de bouillon; quand elle eft cuite, ôtez la peau charnue qui eft deffus les

M ij

tendrons, & la mettez mariner une heure avec deux cuillerées de vinaigre, la moitié d'un citron en tranches, persil & ciboules entieres, une gousse d'ail, trois cloux de girofle, un oignon en tranches, sel, gros poivre; après l'avoir retirée de la marinade, trempez-la dans des œufs battus, pannez de mie de pain; faites frire de belle couleur, servez garnie de persil frit.

Cotelettes de veau à la mariée.

Entrée   Coupez un carré de veau en cotelettes; après les avoir fait blanchir, mettez-les dans une casserole avec un demi-verre d'huile, deux feuilles de laurier, une tranche de jambon, sel, gros poivre; faites les migeoter une demi-heure sur de la cendre chaude; ensuite ajoutez-y un demi-verre de vin de champagne, autant de consommé, quelques truffes coupées en dez, rachevez de faire cuire à petit feu; la cuisson faite, égoutez les cotelettes, ôtez la tranche de jambon & les feuilles de laurier, dégraissez la sauce, mettez y pour la lier un pain de beurre manié de farine, avec un peu de cerfeuil concassé & blanchi, faites lier sur le feu, ajoutez-y un jus de citron, servez dessus les cotelettes.

Cotelettes de veau grillées.

Coupez un quarré en cotelettes cour- *Hors-d'œuvre*
tes, parez-les proprement & les mettez
dans un peu de bonne huile, avec perfil, ciboules, une échalotte, le tout
haché; faites attacher les fines herbes
pour les panner de mie de pain, &
griller à petit feu de couleur dorée;
servez dessous un jus clair avec un peu
de verjus, sel, gros poivre, ou une
sauce claire, celle que vous jugerez à
propos.

Cotelettes de veau en ragoût.

Faites-blanchir des cotelettes de *Entrée*
veau, & les mettez cuire entre des
bardes de lard, deux tranches de citron la peau ôtée; un bouquet, un
peu de bouillon, sel, poivre; la cuisson faite, ayez un ragoût de ris de
veau; s'il n'a point assez de consistance, mettez-y la sauce des cotelettes,
après l'avoir dégraissée & passée au tamis; faites réduire le ragoût pour qu'il
soit lié : servez dessus les cotelettes.
Vous trouverez la façon de faire le ragoût à l'article des ragoûts.

Cotelettes de veau en papillottes.

Faites mariner des cotelettes de *Hors-d'œuvre*
veau après les avoir appropriées avec
champignons, persil, ciboules, une

pointe d'ail; le tout haché très-fin, du lard fondu passé au tamis ou de l'huile, sel, gros poivre, faites tenir tout l'assaisonnement après les cotelettes pour les enveloper dans du papier comme une papillotte, vous pouvez mettre, si vous voulez, quelques bardes de lard sur les cotelettes avant que de les enveloper; frotez les dehors du papier avec du beurre ou de la graisse, mettez-les griller à très-petit feu sur une feuille de papier graissée, servez avec les papiers.

Cotelettes de veau marinées.

Hors-d'œuvre entrée. Mettez dans une casserole gros comme la moitié d'un œuf de beurre manié d'une pincée de farine avec un oignon en tranches, une gousse d'ail, trois cloux de girofle, persil, ciboules, basilic, thim, laurier, trois cuillerées de vinaigre, un verre d'eau, sel, poivre, faites tiédir sur le feu; mettez-y ensuite des cotelettes de veau coupées proprement pour les laisser mariner deux heures : quand elles seront bien égoutées, farinez les pour les faire frire dans une friture neuve. Si elle étoit vieille, les cotelettes seront noires avant que d'être cuites, mettez autour du persil frit.

Cotelettes de Veau composées.

Entrée. Prenez si vous voulez un carré de

veau cuit à la broche que l'on a déservi de la table, levez-en la chair pour en faire une farce avec de la mie de pain desséchée sur le feu dans du lait, du lard ou graisse de bœuf, persil, ciboules, champignons hachés, sel, gros poivre, liez de quatre jaunes d'œufs; ayez un ragoût de foyes gras coupés en gros dez, mêlez de ce que vous voudrez, comme champignons, ris de veau, ou truffes; faites le cuire & réduire qu'il ne reste point de sauce, quand il est froid; faites des petits tas de farce pour y mettre dans le milieu un peu de ce ragoût que vous envelopez bien avec la farce de la grosseur d'une cotelette: faites y entrer à chacune une côte du carré que vous aurez coupé proprement, panez de mie de pain, & les mettez sur un plat fond pour les faire cuire au four, servez avec une sauce claire; faites les frire si vous voulez.

Cotelettes de Veau en Fricandeau.

Piquez les cotelettes avec du lard, mettez les dégorger dans l'eau, & blanchir à l'eau bouillante; faites les cuire avec du bouillon, une tranche de jambon, un bouquet de persil, ciboules, une petite gousse d'ail, deux cloux de girofle, quelques champignons entiers; la cuis-

Entrée

son faite; passez-la sauce au tamis, &
la dégraissez, faites la réduire en glace
& glacez tout le dessus des cotelettes;
servez dessous le ragoût que vous jugerez à propos ou une sauce.

Cotelettes de Veau aux fines Herbes.

Hors-d'œuvre ou Entrée. Coupez proprement des cotelettes, & les mettez dans une casserole avec deux cuillerées d'huile, sel, poivre, persil, ciboules, champignons, un peu de sariette, une pointe d'ail, le tout haché très-fin, faites les étouffer sur de la cendre chaude jusqu'à ce qu'elles soient cuites, & qu'il ne reste point de sauce, trempez-les dans des œufs battus, & les panez de mie de pain; faites prendre une belle couleur au four; mettez un peu de consommé, & un demi-verre de vin de Champagne dans la casserole; faites bouillir quelques bouillons, & réduire en petite sauce, dégraissez & servez dessous les cotelettes.

Cotelettes de Veau aux petits Pois.

Entrée. Il faut les faire cuire, & glacer comme les cotelettes de veau en fricandeau, & les servir dessus un ragoût de petits pois; vous trouverez la façon de le faire à l'article des ragoûts: si vous voulez les servir plus au naturel; faites blanchir sans les piquer, mettez-les dans une casserole avec un litron de petits pois un morceau de beurre, un bouquet de persil, ciboules, un peu de sariette, passez-les sur le feu, singez, mouillez moitié jus & moitié bouillon; en finissant un peu de coulis & du sel, servez à courte sauce.

Cotelettes de Veau au Cruchon.

Coupez proprement des cotelettes de veau, & les faites mariner une heure avec du lard rapé, ou du beurre, persil, ciboules, champignons, une demi-gousse d'ail, basilic; le tout haché très fin, sel, gros poivre, envelopez chaque cotelettes dans de la pâte brisée avec tout leur assaisonnement; faites une petite cheminée au dessus de chaque cotelette, & quelques fleurs de lis autour, mettez-les sur un plat fond, & les dorez avec de l'œuf battu; faites les cuire au four, en les servant, mettez-y par la cheminée un peu de sauce au vin de Champagne, ou une autre sauce claire qui ait de la consistance.

Entrée

Cotelettes de Veau à la Poële.

Foncez une casserole avec des tranches de veau, & une tranche de jam-

Hors-d'œuvre ou Entrée. bon ; faites revenir dans une autre casserole des cotelettes de veau coupées proprement, avec un peu d'huile ou lard fondu, persil en branches, ciboules, deux ou trois feuilles de fenouil, deux gousses d'ail, trois échalottes, trois cloux de girofle, cinq ou six champignons, une feuille de laurier, un peu de basilic, le tout sans être haché. Passez les cotelettes sur le feu, & les mettez ensuite dans la casserole foncée de tranches de veau, avec sel, gros poivre, tout leur assaisonnement couvrez de bardes de lard, & faites cuire à très-petit feu ; à la moitié de la cuisson, mettez-y un demi-verre de vin de Champagne, la cuisson faite, ôtez les cotelettes, ne laissez point de fines herbes après ; mettez dans la casserole un peu de consommé, & une cuillerée de coulis : faites deux ou trois bouillons, dégraissez & passez au tamis, servez sur les cotelettes.

Cotelettes de Veau à l'Italienne.

Entrée ou Hors-d'œuvre. Ayez des cotelettes de veau coupées épaisses, & proprement, lardez en travers avec des filets de cornichons, & d'anchois ; mettez-les cuire entre des bardes de lard, un peu de bonne huile le, deux gousses d'ail, un bouquet de perfil, ciboules, deux cloux de girofles, & un peu de basilic; faites une sauce petite Italienne comme celle que vous trouverez à l'article des sauces, page 124. Si elle n'a point assez de consistance, mettez-y le peu de sauce que les cotelettes ont rendues après l'avoir dégraissée & passée au tamis, servez sur les cotelettes à courte sauce.

Cotelettes de Veau en Crepine.

Coupez un carré de veau en cotelettes minces, & la côte courte, ôtez la chair pour en faire une farce avec du lard, tétine de veau, mie de pain desséchée sur le feu avec de la crême; très-peu de persil & ciboules, sel, épices mêlées, liez de quatre jaunes d'œufs, arrangez cette farce sur des morceaux de crepines pour en former des cotelettes, en y mettant à chacune un os de la côte; trempez-les dans un peu de beurre chaud pour les paner de mie de pain, faites-les griller à petit feu; servez à sec, ou la sauce que vous jugerez à propos.

Entrée ou Hors d'œuvre

Cotelettes de Veau Diversifiées.

Faites cuire des cotelettes de veau

Hors-d'œuvre ou Entrée

entre des bardes de lard, avec deux tranches de citrons la peau otée, un peu de bouillon, un bouquet de persil, ciboules, deux cloux de girofle; une gousse d'ail, un peu de basilic; la cuisson faites servez les avec telle sauce ou ragoût que vous jugez à propos; étant cuite de cette façon en y ajoutant des oignons blancs bien blanchis: vous pouvez les garnir d'oignons, & les mettre au parmesan.

Carré de Veau glacé ou piqué à la Broche.

Entrée

Désossez le dessous du filet, piquez tout le dessus; si vous voulez le glacer, faites-le dégorger dans l'eau tiéde, & blanchir un instant à l'eau bouillante, vous le ferez ensuite cuire, & glacer comme les fricandeaux. Pour le faire cuire à la broche, il ne faut point le blanchir; après qu'il est piqué vous l'embrochez dans un hatelet & l'attachez à la broche, envelopez-le de papier si vous voulez, & le servez avec telle sauce ou ragoût que vous jugez à propos.

Carré de Veau à la Servante.

Entrée

Coupez des lardons de lard, & les

maniez avec sel fin, fines épices, persil, ciboules, échalottes, une gousse d'ail, champignons, le tout haché ; lardez avec tout le filet d'un carré de veau, mettez-le dans une terrine sur des bardes de lard, avec quelques tranches d'oignons, zestes de carottes, une feuille de laurier, un demi-poisson d'eau de vie ; faites cuire à petit feu sur de la cendre chaude: la cuisson faite, passez la sauce au tamis, servez sur le carré.

Entrée

Carré de Veau à la Poivrade.

Faites une marinade avec un peu de beurre manié de farine, que vous mettez dans une casserole avec tranches d'oignons, zestes de racines, un peu de coriandre, deux gousses d'ail, trois cloux de girofles, thim, laurier, basilic, sel, poivre, un verre de vinaigre, & autant d'eau, persil, ciboules ; faites tiédir sur le feu, & y mettez ensuite un carré de veau dont vous aurez piqué tout le dessus de petit lard ; faites le mariner deux heures en le tenant tiéde sur de la cendre chaude: ensuite faites le cuire à la broche, & le servez avec une sauce à la poivrade que vous trouverez à l'article des sauces, page 143.

Entrée

Carré de Veau au Monarque.

Entrée Levez le filet à un carré de veau, ôtez-en les nerfs & les peaux, hachez la viande pour en faire une farce avec mie de pain desséchée sur le feu avec de la crême, tétine de veau & du lard, assaisonnez de sel, poivre, persil, ciboules, champignons hachés, liez de quatre jaunes d'œufs ; faites blanchir une demi-heure dans la grande marmitte les ossemens du carré : ensuite vous les retirez bien entiers, & à la place du filet vous y mettez un lit de farce, sur la farce un lit de foye gras : ensuite un lit de tranches de truffes, couvrez avec de la farce, unissez-le dessus avec de l'œuf battu, panez de mie pain, arrosez un peu le dessus avec de bon beurre, dressez sur le plat que vous devez servir, servez dessous une sauce à l'Espagnole, ou celle que vous jugerez à propos.

Carré de Veau en Crepines.

Entrée Appropriez un carré de veau, & lardez-en travers avec du gros lard, assaisonnez de sel fin épices mêlées, persil, ciboules, une pointe d'ail, une échalotte, le tout haché très-fin ; mettez sur le carré deux pains de beurre manié avec les mêmes fines herbes que celles des lardons, & l'envelopez avec une crepine, attachez le à un hatelet pour le faire cuire à la broche & envelopé de papier, la cuisson faite, ôtez le papier, frotez le dessus de la crepine avec un jaune d'œuf mêlé avec un peu de beurre chaud, panez de mie de pain & faites prendre une couleur d'orée. Servez une sauce dessous.

Quartier de Veau en Surprise.

Ayez un quartier de veau bien blanc cuit à la broche & réfroidi; prenez-en toute la chair de dessus que vous hachez & la mêlé avec de la tétine de veau, & lard blanchi, mie de pain desséchée avec de la crême, persil, ciboules, champignons; le tout haché, sel, épices mêlées, liez cette farce de six jaunes d'œufs; faites un ragoût de ce que vous voudrez: comme alouettes, pigeons ou cailles; après leur avoir troussé les pates dans le corps; mettez les dans une casserole avec des champignons, ris de veau, truffes, un bouquet de persil, ciboules, une gousse d'ail, trois cloux de girofle, un peu de basilic, un morceau de beurre, pas-

Grosse Entrée.

sez-les sur le feu, singez, mouillez avec demi-verre de vin Champagne, du bouillon, un peu de jus & du coulis ; laissez cuire & réduire à courte sauce ; assaisonnez de sel, gros poivre, ôtez le bouquet, pressez-y un jus de citron, & laissez réfroidir le ragoût, dressez le quartier de veau dans le plat que vous devez servir ; mettez de la farce à la place de la viande que vous avez ôtée, ensuite le ragoût froid ; couvrez-le par tout avec le restant de la farce, couvrez avec une crépine après avoir uni le dessus avec de l'œuf battu, panez tout le dessus de la crepine avec de la mie de pain, arrosez légérement avec un peu de beurre chaud ; mettez le au four jusqu'à ce qu'il soit d'une couleur d'orée ; servez dessous une sauce à l'Espagnole, ou au pontiffe.

Quartier de Veau ou Cuisseau aux Epinars.

Grosse Entrée. Lardez avec du gros lard, toute la chair maigre du quartier de veau, ficellez le & le mettez dans une marmitte ou autre vaisseau juste à sa grandeur ; foncez de tranches de jambon, ruelle de veau de & tranches de bœuf, assaisonnez de sel, poivre, un gros bouquet de persil, ciboules, deux gousses d'ail, quatre cloux de girofle, deux feuilles de laurier, thim, basilic, quatre échalottes, tranches d'oignons, deux carottes, un panais, couvrez de bardes de lard; mettez le vaisseau sur un petit fourneau pour qu'il ne bouille qu'à très-petit feu pendant deux heures; ensuite vous y mettrez une chopine de vin blanc, & deux fois autant de bouillon; continuez de faire bouillir jusqu'à la parfaite cuisson. Servez dessous un ragoût d'épinars en gras: vous trouverez la façon de le faire à l'article des ragoûts.

Quartier de Veau à la Crême.

Lardez avec du gros lard toute la chair maigre d'un quartier de veau, & le faites mariner au moins douze heures dans un vaisseau juste à sa grandeur avec une marinade faite de cette façon: Mettez dans le même vaisseau, un morceau de beurre manié de farine avec cinq chopines ou trois pintes de lait, deux citrons en tranches la peau ôtée, six cloux de girofle, quatre gousses d'ail, trois feuilles de laurier, thim, *Grosse Entrée.*

basilic, persil, ciboules, six oignons en tranches, une douzaine d'échalottes, sel, poivre, faites tiédir la marinade, & y mettez le quartier de veau ; lorsque vous êtes prêt à le mettre à la broche, ôtez le de la marinade pour le bien égouter & essuyer, embrochez-le, & couvrez tout le dessus de bardes de lard, & trois ou quatre feuilles de papier ; faites cuire pendant trois ou quatre heures, & le servez dessus une sauce à la poivrade que vous trouverez à l'article des sauces pages 143. ou avec une sauce à la crême que vous ferez de cette façon: Prenez un bon morceau de bon beurre que vous mettez dans une casserole, avec une petite cuillerée de farine, un anchois haché, deux rocamboles écrasées, échalottes, persil & ciboules hachés, muscade, sel, & gros poivre; délayez le tout avec de la bonne crême ; faites lier sur le feu en tournant avec une cueilliere comme une sauce blanche.

Cuisseau de Veau à la Daube.

Gros Entremêt froid.

Ayez un cuisseau entier ou la moitié de la grosseur que vous jugerez à propos, lardez-le par tout avec du gros lard assaisonné de la même façon que pour du bœuf à la mode ; mettez-le dans un vaisseau juste à sa grandeur avec bardes de veau & de lard dans le fond ; assaisonnez-le de sel, fines épices ; un gros bouquet de persil, ciboules, deux gousses d'ail, quatre cloux de girofle, une feuille de laurier, couvrez de bardes de lard ; faites cuire à petit feu pendant une heure, ensuite mettez-y une chopine de vin blanc, continuez de faire cuire à petit feu ; quand il sera cuit, ôtez-le de la braise pour le laisser réfroidir ; passez la sauce au tamis & la dégraissez, mettez-la sur le feu avec deux œufs blancs & jaunes, & les coquilles, deux tranches de citron ; faites éclairer comme une gelée ; passez-la dans une serviette : dressez le veau sur le plat que vous devez servir : mettez la graisse figée autour, & la gelée quand elle est bien froide, coupez-la en façon de cristaux, & l'arrangez dessus.

Jarret de Veau au consommé.

Ayez un jarret de veau où il y ait de la ruelle qui tienne après, lardez-en la chair avec du gros lard, mettez le dégorger & blanchir, faites le cuire entre des bardes de lard, une tranche de

Entrée

jambon, une demi-septier de bouillon, un bouquet de persil, ciboules, une demi-gousse d'ail, deux cloux de girofle, un peu de basilic, sel, poivre, faites cuire à petit feu & réduire à courte sauce, dégraissez la pour la passer au tamis & servir sur le jarret de veau.

Quartier de Veau au Chevreuil.

Grosse Entrée

Lardez si vous voulez tout le dessus d'un quartier de veau, & le faites mariner au moins douze heures avec vinaigre, du bouillon, sel, poivre, coriandre, cloux de girofle, ail, échalottes, persil, ciboules, oignons, carottes, panais, thim, l'aurier, basilic, faites le cuire à la broche, bien envelopé de papier, servez-le avec une sauce piquante. Vous servez de même un carré & une épaule.

Quartier de Veau au Caramel.

Grosse Entrée

Lardez toute la chair maigre du quartier de veau avec gros lard assaisonné, de persil, ciboules, champignons, une gousse d'ail, le tout haché, sel fin épices mêlées ; faites le cuire dans un vaisseau juste à sa grandeur avec une bouteille de vin blanc, autant de bouillon, bardes de lard, tranches d'oignons, carottes, panais, un bouquet de perfil, ciboules, ail, cloux de girofle, thim, laurier, basilic, sel, poivre; la cuisson faite, ôtez-le de la braise, glacez tout le dessus avec un caramel de veau; servez dessous une sauce piquante.

Quartier de Veau Glacé.

Piquez tout le dessus du quartier de veau avec du lard; faites le dégorger & blanchir, mettez-le cuire avec bon bouillon, un bouquet de persil, ciboules, une gousse d'ail, quatre cloux de girofle, thim, laurier, basilic la cuisson faite, passez la sauce au tamis, dégraissez & faites réduire en glace; mettez-en par tout sur le lard; servez dessous un ragoût de légumes ou une sauce. *Grosse Entrée.*

Quartier de Veau de plusieurs façons.

Piquez de moyen lard le côté du rognon, & le cuisseau, vous le lardez de gros lard; mettez deux feuilles de papier sur le côté piqué; faites cuire à la broche, la cuisson faite, panez le cuisseau qui est lardé avec de la mie de pain; faites prendre une couleur d'orée, servez dessous une sauce piquante, ou bien ragoût & sauce que vous jugerez à propos. *Grosse Entrée*

Epaule de Veau en filet à la crême.

Grosse Entrée. Ayez une Epaule de Veau cuite à la broche & refroidie, levez la peau entiere sans la détacher du manche, prenez-en toute la chair de dessus que vous émincez en filets ; mettez dans une casserole un morceau de beure avec des champignons coupez en filets, un bouquet de persil, ciboule, une gousse d'ail, trois cloux-de-girofle, un peu de muscade, du basilic; passez sur le feu, singez & mouillez avec du bouillon, sel, gros poivre, faite boullir une demi-heure & réduire à courte sauce ; ôtez le bouquet, mettez-y les filets de veau pour faire chaufer, ajoûtez-y une liaison de trois jaunes d'œufs avec de la crême, faites lier sans bouillir, dressez sur le plat, couvrez avec le dessus de l'épaule que vous aurez arrosé de beure & panné de mie de pain pour lui faire prendre couleur au four ou dessous un couvercle de tourtiere.

Epaule de Veau à la poivrade.

Grosse Entrée. L'Epaule de Veau cuite à la broche se sert ordinairement avec une sauce à la poivrade, que vous trouverez à l'article des sauces page 143, ou avec un un jus de veau & échalottes. Vous pouvez, si vous voulez, la mariner comme le quartier de veau au chevreuil.

Epaule de Veau à l'Espagnole.

Faites mariner deux heures une Epaule de Veau lardée de gros lard, assaisonnée de sel, fines épices & une gousse d'ail hachée ; mettez-la dans un vaisseau juste à sa grandeur avec deux cuillerées de vinaigre, chopine de vin d'Espagne, un verre de consommé, un bouquet de persil, ciboules, deux échalottes, trois cloux-de-girofle, quelques feuilles de basilic, un morceau de beurre, tranches d'oignons, sel, gros poivre ; quand elle aura pris goût deux heures sur de la cendre chaude, mettez-la cuire au four dans sa marinade ; ensuite vous passez la sauce au tamis, dégraissez-la & faites réduire au point d'une sauce pour la servir dessus l'épaule. *Grosse Entrée*

Epaule de Veau en Timbale.

Ayez une belle Epaule de Veau que vous désosserez à forfait par dessous sans couper le dessus ; prenez un peu de la chair du dedans pour en faire une farce comme celle du godiveau, assai- *Grosse Entrée.*

sonnée de bon goût, foncez un casserole ronde avec des bardes de lard, mettez dessus l'épaule bien étenduë, ensuite mettez du godiveau sur l'épaule, arrangez-y dessus des filets de viande tels que vous jugerez à propos & bien assaisonnés, couvrez-les avec de la farce, continuez de faire un lit de filets & un lit de farce jusqu'à ce que l'épaule soit remplie, vous y pouvez mettre si vous voulez du jambon & des truffes, ensuite vous ficellerez l'épaule en la plissant comme une bourse ; couvrez de bardes, enveloppez d'une étamine, ficellez & faites cuire avec un peu de bouillon, deux verres de vin de Champagne, un bouquet ; faites cuire à petit feu à la braise, la cuisson faite, passez la sauce au tamis, dégraissez ; ajoutez y un peu de coulis pour la lier & faites réduire au point d'une sauce, ôtez l'étamine, les bardes & ficelles, essuyez l'épaule de sa graisse, servez la sauce dessus.

Epaule de Veau à l'Allemande.

Grosse Entrée. Désossez une Epaule de Veau à la réserve du manche, lardez-en la chair avec du lard & du jambon ; mettez la cuire au four avec un peu de bouillon, un bouquet de persil, ciboule, trois cloux-de-girofle, une gousse d'ail, faites

faites un ragoût de farce à l'ordinaire avec oseille, laituë, cerfeuil, persil & ciboule, l'épaule étant cuite, pannez tout le dessus moitié mie de pain & parmesan ; faites prendre couleur au four, prenez la sauce de l'épaule pour la mettre dans le ragoût de farce & lui donner du corps, faites-le bien lier, & le servez dessous l'épaule.

Epaule de Veau au naturel.

Laissez mortifier une Epaule de Veau & la faites cuire à la broche : ceux qui aime le dessus un peu rissolé ne la couvre point de papier ; quand elle est cuite servez dessus un jus de veau avec sel gros poivre, & un peu d'échalotte hachée, si vous l'aimez. *Grosse Entrée*

Blanquette de Veau.

Coupez en filets des champignons & & les mettez dans une casserole avec un bouquet de persil, ciboule, une gousse d'ail, deux cloux-de-girofle, un peu de basilic & de sariette, un morceau de beurre, passez sur le feu, singez & mouillez de bon bouillon, sel, gros poivre, laissez bouillir & réduire à courte sauce, ôtez le bouquet, mettez-y des filets de veau émincés & cuits à la bro- *Hors d'œuvre* che, faites chaufer & y ajoutez une liaison de trois jeaunes d'œufs avec de la crême; faites lier sans bouillir: en servant, un filet de verjus ou de vinaigre. La Blanquette à l'huile se fait de la même façon, à cette différence que vous ne mettez qu'une petite cuillerée d'huile pour passer les champignons, & en mettant la liaison vous en remettez une autre avec un peu de persil blanchi haché, & faites lier sans que l'huile paroisse en remuant toujours sur le feu.

Grenadin de Veau aux Anchois.

Entrée ou Hors-d'œuvre

Coupez en gros dez deux noix de Veau mortifiées, lardez-les avec des filets d'anchois un peu dessalés; mettez-les revenir dans une casserole avec un jus de citron deux cuillerées d'huile, persil, ciboules & truffes hachées, du gros poivre, point de sel, mouillez les avec un verre de vin de Champagne, un peu de consommé; faites les cuire à petit feu, dégraissez la sauce & y ajoûtez un peu de coulis pour la lier, servez à courte sauce sur les grenadins.

Grenadin au naturel.

Coupez en gros dez de la ruelle de veau, arrondissez un peu le dessus, & le piquez de lard; faites cuire & glacer comme un fricandeau; servez-les avec leur sauce au naturel ou avec tel ragoût de légumes que vous jugerez à propos.

Rissolettes de Veau.

Coupez en tranches fort minces une ou deux ruelles de veau; mettez-les dans un plat avec un peu d'huile ou de bon beurre chaud, sel, gros poivre, persil, ciboule, une pointe d'ail, champignons, le tout haché, un peu de basilic en poudre; faites tenir après les fines herbes & les pannez de mie de pain, faites-les griller à petit feu en les arrosant de tems en tems du restant de leur marinade, étant cuites de belle couleur, servez à sec en y pressant légérement dessus un jus d'orange ou de citron. *Hors-d'œuvre*

Quasi de Veau à la Pélerine.

Prenez six gros oignons que vous faites blanchir & les lardez d'anchois, ayez un quasi de veau lardé de gros lard & jambon, assaisonnez de fines épices, persil, ciboules, champignons, une demi-gousse d'ail, le tout haché; mettez le quasi dans une terrine juste à sa *Entrée* grrandeur avec les gros oignons, couvrez de bardes de lard, mouillez avec un verre de vin de Champagne, étouffez la terrine, & faites cuire à très-petit feu à la braise, dégraissez la sauce & la servez sur le quasi & les oignons autour.

Paupiettes de Veau.

Hors-d'œuvre. Coupez en tranches fort minces une ou deux ruelles de veau, battez-les pour les applatir, & mettez dessus une farce de volaille ou de gaudiveau assaisonnée de bon goût, roulez-les & les ficellez, faites-les cuire avec un verre de vin de Champagne, un peu de consommé, un bouquet de persil, ciboule, basilic, deux cloux de-girofle; la cuisson faite, dégraissez la sauce & la passez au tamis, ajoûtez-y un peu de coulis pour la lier, faites réduire au point d'une sauce, pour la servir sur les paupiettes. Si vous voulez les faire cuire à la broche, il faut piquer les tranches de veau sur le milieu avant que de les farcir: vous pouvez encore ne les point piquer & les envelopper de bardes de lard; quand elles sont cuites à la broche, pannez tout le dessus de mie de pain, faites prendre une couleur dorée, & servez avec la sauce que vous jugerez à propos.

Hâtereaux de Veau.

Coupez de la ruelle de veau comme la précédente, excepté que vous faites les morceaux plus petits; faites-les revenir sur le feu avec un pain de beurre de Vembre, une cuillerée d'huile, persil, ciboule; champignons hachés, mettez-les refroidir; mettez dans chaque morceau un peu de farce, du lard rappé, trois jaunes d'œufs durs, quelques foyes de vollailles, persil, ciboule, sel, poivre, liez de trois jaunes d'œufs crud, roulez les hâtereaux & les embrochez à un petit hâtelet pour les faire cuire à la broche enveloppés de papier, en les arrosant avec du lard ou du beurre; la cuisson faite, ôtez le papier pour les panner de mie de pain & leur faire prendre une couleur dorée, servez dessous une sauce faite avec un peu de consommé, un jus de citron, un pain de beurre, échalottes hachées, sel, gros poivre; faites lier sur le feu.

Hors-d'œuvre

Brezolles de Veau.

Prenez des noix de veau que vous coupez en travers & en filets minces & larges, mettez une ou deux tranches de jambon dans le fond d'une casserole,

Hors-d'œuvre

arrangez dessus une couche de filets de veau, assaisonnez dessus de sel, gros poivre, persil, ciboules, champignons échalottes, truffes si vous voulez, le tout haché, de l'huile fine ou du lard fondu; continuez de cette façon & couvrez avec quelques bardes de lard; faites cuire à petit feu à la braise; la cuisson faite, ôtez-les de la casserole pour les détacher qu'elles ne tiennent pas ensemble, dégraissez la sauce & passez au tamis; ajoutez-y une cuillerée de coulis & un jus de citron, servez chaudement sur les brezolles. Vous pouvez encore les faire d'une autre façon: après les avoir fait mariner une heure avec le même assaisonnement que ci-dessus, arrangez-les dans une casserole ronde, sans être les unes sur les autres; faites-les cuire à grand feu en retournant la casserole à mesure qu'elles cuisent d'un côté, quand elles sont toutes cuites d'un côté, vous les retournez de l'autre; ensuite vous les ôtez de la casserole pour les égouter; détachez tout ce qui tient à la casserole en le mouillant avec un demi-verre de consommé & autant de vin de Champagne; faites bouillir un moment, remettez-y les brezolles pour les faire chauffer sans bouillir: un jus de citron en servant.

Poupeton.

Suivant la grandeur de votre Poupetonniere, vous prendrez la quantité de ruelle de veau que vous jugerez à propos, pour en faire une farce avec du lard & graisse de bœuf, mie de pain desséchée sur le feu avec du lait ou de la crême, échalottes, persil, ciboule hachées, sel, gros poivre, liez de jaunes d'œufs; arrangez des bardes de lard dans le fond de la poupetonniere, mettez-y les trois quarts de la farce, faites un trou dans le milieu, pour y mettre un ragoût froid de pigeons, fini de bon goût, & la sauce courte; ou telle autre ragoût que vous jugerez à propos, couvrez-le avec le restant de la farce, & le faites cuire au four: ensuite vous le renversez doucement en prenant garde de le rompre, ôtez les bardes de lard & l'essuyez de sa graisse; quand il est dressé sur le plat que vous devez servir, coupez un morceau de la farce de dessus en forme de couvercle, versez dedans une sauce faite avec du consommé, un peu de coulis & jus de citron, remettez le morceau de farce pour qu'il paroisse

Entrée.

entier, vous donnez le nom au poupeton du ragoût que vous mettez dedans.

Marbrée.

Gros Entremêt froid.

Ayez une douzaine d'oreilles de cochon, autant d'oreilles de veau, six pieds de veau désossés, douze palais de bœuf; faites blanchir le tout pendant une demi-heure à l'eau bouillante, retirez-les à l'eau fraîche pour les bien éplucher; mettez-les dans une marmite avec deux livres de jambon, de l'eau, un gros bouquet de persil, ciboules, quatre gousses d'ail, douze échalottes, trois feuilles de laurier, thim, basilic, huit cloux-de-girofles, la moitié d'une muscade, oignons, carottes, panais: laissez bouillir à petit feu, la cuisson faite, laissez refroidir & coupez le tout en filets, pour le mettre dans une casserole avec deux poulardes cuites à la broche, que vous coupez en filets, une poignée d'amandes douces & autant de pistaches coupées en filets, beaucoup de persil en feuilles, échalottes & rocamboles hachées; mettez-y du lard fondu, une bouteille de vin de Champagne: le jus de quatre citrons, sel, fines épices; laissez bouillir le tout en mêlant bien le tout ensemble jusqu'à ce qu'il n'y ait plus de sauce; mettez refroidir à moitié, prenez une casserole ronde, de la grandeur que vous voulez faire le marbré, beurez la partout avec du bon beure frais; garnissez la avec du petit pain à chanter de toutes sortes de couleurs, en les arrangeant de façon que cela vous forme une étoile dans le fond; & sur les bords le dessein que vous jugerez à propos, ensuite mettez y tout les filets de viande encore chauds, bien serrez les uns contre les autres, portez la dans un endroit froid, jusqu'à ce que le marbré soit pris & bien ferme; lorsque vous voudrez le dresser, trempez le cul de la casserole dans un autre vaisseau où il y a de l'eau chaude pour faire détacher le marbré & le renverser sur un plat garni d'une serviette. La beauté de cet entremets dépend du dessein que vous faites avec le pain à chanter: vous pouvez faire encore d'autres desseins pour le dessus avec des filets de truffes cuittes, jambon, cornichons, pistaches, amandes douces, anchois, feuilles de persil verd.

Grenade.

Faites blanchir quatre grosse écre- *Entrée.*

visses & des choux-fleurs, foncez u[ne]
poupetonniere avec des bardes de lar[d]
ayez des filets de jambon, truffes [&]
volailles cuites; mettez les quatre écrevisses dans le fond, & des choux-fleu[rs]
entre, en formant le dessein que vou[s]
voudrez, faites-les tenir ensemble ave[c]
de l'œuf battu & de la farce de gaudiveau de l'épaisseur d'un demi-doigt[,]
garnissez toute la hauteur de la poupetonniere sur les bords avec des file[ts]
de truffes, jambon, & volaille cuite, qu[e]
vous entremêlez l'une avec l'autre, &
les faites tenir à mesure avec de l'œu[f]
battu & de la farce de gaudiveau; mettez dans le milieu un ragoût froi[d]
de pigeons ou autre, fini de bon go[ût]
& courte sauce, mettez de la farce de[s-]
sus; faites cuire au four, lorsque vou[s]
êtes prêt à servir, renversez-là en douceur pour ne la point rompre, ôtez le[s]
bardes de lard & l'essuyez avec un ling[e]
servez avec une sauce au Pontife, qu[e]
vous trouverez à l'article des sauc[es]
page 148.

Grenade en Daube.

Entre-
mets
froid.
Ayez trois noix de ve[au], coup[ez]
chacune en deux pour en faire six grenadins un peu plus grands qu'un [œuf]

écu ; faites piquer tout le dessus comme pour des fricandeaux, & le reste des noix de veau vous les coupez en gros dez, & les lardez de gros lard : ayez aussi un chapon flambé & vuidé que vous coupez par membres ; mettez-le cuire avec le veau coupé en dez, du bon bouillon, un jarret de veau, une demi-bouteille de vin blanc, un bouquet de persil, ciboule, une gousse d'ail, trois cloux de girofle, basilic, une feuille de laurier, sel, fines épices : les grenadins, vous les ferez cuire à part & glacer comme les fricandeaux ; quand il seront froids, arrangez-les dans le fond d'une poupetonniere le lard en dessous, & mettez entre des filets de chapon, de ceux que vous avez fait cuire avec le veau ; ensuite mettez dessus le veau en dez avec le restant du chapon coupé en gros filets, passez la sauce au tamis, & la dégraissez ; faites-la réduire sur le feu si elle est trop longue, parce qu'il faut qu'elle soit forte de gelée, & fasse tenir la viande ensemble ; mettez-la dans votre poupetonniere & la serrez dans un endroit frais, jusqu'à ce qu'elle soit bien prise, lorsque vous voudrez la servir, trempez le cul de la poupetonniere dans de l'eau chaude, & aussi-tôt qu'elle se détache, renversez-là doucement dans son plat.

Favorites.

Entrée ou Hors-d'œuvre Ayez de la ruelle de veau tendre, coupez d'égale grandeur en tranches minces, un peu moins grandes que le creux de la main; arrondissez-les, & des rognures vous en ferez une bonne farce de gaudiveau; mettez sur chaque tranche un petit lit de farce, & sur la farce un lit de foyes gras; ensuite un lit de farce, un lit de truffes: continuez de cette façon jusqu'à ce que vos favorites soient élevées, & couvrez le dessus avec un morceau de ruelle de veau, de même que celui de dessous; enveloppez le tout avec des morceaux de crépine; mettez-les dans une casserole foncée de tranches de veau & jambon, un bouquet de persil, ciboules, une demi-gousse d'ail, deux cloux de girofle, un peu de basilic, sel, poivre, mouillez avec un peu de bouillon & un verre de vin de Champagne; faites cuire à petit feu, ensuite ôtez les crépines & essuyez les favorites avec un linge; passez la sauce au tamis & dégraissez; mettez-y un peu de coulis pour la lier: faites-la réduire si elle est trop longue, en servant un jus de citron avec une petite pincée de persil blanchi haché.

Venitienne de Veau.

Prenez de la ruelle de veau tendre, coupez-là en travers de l'épaisseur d'un demi-doigt, & de la largeur de quatre doigts; faites-la mariner avec persil, ciboule, échalottes, champignons, le tout haché, basilic, thim, laurier en poudre, de l'huile, sel, gros poivre; faites tenir la marinade après, & les pannez de mie de pain pour les faire griller à petit feu, en les arrosant avec le reste de la marinade: servez à sec avec un grand jus de citron ou d'orange. *Hors-d'œuvre*

Venitienne au Jambon.

Coupez des tranches de veau un peu plus minces que les précédentes, sur deux tranches de veau, coupez une tranche de jambon de même grandeur, & fort mince; mettez deux œufs sur une assiette avec persil, ciboule, champignons, échalottes, trufles, le tout haché, peu de sel, & gros poivre, battez-les comme une aumelette, & y trempez les tranches de jambon pour les mettre entre deux tranches de veau, & *Hors-d'œuvre* tout leur assaisonnement ; envelopez-les de bardes de lard, & les faites cuire à petit feu avec un verre de vin blanc ; la cuisson faite, dégraissez la sauce, ajoûtez-y un peu de coulis pour la lier, ôtez les bardes, servez dessus : vous pouvez les servir avec une sauce piquante ou celle que vous jugerez à propos.

Vénitienne à la Moële.

Hors-d'œuvre. Coupez de la ruelle de veau en tranches le plus mince que vous pourrez ; battez-les avec le couperet pour les applatir davantage ; faites une farce avec de la moële de bœuf, sel, gros poivre, persil, ciboules, échalottes, basilic, muscade, mie de pain, pilez le tout ensemble, & en mettez sur un morceau de ruelle de veau, couvrez avec un autre morceau de veau de même grandeur, soudez les bords avec de l'œuf battu pour les faire tenir ensemble : vous en ferez de cette façon la quantité que vous jugerez à propos ; mettez sur le feu un morceau de bon beurre, avec des fines herbes hachées, sel, gros poivre, trempez y les Vénitiennes l'une après l'autre pour les paner de mie de pain, & les faire griller à petit feu servez à sec une sauce comme les cotelettes de veau.

Vénitienne à la Coënne.

Ayez de la coënne de lard nouveau & bien épluchée, coupez-la en petites tranches & la rangez dans une terrine, avec des morceaux de ruelle de veau coupés aussi en tranches, & lardés de jambon ou lard maigre ; faites un lit de Ruelle de Veau, un lit de coënne, en les assaisonnant de sel, gros poivre, persil, ciboules, échalottes, une pointe d'ail, un peu de basilic, le tout haché très-fin, mettez-y un verre d'eau, & demi-poisson d'eau de vie ; faites cuire à petit feu dans la cendre chaude comme du bœuf à la mode, & servirez de même. *Hors-d'œuvre*

Vénitienne au vin de Champagne.

Prenez de la ruelle de veau mortifiée, & la coupez en tranches fort minces & larges, arrangez-les dans une casserole en faisant plusieurs lits l'un sur l'autre, & mettant entre du bon beurre, persil, ciboules, échalottes, champignons, un peu de basilic, le tout haché très-fin, sel, gros poivre ; couvrez la casserole ; & faites suer sur un petit feu pendant une heure : ensuite *Hors-d'œuvre* vous y mettrez un verre de vin de Champagne avec une cuillerée de coulis. Rachevez de faire cuire & réduire au point d'une sauce, & dégraissez avant que de servir, pressez-y un jus de citron.

Fricandeaux aux Légumes.

Entrée. Prenez pour le mieux, des noix de veau ; si vous n'en avez pas, prenez de la ruelle coupée un peu épaise, piquez tout le dessus avec du lard fin ; faites blanchir un moment à l'eau bouillante, & ensuite cuire avec du bouillon, une tranche de jambon, un bouquet de persil, ciboules, une gousse d'ail, trois cloux de girofle, une feuille de laurier, thim, basilic, quelques champignons entiers. Le fricandeau étant cuit ; passez la sauce au tamis & la dégraissez ; remettez-la sur le feu pour la réduire en glace, & glacez tout le dessus du fricandeau ; servez dessous tel ragoût de légumes que vous jugerez à propos, vous trouverez la façon de le faire à l'article des ragoûts.

Noix de Veau au Pontife.

Entrée. Coupez des lardons de lard, des filets de jambon & de cornichons pour larder en travers des noix de veau entières; mettez-les dans une casserole avec un peu de beurre & un jus de citron; faites-les revenir sur le feu, & les mouilléz ensuite avec du bouillon, un bouquet de persil, ciboules, une gousse d'ail, deux cloux de girofle, quelques feuilles de basilic, laissez cuire & réduire la sauce pour les glacer comme un fricandeau; servez avec une sauce au Pontife que vous trouverez à l'article des sauces, page 148.

Noix de Veau à la Saint Cloud.

Entrée

Prenez deux belles noix de veau blanches, & tendres, appropriez-les, & leur faites une ouverture dans le milieu pour y faire entrer une farce faite avec de la tétine de veau, persil, ciboules, champignons, truffes; le tout haché, sel, poivre, cousez le trou avec de la ficelle pour empêcher la farce de sortir; piquez tout le dessus avec du moyen lard, & le faites cuire a la broche envelopé de papier; servez-les avec la sauce que vous jugerez à propos.

Noix de Veau glacées.

Entrée

Ceux qui employent beaucoup de ruelle de veau mettront à part la noix ten-

dre, sinon, prenez les noix [de]
seau de veau que vous appro[priez,]
piquez tout le dessus avec un [menu]
lard ; faites-les dégorger dans [l'eau,]
& ensuite blanchir un instant à l'ea[u]
bouillante : mettez-les cuire avec d[u]
bouillon, une tranche de jambon, u[n]
bouquet garni, quelques champign[ons]
entiers. La cuisson faite, passez le [fond]
de la sauce pour la dégraisser & rédui[re]
en caramel, & en glacez tout le des[sus]
des noix de veau ; mettez deux cuillerées de coulis dans la même casserol[e]
avec autant de consommé ; détachez ce
qui tient à la casserole en faisant bouillir un instant sur le feu ; repassez [le]
au tamis pour la servir dessous les noi[x]
de veau avec un jus de citron, peu d[e]
sel, & gros poivre ; elles se servent aus[si]
avec différentes sauces & ragoûts de légumes.

Ruelle de Veau à la D[...]

Entremêt. froid.

Coupez du lard en lardons suivant [la]
grosseur du morceau de ruelle de vea[u]
que vous voulez employer, assaiso[n-]
nez avec du sel fin, fines épices, pe[r-]
sil, ciboules, un peu d'échalottes, [le]
tout haché, lardez-en par tout la ru[el-]
le de façon que le lard se trouve [...]

travers en coupant la viande ; mettez-la cuire dans une marmitte ou braisiere juste à sa grandeur, avec un peu de bon bouillon ; vin blanc, un bouquet de persil, ciboules, deux cloux de girofle, thim, laurier, basilic, de la coriandre, une demi-gousse d'ail ; faites cuire à petit feu, & réduire la sauce si elle étoit trop longue, pour qu'il ne reste que ce qu'il faut pour qu'elle se mette en gelée ; passez-la au tamis, quand elle sera froide, servez autour & dessus la viande.

Ruelle de Veau à la cendre.

Lardez de la ruelle de veau de la même façon que la précédente ; mettez-la dans une casserole ou terrine avec quelques bardes de lard dans le fond ; assaisonnez de sel, poivre, un bouquet de persil, ciboule, thim, laurier, basilic ; mouillez avec un verre de vin blanc ; couvrez la viande avec une feuille de papier, & un couvercle ; mettez la cuire à très petit feu entre deux cendres chaudes ; la cuisson faite, dégraissez la sauce pour la servir sur la viande. *Entrée*

Andouillettes au Celeri.

Faites cuire dans l'eau pendant une *Entrée*

demi-heure, six pieds de céleri; retirez-les à l'eau fraîche pour les bien presser pour qu'il ne reste point d'eau; mettez-y autour une farce fine assaisonnée de bon goût; couvrez la farce avec de la ruelle de veau coupée en tranches bien minces, de façon que chaque pied de celeri forme une andouillette, soudez la ruelle de veau avec de l'œuf battu, & la ficellez; mettez cuire avec du bon bouillon, un verre de vin blanc, un bouquet de persil, ciboules, une gousse d'ail, deux cloux de girofle, thim laurier, basilic, sel, poivre: la cuisson faite; servez avec la sauce que vous jugerez à propos.

Quenelles de Veau.

Hors-d'œuvre — Prenez une noix tendre de ruelle de veau, ratissez-la avec un couteau pour que la chair soit aussi fine que si elle étoit hachée; ôtez-en les filandres qui peuvent s'y trouver, pilez-la dans un mortier avec deux bonnes pincés de mie de pain fine, un peu de lard rapé, persil, ciboules, une échalotte hachée, sel, gros poivre, liez cette farce avec trois jaunes d'œufs, & la mettez sur une assiette; faites bouillir du bon bouillon, sur un fourneau dans une casserole;

mettez-y à mesure qu'il bout à gros bouillons une cuillerée de la farce que vous avez préparée; chaque cuillerée formera une quenelle; quand elle seront toutes dans la casserole, laissez bouillir à petit feu pendant une demi-heure, retirez les quenelles pour les mettre égoûter; faites réduire la cuisson au point d'une petite sauce, dégraissez & passez au tamis, pour servir chaudement sur les quenell

Filets Mignons.

L'on appelle filets mignons les petits filets qui se trouvent sous le rognon de veau jusqu'au quasi; il faut les lever proprement & les piquer de lard pour les faire cuire & glacer de la même façon que les noix de veau, ci-devant page 304. *Hors-d'œuvre*

Filets de Veau à la Conti.

Prenez un carré de veau bien blanc, levez-en le filet entier, ôtez-en les filandres, & le ficellé dans plusieurs endroits, pour faire entrer dans toutes les cizelures des truffes, ris de veau, & foyes gras, le tout coupés en tranches & passez sur le feu, avec un pain de beure, persil, ciboule, champignons hachés; *Entrée* foncez une casserole avec une tranche de jambon & tranches de veau; mettez dessus le carré de veau avec son assaisonnement, couvrez de bardes de lard; faites suer sur de la cendre chaude pendant une heure, mouillez avec un verre de vin de Champagne, achevez de faire cuire à petit feu ; la cuisson faite, ôtez le filet, mettez deux cuillerées de coulis dans la sauce, faites bouillir un moment, dégraissez & passez au tamis, servez sur le filet avec un jus de citron, peu de sel & gros poivre.

Timbale à la Romaine.

Entrée

Ayez des tranches de ruelle de veau coupez très mince, aplatissé les encore avec le couperet & les mettez dans le fond d'une casserole sur des bardes de lard, qu'elles se joignent l'une à l'autre en les faisant tenir avec de l'œuf battu ; ayez une farce faite avec les rognures de tranches de veau, mie de pain désséché avec de la crême, tétine de veau, lard rappé, persil, ciboule, champignons hachés, sel, gros poivre, liez de de deux œufs entier ; mettez une partie de cette farce sur les tranches de veau, & ensuite un ragoût froid de pigeons ou autre ; fini de bon goût, couvrez le ragoût avec de la même farce de veau & bardes de lard; mettez un couvercle sur la casserole pour faire cuire au four ; la cuisson faite, renversez en douceur la casserole pour ne point rompre la timbale, otez les bardes de lard, servez avec la sauce que vous jugerez à propos.

Veau à la Folette.

Prenez une belle noix de veau tendre, coupez la mince à travers chair en long & de la largeur de trois doigts, étendez tous ces morceaux sur un plat, pour les assaisonner de sel, gros poivre, persil, ciboule, truffes, champignons, échalottes le tout haché, huile fine ; laissez mariner une heure, & ensuite roulez chaque morceau en façon de petites paupiettes avec tout leur assaisonnement & les embrochez dans un petit hatelet pour les faire cuire à la broche enveloppées de papier, servez avec une sauce d'acide, celle que vous jugerez à propos. *Hors-d'œuvre*

Gateau de Mai.

Mettez une chopine de crême dans une casserole, quand elle bout ajoûtez y la mie d'un pain d'une livre, faites bouil- *Hors-d'œuvre* lir jufqu'à ce qu.il ne refte plus de crême & que le pain foit bien épais ; ôtez-le du feu pour y ajoûter de la tétine de veau & graiffe de bœuf pilée, perfil, ciboule, eftragon, creffon, cerfeuil, pimprenelle, le tout haché, fel, gros poivre, mufcade, fix jaunes d'œufs, mêlez le tout enfemble & en faites de petits tas fur un plat fond pour en former des gâteaux de la groffeur d'une brioche de deux liards ; dorez le deffus avec un œuf battu ou vous aurez mis un peu de beure chaud, pannez de mie de pain & faites cuire au four, fervez avec une fauce piquante deffous, ou un ragoût de légumes.

Pain à la Flamande.

Entrée. Coupez un choux en quatre, & le faite blanchir une demi-heure à l'eau bouillante, retirez-le à l'eau fraiche, preffez-le fort pour qu'il ne refte point d'eau ; ficelez-le & le mettez cuire à la braife avec une demi-livre de petit lard, une demi-douzaines de fauciffes courtes, un bouquet de perfil, ciboules, échalottes, une gouffe d'ail, bon bouillon ; la cuiffon faite, ôtez le bouquet, mettez deux cuillerées de coulis

dans

dans la cuisson des choux, & faites réduire jusqu'à ce qu'il ne reste presque plus de sauce ; mettez réfroidir, prenez une casserole que vous foncez d'une pâte à timbale ; mettez-y le ragoût froid de choux entremêlé des saucisses & petit lard, couvrez-les avec de la même pâte en la pinçant tout autour comme si vous faisiez le bord d'une tourte de viande. Mettez cuire au four pendant une heure & demie, ensuite vous la renversez sur le plat que vous devez servir : faites-y une petite ouverture au milieu pour y faire entrer une bonne sauce liée assaisonnée de bon goût.

Veau au moulinet.

Coupez de la ruelle de veau en gros dez, mettez-la dans une casserole avec une demi-livre de petit lard aussi coupé en dez, gros comme la moitié d'un œuf de bon beurre, un bouquet de persil, ciboules, une gousse d'ail, deux cloux de girofle, thim, laurier, basilic. Passez le tout sur le feu : mettez-y une petite pincée de farine, mouillez de bon bouillon, un verre de vin blanc ; faites cuire & réduire à courte sauce ; mettez-y une liaison de trois jaunes

Hors-d'œuvre

d'œufs avec du bouillon; faites lier sans bouillir, ajoûtez-y un jus de citron. En servant ayez cinq œufs frais pochés, que vous dreſſez en croix ſur le plat, le ragoût entre, & la ſauce ſur les œufs.

Crepinettes de Godiveau.

Hors-d'œuvre. Lorſque l'on ne peut point avoir de crepine, l'on met à part la toile qui eſt à la longe de veau: comme il en faut pluſieurs pour faire une entrée ou hors-d'œuvre, il faut avoir ſoin de les accrocher, bien étendues dans un endroit airé: elles ſe conſervent au moins trois ſemaines. Pour faire des crepinettes, prenez un morceau de ruelle de veau; ôtez en toutes les filandres, coupez-la en dez avec un peu de lard; mettez-les dans une caſſerole avec de la graiſſe de bœuf, perſil, ciboules hachés très-fin, un peu de ſel, fines épices; paſſez le tout enſemble ſur un moyen feu pendant un quart-d'heure, enſuite vous les retirez pour les hacher très-fin, après vous les pilez & y mettez de la mie de pain deſſéchée avec de la crême, ajoûtez-y deux jaunes d'œufs & un blancs. Le tout étant bien battu enſemble vous en formez des crepinettes. Cette même farce ſert pour des petits pâtés. Quand elle eſt paſſée de cette façon, elle peut se conserver deux ou trois jours. Pour faire les crêpinettes vous mettez tremper les toiles de veau ou bien de la crepine, coupez-les après les avoir pressées de la grandeur de la main; mettez dans le milieu un peu de farce, relevez tout autour les coins de la crepine en les faisant tenir avec de l'œuf, formez vos crêpinettes en rond; trempez-les après dans de l'œuf battu, & les panez de mie de pain, arrosez légérement le dessus avec de l'huile ou du beurre chaud; faites cuire au four ou sous un couvercle de tourtiere, jusqu'à ce qu'elles soient d'une couleur dorée, & égoutez-en la graisse & les servez à sec.

Gateau de Veau en crepine.

Faites une farce comme la précédente, ensuite, coupez une noix de veau tendre en dez, avec truffes, lard, jambon aussi en dez, quelques pistaches, & amandes douces; mêlez le tout avec la farce, & assaisonnez légérement de sel, fines épices, liez le tout de trois jaunes d'œufs & les blancs fouettés. Prenez une casserole proportionnée à la grandeur que vous voulez faire le gateau, foncez-la de bardes de lard, & dessus une crepine de porc, mettez la

Entremets froid.

viande sur la crépine, & l'envelopez avec, couvrez la casserole & faites cuire au four d'une chaleur modérée. La cuisson faite, laissez réfroidir dans la même casserole pour le servir sur une serviette.

Veau à la Villageoise.

Hors-d'œuvre. Coupez en tranches minces une noix de veau tendre; battez-les avec le couperet pour les rendre encore plus minces, & les assaisonnez de sel, fines épices, persil, ciboules, ail, échalottes; ayez aussi autant de petites tranches de jambon minces, que vous mettez dessus chaque tranche de veau, après les avoir trempées dans de l'œuf battu pour les faire coller ensemble; repliez les bords du veau sur le jambon, & les mettez cuire dans une casserole foncée de bardes de lard; mouillez avec un demi-verre de bouillon & autant de vin de Champagne; la cuisson faite dégraissez & servez avec le fond de la sauce.

Bagatelles de Veau.

Hors-d'œuvre. Ayez une noix ou deux de ruelle de veau, que vous coupez en tranches fort minces, & les applatissez avec le couperet; étendez-les sur un plat, poules assaisonner dessus de sel, fines épices, truffes, champignons, persil, ciboules, échalottes, le tout haché, huile fine, roulez les tranches de veau avec toutes les fines herbes en dedans en forme d'une saucisse, & les liez avec de la ficelle; mettez-les dans une casserole avec un verre de vin de Champagne, un peu de consommé; faites cuire à petit feu, servez avec le fond de la sauce dégraissée & passée au tamis.

Filets de coulis à la Bechamel.

Lorsque l'on est pris de court pour un Hors-d'œuvre, l'on peut prendre de la viande de coulis que l'on met refroidir; parez-en le dessus pour n'en prendre que le plus blanc, coupez-les en filets émincés, & les mettez ensuite prendre du goût dans une bonne sauce à la Bechamel, comme celle que vous trouverez à l'article des sauces, page 242. l'on peut encore mettre ces mêmes filets dans différentes sauces relevées finies de bon goût, & les faire mijoter dedans pendant un quart d'heure.

Hors-d'œuvre

CHAPITRE III.
DU MOUTON.

Connoissance & Dissection du Mouton.

Hors-d'œuvre
LE Mouton est de toutes saisons : Le Printems, nous avons ceux de Beauvais, de Reims, & les gros Flamands : en Eté, après la levée des grains, nous avons ceux de pâture : en Automne, & l'Hyver, qui est la saison la meilleure par la facilité des envois des bons cantons, nous avons ceux de Dieppe, de Présalé, de Cabour, de Beauvais, des Ardennes, de Reims, & autres endroits. Il faut le choisir gras en dedans, d'une chair noire, le gigot court, & le nerf fin : Les parties dont on fait usage à la cuisine sont, la cervelle, la langue, les rognons, les animelles, les pieds, la queue, le gigot, le rôt de bif, le quartier, l'épaule, le carré, le filet, le bout-saigneux ou colet, la poitrine, le quasi, les carbonades. Le carré & le quartier de derriére sont les morceaux les plus estimés.

Pour la dissection, le gigot & le rot de bif se servent de même; il faut les couper en travers jusqu'à ce qu'il n'y ait plus de filet. La souris & la sous-noix extérieure qui se trouvent du côté du nerf, sont les morceaux les plus délicats. Il faut couper par aiguilettes le côté de la queue; l'épaule se coupe dessus & dessous en tranches; le carré par côtelettes; la poitrine, il faut lever la peau qui est sur les tendrons; tâter avec le couteau les endroits où il ne résiste pas, pour les couper par côtes, en tirant du côté des tendrons.

La queue de Mouton de différentes façons.

Ordinairement l'on achette les langues de mouton toutes cuites chez les Tripieres; si elle ne le sont pas, faites-les blanchir & cuire avec de l'eau, du sel, un bouquet de toutes sortes de fines herbes; quand elles sont presque cuites, pour le mieux, vous les épluchez & les mettez prendre du goût dans une bonne braise, & les servez avec différentes sauces un peu relevées; l'on peut aussi les tremper dans du beurre ou de

Hors-d'œuvre

l'huile, avec persil, ciboules, champignons, le tout haché, sel, gros poivre; panez-les de mie de pain pour les faire griller & les servir avec une sauce claire piquante.

Langues de Mouton à la Provençale.

Hors-d'œuvre. Coupez de l'oignon en filets, & le passez sur le feu avec un peu d'huile; à moitié de la cuisson, mettez-y une bonne pincée de farine, avec persil, ciboules, champignons, une demi-gousse d'ail, le tout haché, sel, gros poivre; mouillez avec un demi-septier de vin blanc & deux cuillerées de coulis, autant de jus, laissez bouillir jusqu'à ce que l'oignon soit cuit; mettez-y des langues de mouton cuites & bien épluchées, faites-les migeoter pendant un quart-d'heure dans la sauce; ayez des croutons de pain passés sur le feu avec du beurre, dressez les langues sur le plat que vous devez servir, les croutons autour & la sauce par dessus.

Langues de Mouton glacées.

Hors-d'œuvre. Ayez des langues de mouton cuites à moitié; après les avoir épluchées vous piquez tout le dessus avec du lard, & les mettez dans une casserole avec du bon bouillon, une tranche de jambon, quelques tranches de veau blanchies, un bouquet de persil, ciboules, une demi gousse d'ail, deux cloux de girofle, un peu de basilic, faites cuire à petit feu; la cuisson faite, passez le bouillon au tamis, & le dégraissez; faites-le réduire en glace pour glacer tout le dessus des langues : servez avec la sauce que vous jugerez à propos. Si vous voulez les servir au naturel, mettez un peu de coulis dans la casserole, avec deux cuillerées d'excellent bouillon; faites chauffer pour détacher ce qui reste à la casserole; passez-les au tamis, & servez dessous les langues avec un jus de citron.

Langues de Mouton à la Royale.

Prenez des langues de mouton cuites à moitié & bien épluchées, lardez-en travers avec des lardons de truffes, & les mettez ensuite mariner avec quatre ou cinq cuillerées d'huile, sel, gros poivre, persil, ciboules, truffes, échalottes, le tout haché; faites-les cuire avec tout cet assaisonnement entre des bardes de lard, & un verre de vin de Champagne; la cuisson faite, dégraissez la sauce & y ajoutez un peu de

Hors-d'œuvre

coulis pour la lier, servez sur les langues.

Langues de Mouton aux oignons en Crepines.

Entrée ou Hors-d'œuvre

Ayez une douzaine de gros oignons, que vous coupez en dez, & les passez sur un petit feu avec un morceau de beurre jusqu'à ce qu'ils soient tout à fait cuits; ensuite vous y ajoutez deux anchois hachés, deux échalottes & très-peu de fenouil avec du persil haché, deux jaunes d'œufs cruds; mêlez bien le tout ensemble, & l'assaisonnez de sel, gros poivre, coupez des morceaux de crepines, prenez des langues de mouton cuites dans une bonne braise, & bien épluchées; mettez chaque langue sur un morceau de crepine avec de votre appareil d'oignons dessus & dessous, & les envelopez bien de la crepine que vous faites tenir avec de l'œuf battu, & les panez de mie de pain; mettez-les au four, ou dessous un couvercle de tourtiere jusqu'à ce qu'elles soient d'une belle couleur dorée, & les servirez dessus la sauce que vous jugerez à propos.

Langues de Mouton en Papillottes.

Prenez des langues de mouton cui- *Hors d'œuvre* tes dans une braise ; quand elles sont froides, coupez chaque langue en deux, mettez autour de chaque morceau une farce faite de cette façon ; hachez des foyes de volailles que vous mêlez avec des jaunes d'œufs durs, persil, ciboules, échalottes, basilic, graisse ou moële de bœuf, sel, gros poivre ; pilez le tout ensemble, & le liez de deux jaunes d'œufs cruds, mettez de cette farce autour de chaque morceau de langue, que vous envelopez de papier, comme une papillotte ; frotez tous les dehors du papier avec de l'huile ou du beurre ; mettez cuire au four à feu doux ou dessous un couvercle de tourtiere pendant une demi-heure, servez à sec. Vous pouvez aussi les faire cuire à petit feu sur le gril.

Langues de Mouton au four.

Hachez du persil, ciboules, cham- *Hors d'œuvre* pignons, échalottes, basilic, thim, laurier ; maniez le tout avec un morceau de bon beurre de la grosseur d'un œuf, sel, gros poivre ; mettez la moitié de ce beurre dans le fond du plat que vous

O vj

devez servir ; arrangez dessous des langues de mouton cuites à la braise & coupées en gros filets ; mouillez avec deux ou trois cuillerées de bon coulis ; couvrez avec le restant du beurre, panez le dessus de mie de pain, faites prendre une belle couleure dorée au four ; en servant mettez y un grand jus de citron, ou du verjus.

Langues de Mouton au Parmesan.

Hors-d'œuvre

Faites cuire des langues de mouton dans une braise douce de sel ; après les avoir bien épluchées vous les coupez en deux sans séparer tout à fait les morceaux ; prenez le plat que vous devez servir, mettez dans le fond un peu de sauce faite avec du coulis, & un peu de beurre, & sur la sauce du Parmesant rapé, arrangez les langues sur le Parmesan, & les arrosez avec un peu de sauce comme dessus ; couvrez avec du Parmesan, faites prendre couleur au four, servez à courte sauce. Vous pouvez, si vous voulez, mettre le plat sur un petit fourneau pour faire réduire la sauce & colorez le dessus avec la pèle rouge, ou un couvercle de tourtiere.

Langues de Mouton en surprise.

Ayez des langues de Mouton cuites à moitié dans l'eau ; épluchez-les & les lardez de gros lard pour rachever de les faires cuire dans une petite braise faite avec un peu de bouillon, un verre de vin blanc, un bouquet de persil, ciboules, demi-gousse d'ail, deux cloux de girofle ; la cuisson faite, mettez-les réfroidir, & ensuite les envelopez avec un peu de farce de godiveau ou farce de volaille, ensuite de la crépine que vous faites tenir avec de l'œuf battu, panez-les dessus de mie de pain & les arrangez sur un plat pour leur faire prendre couleur au four, & les servir bien dégraissées avec une sauce d'acide. Si vous voulez les servir à la braise, après qu'elles feront farcies, mettez autour des bardes de veau très-minces, que vous envelopez de crépine, & les faites cuire une heure à petit feu avec un demi-verre de vin de Champagne, autant de bouillon ; la cuisson faite, dégraissez-en la sauce ; & y ajoûtez un peu de coulis pour la lier, servez avec un jus de citron.

Hors-d'œuvre

Langues de Mouton à la liaison.

Hors-d'œuvre

Prenez des langues de mouton cuites à l'eau bien épluchées & fendues deux sans être tout à fait séparées, saisonnez-les de sel, gros poivre & peu d'huile; faites-les griller des deux côtés, & les servez avec un ragoût de cette façon. Mettez dans une casserole un peu de beurre avec des champignons, un bouquet de persil, ciboules, une gousse d'ail, deux cloux de girofle, passez sur le feu, & y mettez une pincée de farine; mouillez de bouillon & un verre de vin blanc, sel, poivre, laissez cuire & réduire à courte sauce; ôtez le bouquet & y mettez une liaison de trois jaunes d'œufs avec du bouillon; faites lier sur le feu; servez sur les langues après que vous aurez mis un jus de citron dans le ragoût.

Langues de Mouton à la poêle.

Hors-d'œuvre

Epluchez des langues de mouton presque cuites, & les lardez de gros lard; foncez une casserole de tranches de veau blanchies, & une tranche de jambon, mettez-y dessus les langues que vous assaisonnez de sel, gros poivre, un peu de d'huile ou lard fondu, persil, ciboules, champignons, une demi-gousse d'ail, le tout haché; couvrez de bardes de lard, mouillez avec un verre de vin de Champagne: laissez cuire à petit feu pendant une heure; ensuite vous dégraissez la sauce, & y mettez un peu de coulis pour la lier; servez sur les langues.

Langues de Mouton à la Dauphine.

Faites cuire des langues de mouton à la braise; ensuite vous les coupez en filets minces; faites une farce avec des truffes, foyes gras, mouëlle de bœuf, sel, gros poivre, persil, ciboules, champignons; liez cette farce de trois jaunes d'œufs; prenez de la crépine que vous coupez par morceaux, & mettez sur chaque morceau plusieurs lits de farce très-minces entre des filets de langues de mouton, & leur donnerez la figure d'une grosse saucisse courte, envelopez bien avec la crépine que vous trempez ensuite dans de l'œuf battu pour les paner de mie de pain; faites frire dans du sain-doux à petit feu, jusqu'à ce qu'elles soient de couleur dorée.

Hors d'œuv.

Langues de Mouton à la Bourgeoise.

Hors-d'œuvre. Prenez des langues de mouton cuites à l'eau, que vous épluchez & fendez à moitié; mettez-les mariner avec un peu de beurre chaud, sel, poivre, ciboules, deux échalottes, & les panez de mie de pain, pour les faire griller à petit feu; servez dessous une sauce de cette façon: Mettez dans une casserole deux cuillerées de verjus avec un morceau de bon beurre, une petite pincée de farine, un demi-verre de bouillon, sel, gros poivre, un peu de muscade, & deux échalottes hachées; faites lier sur le feu comme une sauce blanche.

Langues de Mouton en Tourte.

Entrée. Foncez une tourtiere avec de la pâte brisée, comme elle sera marquée à l'article de la Pâtisserie; mettez dans le fond un peu de farce faite avec quelques foyes de volaille, lard rapé, persil, ciboules, champignons hachés, sel, poivre, arrangez dessus la farce des langues de mouton cuites à l'eau, épluchées & coupées par moitié, assaisonnées de sel, gros poivre, une tranche de jambon; couvrez de bardes de lard, & de bon beurre; finissez la tourte à l'ordinaire, & la faites cuire au four; ensuite vous la couvrez pour ôter les bardes & jambon; dégraissez & y mettez telle sauce ou ragoût que vous jugerez à propos.

Canelons de Langues de Mouton.

Coupez en filets dans leur longueur des langues de mouton cuites à la braise; mettez tout autour de chaque filet un peu de farce fine, assaisonnée de bon goût, comme de volaille cuite ou de foyes, & autour de la farce vous y mettrez une pâte brisée abbattue trés-mince, que vous souderez avec un peu d'eau, ou de l'œuf battu; & les ferez frire comme des rissolles, servez de même. *Hors-d'œuvre*

Langues de Mouton au Gratin.

Faites tremper un peu de mie de pain fine, avec deux ou trois cuillerées de bon consommé; ensuite vous en faites une farce avec trois jaunes d'œufs cruds, du lard rapé, persil, ciboules, champignons hachés, sel, gros poivre, mettez cette farce dans le fond du plat que vous devez servir, & l'étendez de l'épaisseur d'un écu; mettez le plat sur un *Hors-d'œuvre* petit feu jusqu'à ce que cela forme un gratin ; ensuite vous en égouterez la graisse, & servirez dessus des langues de mouton, avec telle sauce & ragoût que vous jugerez à propos.

Pieds de Mouton de différentes façons.

Hors-d'œuvre. Faites cuire des pieds de mouton dans l'eau ; & pendant qu'il sont chauds, ôtez l'os de la jambe, les argots, & les fendez en deux pour ôter le poil qui est dans la jointure ; remettez-les dans l'eau chaude pour les bien laver, & les accommodez de la façon que vous jugerez à propos. Si vous voulez les mettre en fricassée de poulet ; après les avoir égoutés, vous les mettez dans une casserole avec un morceau de bon beurre, des champignons, une tranche de jambon, un bouquet de persil, ciboules, une gousse d'ail, trois clous de girofle, une feuille de laurier, thim, basilic ; passez-les sur le feu, mettez-y une pincée de farine ; mouillez avec du bouillon, sel, gros poivre ; laissez cuire à petit feu jusqu'à ce que les pieds de mouton soient bien tendres, & réduits à courte sauce ; ôtez le bouquet & y mettez une liaison de trois jaunes d'œufs & de la crême, en servant du verjus ou du citron. Si vous les voulez au roux & à la moutarde, vous les accommoderez de la même façon, à cette différence que vous n'y mettrez point de liaison; vous les mouillerez avec du jus, & en servant une cuillerée de moutarde avec un filet de vinaigre. Les pieds de mouton se servent avec la sauce que l'on veut, après les avoir fait cuire, & épluchés comme il est dit ci-dessus, vous les mettez migeoter dans la sauce que vous voulez les servir pour leur en faire prendre le goût.

Pieds de Mouton à la Belle Vue.

Coupez des mies de pain en gros filets de la longueur de trois doigts, & les passez sur le feu avec du bon beurre jusqu'à ce qu'elles soient d'une couleur dorée; prenez autant de pieds de mouton cuits entiers, ôtez-en l'os de la jambe, faites leur prendre du goût dans une braise blanche entre des bardes de lard, quelques tranches de citron, & bon bouillon, sel, poivre; égoutez-les, & à la place de l'os que vous avez ôté; mettez-y un filet de pain frit; dressez sur le plat que vous devez servir; servez dessus une

Hors d'œuvre

fauce à la Belle vue. Vous trouverez la façon de la faire à l'article des sauces page 137.

Pieds de Mouton en Canon.

Hors-d'œuvre. Ayez une bonne farce fine de volaille cuite ou de foyes, assaisonnée de bon goût; prenez des pieds de mouton cuits à l'eau; désossez-les, & les laissez dans leur longueur sans les couper; faites leur prendre du goût dans une bonne braise; quand ils seront froids, vous les envelopez tout autour avec de la farce, pour les tremper ensuite dans pâte faite avec de la farine, une cuillerée d'huile, du sel, & délayée avec du vin blanc; faites frire de belle couleur, & les servirez garnis de persil frit.

Pieds de Mouton au Gratin.

Hors-d'œuvre. Ayez une farce comme celle des langues de mouton au gratin ci-devant page 329. mettez de cette farce dans chaque pied à la place de l'os de la jambe. Il faut que les pieds soient cuits dans une braise, & le reste de la farce dans le fond du plat que vous devez servir, arrangez-y dessus les pieds, & les faites gratiner sur un petit feu, &

servirez ensuite par-dessus la sauce que vous jugerez à propos.

Pieds de Mouton à la Sainte Menehoult.

Ayez des pieds de mouton cuits à l'eau ; pendant qu'ils sont chauds, ôtez l'os de la jambe, & mettez à la place une farce de godiveau ; mettez les rachever de cuire dans une braise assaisonnée de bon goût, ou dans une sainte Menehoult faite avec du lait, un morceau de beurre manié de farine, sel, poivre, & toutes sortes de fines herbes ; ensuite vous les trempez dans le gras de Sainte-Menehoult pour les paner de mie de pain, & les faire griller ; servez dessous une sauce claire piquante, comme celle que vous trouverez à l'article des sauces, page 147. *Hors-d'œuvre*

Pieds de Mouton à la Reine.

Les pieds de mouton étant presque cuits à l'eau, vous rachevez de les faire cuire dans un blanc fait avec un morceau de beurre manié de farine, de l'eau, trois ou quatre tranches de citron, sel, poivre, un bouquet de persil, ciboules, une gousse d'ail, deux cloux de girofle ; quand il sont cuits *Hors-d'œuvre* n'en prenez que les plus blancs, que vous épluchez de leur poil, & désossez ; mettez-les dans une casserole avec de belles crêtes cuites aussi dans un blanc, un morceau de beurre, une tranche de jambon ; passez-les sur le feu, singez & mouillez avec du consommé & un verre de vin de Champagne, sel, gros poivre, laissez cuire & réduire à courte sauce ; en servant mettez-y une liaison de trois jaunes d'œufs délayés avec de la crême; faites lier, & y ajoûtez un jus de citron. Si vous avez un coulis à la Reine, vous en mettrez ce qu'il en faut pour lier le ragoût, à la place de la liaison, & ferez chaufer sans bouillir.

Pieds de Mouton à l'Oignon.

Hors-d'œuvre. Coupez de l'oignon en gros dez; passez-le sur le feu jusqu'à ce qu'il soit presque cuit, avec un morceau de bon beurre ; ensuite vous y mettrez des pieds de mouton cuits à l'eau, & presque désossés, bien épluchés de leur poil ; mouillez avec du bon bouillon, deux cuillerées de coulis, sel, gros poivre ; laissez cuire & réduire au point d'une sauce ; dégraissez en servant, mettez-y un peu de moutarde avec un filet de vinaigre.

Pieds de Mouton au Parmesan.

Préparez des pieds de mouton com- *Hors-d'œuvre* me pour fricasser; mettez-les dans une casserole avec un morceau de beurre, des champignons, un ris de veau blanchi coupé en plusieurs morceaux, un bouquet de fines herbes; passez-les sur le feu, singez & mouillez avec du bouillon, assaisonnez légerement. La cuisson faite & réduite à courte sauce, ôtez le bouquet, mettez la moitié de la sauce dans le fond du plat que vous devez servir, & sur la sauce du Parmesan rapé, arrangez les pieds de mouton dessus avec le restant de la sauce; panez avec du Parmesan, faites prendre une belle couleur dorée au four; servez les bords du plat bien essuyés & courte sauce.

Pieds de Mouton en Chalumeau.

Ayez des pieds de mouton cuits à la *Hors-d'œuvre* braise, & les désossez à forfait en les laissant dans leur longueur; farcissez-les en dedans avec un peu de beurre manié avec du persil, ciboules échalottes, un peu d'estragon, cerfeuil, le tout haché très-fin, sel, gros poivre;

mettez chaque pied dans un morceau de pâte brisée abattue très-mince, en leur donnant la figure d'un chalumeau; quand la pâte est bien soudée, vous les faites frire d'une couleur dorée; Servez si vous voulez garni de persil frit.

Pieds de Mouton à la Jardiniere.

Hors-d'œuvre. Otez les pepins à une poignée de verjus en grains; prenez des pieds de mouton cuits à la braise, que vous défossez à forfait; farcissez-les en dedans comme les précédens, en y ajoûtant à chacun trois ou quatre grains de verjus; envelopez chaque pied dans un morceau de pâte à feuilletage, que vous soudez & dorez le dessus avec de l'œuf battu; faites cuire au four & servez chaudement.

Pieds de Mouton à l'Aspic.

Hors-d'œuvre froid. Prenez des pieds de mouton cuits à l'eau, bien blancs & bien échaudés; faites leur prendre goût dans une braise blanche, entre des bardes de lard, un bouquet de persil, ciboules, une gousse d'ail, deux cloux de girofle; quelques feuilles d'estragon, la moitié d'un citron

citron en tranches, un verre de bouillon, sel, poivre, lorsqu'ils sont bien cuits & blancs, retirez-les sur un linge pour les essuyer, & les arrangez dans le plat que vous devez servir ; mettez dessus une gelée faite de cette façon : Faites réduire sur le feu environ une pinte de restaurant assez fort de viande, principalement de veau, pour qu'il puisse se mettre en gelée ; pour l'éclaircir pendant qu'il bout, vous y mettez trois œufs, blancs jaunes & même les coquilles ; remuez de tems en tems jusqu'à ce que la gelée soit très-claire ; passez-la dans une serviette, ajoutez-y du vinaigre, estragon, & un peu de sel, s'il est besoin. Il faut que les pieds de mouton soient couverts de cette gelée ; pour qu'ils paroissent transparens au travers, faites prendre dans une endroit froid ou sur la glace.

Pieds de Mouton à la Ravigotte.

Préparez des pieds de mouton comme pour fricasser ; mettez-les dans une casserole avec un morceau de beurre, un bouquet de persil, ciboules, une gousse d'ail, deux cloux de girofle. une tranche de jambon ; passez - les sur le feu, singez, & mouillez avec un verre de vin blanc, autant de bouillon, un peu de jus, sel, gros poivre; laissez bouillir, & réduire au point d'une sauce; un moment avant que de servir, mettez y des herbes à ravigotte, comme cerfeuil, cresson alenois, estragon, pimprenelle, civettes, de chacune suivant sa force, faites les blanchir à l'eau bouillante; après les avoir pressées vous les pillez pour les mettre dans le ragoût.

Pieds de Mouton en Croquettes.

Hors-d'œuvre. Ayez des pieds de mouton bien blancs & cuits dans une bonne braise, étant froids vous les farcissez d'une farce de blanc de volaille cuite à la broche, assaisonnez de bon goût; trempez-les dans de l'œuf battu, panez de mie de pain, faites frire de belle couleur.

Oreilles de Mouton de plusieurs façons.

Hors-d'œuvre. Quand elles sont bien échaudées, & cuites dans une bonne braise, l'on peut les servir avec toutes sortes de sauces & ragoûts, panées de mie de pain, grillées & frites, au basilic, ou trempées dans une pâte à frire.

Rognons de Mouton de plusieurs façons.

Ayez une douzaine de rognons, que vous fendez en deux sans les séparer, passez une brochette en travers pour qu'ils restent ouverts; marinez-les un moment avec un peu d'huile, sel, gros poivre, échalottes hachées; faites les griller, & les servez avec une sauce au jus de veau, & verjus, sel, gros poivre. L'on fait aussi cuire les rognons de mouton dans une braise, ensuite vous les émincez & les servez avec telle sauce ou ragoût que vous jugez à propos, de la même façon que celui de bœuf. Voyez pag. 182. & 183.

Hors-d'œuvre

Rognons de Mouton à la hâte.

Frotez tout le fond d'une casserole avec du bon beurre; arrangez dessus des rognons de mouton fendus en deux; couvrez la casserole & les faites cuire feu dessus & dessous pendant un demi-quart-d'heure; retirez-les sur le plat que vous devez servir, mettez dans la même casserole un demi-verre de bouillon, une cuillerée de vinaigre, deux échalottes hachées, sel, gros poivre une bonne pincée de mie de pain, fai-

Hors-œuvre

P ij

tes bouillir un inſtant ; ſervez ſur les rognons.

Rognons de Mouton à l'Italienne.

Hors-d'œuvre. Piquez tout le deſſus des rognons de mouton avec du lard comme pour des fricandeaux ; embrochez-les dans un hatelet pour les faire cuire à la broche enveloppés de papier beurré ; enſuite vous les ſervez avec une ſauce à l'Italienne. Vous trouverez la façon de la faire à l'article des ſauces page 124.

Queues de Mouton en Canapé.

Entrée. Coupez des mies de pain en façon de rôties de la même longueur des queues de mouton ; paſſez-les ſur le feu avec du beurre juſqu'à ce qu'elles ſoient d'une belle couleur dorée ; ayez autant de queues de mouton cuites dans une bonne braiſe ; prenez le plat que vous devez ſervir, mettez dans le fond un peu de coulis avec du parmeſan rapé, arrangez-y deſſus les queues entremêlées des rôties de pain bien ſerrées l'une contre l'autre ; faites chauffer un peu de beurre avec une cuillerée de moutarde pour le mettre par deſſus ; panez enſuite avec un peu de mie de pain ; faites prendre couleur sur un feu doux & un couvercle de tourtiere ; il faut qu'il y ait un petit gratin dans le fond ; lorsque vous êtes prêt à servir, vous égoutez la graisse & mettez à la place deux ou trois cuillerées à bouche de consommé, où vous aurez délayé un peu de moutarde.

Queues de Mouton au Caramel.

Ayez des queues de mouton cuites dans une braise, faites une glace avec quelques tranches de veau & une tranche de jambon, que vous mouillez avec du bouillon, & faites cuire à petit feu pendant deux heures ; passez le bouillon au tamis, & le faites réduire en Caramel, & en dorez tout le dessus des queues de mouton, & les servez ensuite dessus un ragoût de chicorée ou d'épinars. *Hors-d'œuvre*

Queues de Mouton au Ris.

Mettez dans une petite marmite un quarteron de ris bien épluché & lavé plusieurs fois à l'eau tiéde ; mouillez-le avec un bon bouillon gras, & faites cuire à petit feu jusqu'à ce qu'il soit bien épais ; ensuite vous en mettez un *Entrée ou Hors-d'œuvre* peu dans le fond du plat que vous devez servir; arrangez dessus des queues de mouton cuites dans une bonne braise, couvrez chaque queue avec le restant de votre ris, de façon que l'on ne les voye point, & qu'elles conservent la forme de queues; faites leur prendre une belle couleur dorée au four, jusqu'à ce que le dessus soit en petite croute; en servant, vous mettez dans le fond un peu de consommé, seulement ce qu'il en faut pour humecter le ris qui est dans le fond du plat.

Queues de Mouton au Parmesan.

Hors-d'œuvre Prenez des queues de mouton cuites dans une braise douce de sel, quand elles sont égoutées & froides, trempez les dans de l'œuf battu, pour les panner ensuite moitié de mie de pain & de parmesan; faites les frire d'une belle couleure dorée. Vous pouvez encore les servir d'une autre façon: étant cuites à la braise, mettez dans le fond du plat que vous devez servir une sauce faite avec du coulis & deux pains de beurre; mettez-en la moitié, & du parmesan rapé dessus. Arrangez-y dessus les queues que vous arroserez avec le restant de la sauce, panez moitié mie de pain & moitié parmesan ; faites prendre couleur au four, servez à courte sauce.

Queues de Mouton à la Flamande.

Ayez cinq ou six queues de mouton que vous faites blanchir à l'eau bouillante ; mettez-les dans une petite marmitte avec du bouillon ; faites les bouillir à petit feu pendant une heure ; ensuite vous y mettrez un choux blanc coupé en quatre & blanchi une demi-heure à l'eau bouillante, cinq ou six gros oignons, faites cuire le tout ensemble à petit feu ; la cuisson faite au trois quarts, vous y ajouterez autant de petites saucisses courtes que vous avez de queues de Mouton ; le tout étant cuit, égoutez-le & l'essuyez avec un linge, pour les dresser dans le plat que vous devez servir, les queues entremêlées de choux, les oignons autour, les saucisses sur les choux ; versez dessus une sauce faite avec du bon coulis, deux pains de beurre, un filet de vinaigre, sel, gros poivre.

Entrée

Queues de Mouton à la Milanoise.

Faites un ragoût de choux de cette façon ; prenez des choux de Milan que vous faites blanchir un quart-d'heure

Hors-d'œuvre

à l'eau bouillante, après les avoir rafraichis & bien pressés, hachez-les comme de la farce; mettez-les dans une casserole avec deux pains de beurre, du petit lard coupé en dez; passez-les sur le feu; mouillez avec du coulis & du bouillon; laissez cuire à petit feu jusqu'à ce que le lard soit bien cuit, & qu'il reste peu de sauce, comme un ragoût de farce; ajoutez-y un peu de gros poivre, servez dessus des queues de mouton cuites dans une bonne braise.

Queues de Mouton de plusieurs façons.

Hors-d'œuvre. Les queues de mouton, quand elles sont cuites à la braise, se servent avec différentes sauces; on les met aussi à la Sainte-Menouhout, après qu'elles sont bien égoûtés vous les trempez dans de l'œuf battu pour les panner de mie de pain; ensuite vous les trempez dans de la bonne huile pour les repaner; mettez-les griller à petit feu; quand elles seront d'une belle couleur, servez-les à sec, & une rémoulade dans une sauciere. Si vous voulez les faire frire; après qu'elles sont cuites à la braise, vous ne faites que les tremper dans de l'œuf battu pour les paner de mie de pain & les faire frire de belle couleur, & les servez avec du persil frit si vous voulez.

Terrine de queues de Mouton & ailerons au coulis & ragoût de marons.

Entrée

Faites blanchir six queues de mouton & autant d'ailerons de dindons, retirez-les à l'eau fraiche; mettez-les queues de mouton dans une petite marmitte avec des bardes de lard, un bouquet de persil, ciboules, une demi-gousse d'ail, deux cloux de girofle, la moitié d'une feuille de laurier, un peu de thim & basilic, mouillé de bon bouillon, un demi-verre de vin de Champagne, un peu de sel, gros poivre, une tranche de jambon, quelques champignons entiers ; faites bouillir à petit feu; à la moitié de la cuisson des queues vous y mettez les ailerons pour les faire cuire avec ; prenez un demi-cent de marons que vous épluchez de leur premiere peau, mettez les dans une tourtiere avec du feu dessus & dessous jusqu'à ce qu'ils quittent la seconde peau, que vous ôtez à mesure qu'ils sont chauds ; ensuite vous prenez les plus beaux, que vous mettez dans une casserole avec un peu de bon bouillon

P v

pour les faire cuire; ceux qui sont cassés vous les mettez dans un mortier après qu'ils sont cuits, pour les piler; vos queues de mouton étant cuites, prenez-en la moitié de leur mouillement que vous dégraissez & vous en servez pour délayer les marons pilés; passez ce coulis à l'étamine, & ensuite vous y ajoutez un peu de coulis & les marons entiers; dressez les queues dans la terrine que vous devez servir, & les aîlerons de dindon dessus, après avoir essuyé le tout de leur graisse dans un linge blanc, mettez le coulis & les marons dessus.

Queue de Mouton en Turban.

Entrée Faites cuire cinq ou six queues de mouton dans une braise, ayez un litron de petits oignons blancs que vous faites blanchir & cuire dans du bouillon avec un peu d'anis dans un petit linge, le tout étant cuit, & bien égouté, prenez un pain rond mollet d'une demi-livre; ôtez-en la mie par dessous, & le passez sur le feu avec du beurre; ensuite vous le remplirez d'un ragoût de ris de veau, foyes gras & champignons, fini de bon goût; prenez le plat que vous devez servir, mettez dans le fond du coulis avec du Parmesan rapé ; dressez dessus le pain rempli du ragoût, de façon qu'il ne paroisse pas ; & sur le pain vous arrangerez les queues de mouton, que le gros bout soit en bas, & le reste en pointe tournante ; & entre les queues vous y mettrez les petits oignons arrangés de façon qu'ils forment un turban ; arrosez tout le dessus avec du coulis, panez avec du parmesan rapé ; faites glacer au four ou dessous un couvercle de tourtiere. Il faut servir à courte sauce, & prendre garde au sel.

Queues de Mouton en Hochepos glacé.

Ayez cinq ou six queues de mouton, que vous faites blanchir, & les mettez dans une petite marmitte avec du bouillon, & faites bouillir deux heures à petit feu ; ensuite vous y mettrez une demi-livre de petit lard blanchi coupé en tranche tenant à la coëne, des carottes, panais, navets, un pied de celleri, oignons, le tout blanchi auparavant, & coupez proprement ; rachevez de faire cuire ; la cuisson faites, passez le bouillon au tamis, & le dégraissez ; mettez-le dans une cassero-

Entrées.

P vj

le pour le faire réduire [...] qu'à ce qu'il soit en glace; [...] queues dans le plat que vous [...] servir, tous les légumes [...] petit lard sur les légumes; [...] le dessus avec la glace, en [...] avec des plumes bien propres; mettez un peu de coulis dans la casserole avec deux cuillerées de consommé; [...] chaufer en détachant ce qui tient à [...] casserole; passez la sauce au tamis, [...] ajoutez un peu de gros poivre; [...] dans le fond du plat sans verser sur [...] glace.

Carré de Mouton au Révérend.

Entrée ou Hors-d'œuvre.
Coupez des lardons de jambon, [...] lard, & quatre enchois, maniez [...] tout avec persil, ciboules, échalotes hachés, thim, basilic, laurier en poudre, du gros poivre, & en lardez [...] carré de mouton, sur tout le filet; mettez-le dans une casserole foncée [...] bardes de lard, & le mouillez avec [...] peu de bon bouillon, un verre de [...] de Champagne; faites-le cuire à [...] petit feu bien étouffé; la cuisson [...] passez la sauce au tamis, & la dégraissez; ajoutez-y un peu de coulis pour la lier; faites-la réduire au point de

petite sauce; en servant ajoutez-y un jus de citron.

Carré de Mouton en Fricandeau.

Piquez tout le dessus du filet d'un carré de mouton; après avoir paré les os qui sont dessous; les peaux & les nerfs qui sont dessus, mettez-le dans une casserole avec bon bouillon, une tranche de jambon, un bouquet de persil, ciboules, une demi-gousse d'ail, deux cloux de girofle; laissez cuire à petit feu; ensuite vous passez le bouillon de la cuisson au tamis, & le dégraissez; remettez-le sur le feu pour le faire réduire en glace, glacez en tout le dessus du carré de mouton. Vous le servirez, si vous voulez, sur un ragoût de légumes, si vous voulez le servir au naturel, vous mettrez un peu de coulis dans la casserole avec un peu de consommé; faites chauffer pour détacher ce qui tient à la casserole; passez la sauce au tamis; servez dessous le carré. *Entrée*

Carré de Mouton sans façon.

Parez un carré de mouton comme si vous vouliez le mettre à la broche; mettez-le cuire dans le pot; quand *Hors-d'œuvre ou Entrée* il fléchit sous les doigts c'est une marque qu'il est à son point de cuisson; retirez le, jettez par dessus un peu de sel fin, & gros poivre; servez-le sur un ragoût de chicorée, ou autre ragoût de légumes.

Carré de Mouton en Crépine.

Entrée Lardez un carré de mouton avec du lard & jambon; faites-le cuire avec du bouillon, un bouquet de fines herbes; quand il est cuit, laissez réduire le bouillon jusqu'à ce qu'il soit en glace; glacez en tout le dessus du carré; hachez deux ou trois oignons que vous mettez dans une casserole avec un peu de beurre; passez-les sur le feu jusqu'à ce qu'ils soient cuits; ajoutez-y deux échalottes hachées & un bon demi-septier de sang de cochon, sel, épices mêlées, faites chaufer sur le feu jusqu'à ce qu'ils soient liés; mettez une crépine sur le plat que vous devez servir; mettez du sang dessus; ensuite le carré, remettez le reste du sang sur le carré, & l'enveloppez de la crépine; panez tout le dessus avec de la mie de pain; faites prendre couleur au four pendant une bonne demie-heure; pour que la crépine ait le tems de cuire; égoutez-en bien la graisse, servez dessous une sauce faite avec du coulis & un peu de consommé.

Carré de Mouton à l'Echalotte

Entrée

Parez un carré de mouton, & le piquez par tout avec du persil en branches; faites le cuire à la broche; ayez soin de bien arroser le persil avec du sain-doux pour qu'il soit bien verd & croquant, servez-le avec un peu de jus, de l'échalotte hachée, sel, gros poivre.

Carré de Mouton au jambon.

Entrée

Foncez une casserole de quelques bardes de lard, mettez-y dessus un carré de mouton approprié, avec trois tranches de jambon, un bouquet de persil, ciboules, une demi-gousse d'ail, thim, laurier, basilic, deux clous de girofle, faites suer une demi-heure sur un petit feu; ensuite vous le mouillez avec un verre de bouillon & autant de vin blanc; rachevez de faire cuire; passez la sauce au tamis après l'avoir dégraissée; ajoûtez-y un peu de coulis; coupez les tranches de jambon en gros dez & les mettez dans la sauce; servez sur le carré.

Carré de Mouton à [...]

Entrée. Coupez des lardons de lard [...] assaisonnez de sel, fines épi[ces,] persil, ciboules, échalottes hach[ées,] lardez-en tout le filet d'un car[ré de] mouton, & le mettez cuire à tr[ès pe]tit feu, bien étouffé, avec quel[ques] tranches d'oignons, une carotte [& un] panais ; mouillez avec un peu de b[ouil]lon & deux cuillerées à bouche d['eau de] vie ; la cuisson faite, dégrai[ssez la] sauce pour la passer au tamis, & la [ser]vir sur le carré.

Carré de Mouton à la Jardinière, ou à la Capucine.

Entrée. Faites cuire les cotelettes à la p[oêle,] ayez des légumes de plusieurs [sortes] que vous coupez en filets ; faites[-les] blanchir & cuire avec du bon con[som]mé du coulis, étant cuites vous [ajou]tez le fond de la sauce des côtel[ettes] après l'avoir dégraissé, faites r[éduire] votre ragoût au point d'une sauce, [ser]vez sur les côtelettes. Elles se fo[n]t tes deux de même façon.

Côtelettes de Mouton sans M[...]

Entrée. Coupez des côtelettes de m[outon]

un peu épaisses, & les mettez dans une casserole avec quelques carottes, panais; tournez proprement, des navets coupez en amendes, six oignons blancs entiers, un morceau de beurre, un bouquet de persil, ciboules, une gousse d'ail, deux cloux de girofle; passez le tout ensemble sur le feu; singez & mouillez moitié jus & bouillon, un demi-verre de vin blanc, sel, gros poivre. La cuisson faite, ôtez le bouquet, dégraissez la sauce; ajoutez-y un peu de coulis pour la lier, servez les légumes sur les côtelettes.

Côtelettes de Mouton de plusieurs façons.

Les côtelettes de mouton étant cuites à la braise se servent avec différentes sortes de ragoûts de légumes, ou différentes sauces. Si vous ne voulez point les faire cuire à la braise, vous les faites cuire sur le gril assaisonnées de sel & poivre, sans les paner, & les dresser sur le ragoût de légumes; ou une purée de navets. Les côtelettes grillées qui se servent avec une sauce, il faut les mariner avec de la bonne huile ou beurre chaud, sel, gros poivre, persil, ciboules, échalottes

Hors-d'œuvre

hachées; pannez-les de mie de pain, faites-les griller à petit feu, en les arrosant de tems en tems avec le restant de la marinade, pour qu'elles ne séchent point, & prennent une belle couleur; servez dessous un jus de veau, ou une sauce au verjus.

Cotelettes de Mouton au Fenouil.

Hors-d'œuvre

Ceupez des côtelettes de mouton un peu épaisses & les mettez dans une casserole avec un petit morceau de bon beurre : passez sur le feu, & y ajoutez un bouquet de persil, ciboules, une grosse gousse d'ail, deux cloux de girofle, une branche de fenouil; mouillez avec du bon bouillon; à la moitié de la cuisson, ôtez le bouquet, ajoutez-y du persil, ciboules, échalottes, champignons; le tout haché, du coulis; rachevez de cuire; assaisonnez de sel, gros poivre; dégraissez & laissez réduire au point d'une sauce.

Haricot de Mouton.

Entrée

Prenez si vous voulez de la poitrine de mouton, que vous coupez par morceaux, ou un carré de mouton que vous coupez en côtelettes, la façon en est de même; mettez-les cuire avec du bouillon, un bouquet de persil, ciboules, une gousse d'ail, deux cloux de girofle, thim, laurier, basilic, sel, poivre ; laissez cuire à petit feu, prenez des navets que vous coupez proprement ; faites-les blanchir à l'eau bouillante, & les mettez dans une casserole avec un peu de jus, une partie de la cuisson de la viande dégraissée & passée au tamis, un peu de coulis ; laissez cuire le ragoût à petit feu, que les navets soient moëleux & d'un beau blond ; dressez la viande sur le plat que vous devez servir après l'avoir égoutée & essuyée de sa graisse ; servez le ragoût de navets par dessus.

Côtelettes de Mouton à la Cendre.

Lardez des côtelettes de mouton coupées épaisses, avec du lard & du jambon ; mettez-les dans une casserole avec un peu de beurre, persil, ciboules, échalottes, champignons, le tout haché ; passez-les sur le feu & les mettez ensuite avec les fines herbes dans une autre casserole foncée de tranches de veau ; assaisonnez de sel, gros poivre, muscade, couvrez-les avec des bardes de lard, & les étouffez pour les faire cuire sur de la cendre

Hors-d'œuvre

chaude; à la moitié de la cuisson vous y mettrez un demi-verre de vin de Champagne, avec deux cuillerées de coulis; rachevez de cuire; dégraissez la sauce; servez chaudement sur les côtelettes.

Côtelettes de Mouton en Hérisson.

Entrée   Appropriez un carré de mouton pour le couper en côtelettes épaisses; faites les cuire entre des bardes de lard, mouillez avec du bon bouillon, assaisonnez de peu de sel, une tranche de jambon, un bouquet de persil, ciboules, une demi-gousse d'ail, une demi-feuille de laurier, peu de thim, basilic; à moitié de la cuisson mettez des filets de racines coupées comme pour une Julienne, pour les faire cuire avec les côtelettes; un peu avant que de servir, retirez les côtelettes & les filets de racines; mettez-les sur un linge pour les essuyer; faites des trous dans les côtelettes avec une lardoire pour y mettre le plus que vous pourrez de filets de racines. Il faut que les filets se tiennent droits sur les côtelettes & qu'ils passent, d'un bon doigt, pour former le hérisson; tenez les chaudement jusqu'à ce que vous serviez

Mettez dans une casserole un peu de consommé & du blond de veau ; faites réduire au point d'une sauce ; passez au tamis, mettez-y un peu de sel, si vous le jugez à propos, avec du gros poivre ; servez dessous les côtelettes.

Côtelettes de Mouton à l'Amoureuse.

Lardez si vous voulez des côtelettes de mouton avec du moyen lard, mettez-les dans une casserole avec deux pains de beurre, persil & sariette en branches ; passez-les sur le feu jusqu'à ce qu'elles soient à moitié cuites ; mettez-les égouter, & les mettez ensuite dans une autre casserole ; avec des filets de jambon, oignons, carottes, panais, que vous aurez passés sur le feu avec un peu d'huile ; mouillez avec un verre de vin de Champagne, un peu de coulis ; faites bouillir doucement jusqu'à ce que les côtelettes soient cuites, & qu'il reste peu de sauce ; dégraissez, servez les filets sur les côtelettes.

Entrée ou Hors-d'œuvre

Cotelettes de Mouton en Crepines.

Coupez en dez environ une douzaine de moyens oignons ; passez-les

Entrée

sur le feu jusqu'à ce qu'ils soient tout à fait cuits avec un bon morceau de beurre ; ajoûtez-y une petite pincée d'anis pilé, un anchois haché, sel, gros poivre, une liaison ; de trois jaunes d'œufs délayés avec deux cuillerées de bouillon ; faites lier jusqu'à ce que le ragoût soit épais ; ayez des côtelettes de mouton cuites à la braise ; mettez-les sur des morceaux de crépines avec du ragoût d'oignons dessus & dessous les côtelettes ; enveloppez-les avec la crépine ; soudez les bords avec de l'œuf battu ; pannez-les avec de la mie de pain & les mettez au four prendre couleur pendant une demi-heure pour que la crepine ait le tems de cuire, servez dessous une bonne sauce d'un coulis clair.

Côtelettes de Mouton en crépines d'une autre façon.

Hors-d'œuvre ou Entrée Prenez un carré de mouton cuit à la broche que l'on aura desservi de la table ; ôtez en toute la viande, mettez-les côtes à part, hachez la viande avec de la graisse de bœuf que vous aurez fait cuire auparavant dans le derriere du pot ; mettez un demi-septier de crême sur le feu avec une demi-poignée de mie de pain ; faites bouillir ensemble jusqu'à ce que le pain ait bû la crême, & qu'il soit bien épais; quand il sera froid, mettez-le dans le mortier avec la viande, sel, gros poivre, persil, ciboules hachés; pilez le tout ensemble, & y ajoûtez trois ou quatre jaunes d'œufs; coupez des morceaux de crépines autant que vous voulez faire de côtelettes; mettez sur chaque morceau de la farce avec un os de côtelette, de façon que cela vous forme une côtelette; envelopez de crépine, trempez-les dans de l'œuf battu; pannez de mie de pain, & les finissez comme les précédentes.

Côtelettes de Mouton en Surtout.

Coupez des côtelettes de mouton à l'ordinaire, & les mettez dans une casserole avec du bon bouillon, un bouquet de fines herbes; laissez cuire jusqu'à ce qu'elles fléchissent sous les doigts, & qu'il ne reste plus de sauce que ce qu'il en faut pour qu'elle s'attache après les côtelettes; ayez un morceau de ruelle de veau que vous hachez avec de la graisse de bœuf, persil, ciboules, sel, gros poivre, ajoûtez-y un peu de mie de pain desséchée avec de la crême; pilez le tout

Entrée ou Hors-d'œuvre

ensemble & le liez de trois jaunes d'œufs; mettez cette farce autour des côtelettes, & les trempez dans l'œuf battu pour les paner de mie de pain; mettez-les cuire au four; servez dessus une sauce claire de consommé ou jus de veau.

Côtelettes de Mouton à la Chartreuse.

Entrée. Appropriez un carré de mouton que vous coupez en côtelettes; faites les cuire entre des bardes de lard, bon bouillon, une tranche de jambon, un bouquet de persil, ciboules, une demi-gousse d'ail; deux cloux de girofle, une demi-feuille de laurier, un peu de thim, basilic, deux carottes, deux navets, un peu de sel, gros poivre: lorsqu'elles sont cuites, mettez à part les carottes & navets pour les couper proprement en dessein. Faites blanchir des épinars que vous passez sur le feu avec un peu de beurre; ensuite vous les pilez pour les passer au tamis en façon de purée bien épaisse, ajoutez-y un blanc d'œuf que vous mêlez bien ensemble: prenez un plat pareil à celui que vous devez servir, foncez-le avec les bardes de lard qui ont servi à cuire les côtelettes, arrangez y dessus vos

vos épinars en deſſein avec les côtelettes, les racines, les navets ; mettez votre plat bien couvert ſur de la cendre chaude juſqu'à ce que vous ſerviez; alors vous le renverſez doucement ſur ſon plat, ôtez en douceur les bardes de lard pour ne pas déranger le deſſein; ſervez deſſous un bon conſommé.

Cotelettes de mouton frites.

Faites cuire des cotelettes de mouton avec du bouillon, un bouquet de fines herbes, quand elles ſont cuites paſſez la ſauce au tamis & la dégraiſſez, remettez la ſur le feu pour la faire réduire en glace & la faire tenir ſur les côtelettes des deux côtés, quand elles ſeront froides, trempez les dans des œufs battus pour les panner de mie de pain, faites les frire un moment; quand elles ſeront de belle couleur, ſervez-les garnies de perſil frit. Si vous voulez les ſervir farcies, vous ferez une farce comme celle des côtelettes en ſur-tout que vous mettrez autour des côtelettes, les tremperez dans de l'œuf battu pour les panner & faire frire. *Hors-d'œuvre*

Côtelettes de mouton à la Villeroy.

Ayez une demi douzaine de gros *Hors-d'œuvre*

Tome I. Q

oignons coupés en tranches, sept ou huit côtelettes de mouton aplaties avec le couperet, foncez une casserole de bardes de lard, arrangez-y dessus les côtelettes avec les oignons de la façon que vous voulez qu'elles soient servies, assaisonnez-les de sel, fines épices ; étouffez la casserole & faites cuire à petit feu : une heure après vous y mettrez trois ou quatre cuillerés de bon bouillon ; la cuisson faite égoutez-en la sauce sans séparer les côtelettes que vous dressez sur le plat, ajoutez un peu de coulis dans la sauce après l'avoir dégraissée, & la faites réduire pour la servir dessus les côtelettes.

Cotelettes de mouton à la Gascogne.

Hors-d'œuvre. Coupez des côtelettes de mouton un peu épaisses & les mettez dans une casserole avec une tranche de jambon, quelques tranches de veau, un bouquet de persil, ciboule, trois gousses d'ail, deux cloux de girofle, thim, laurier, basilic, trois cuillerées d'huile, un verre de bouillon, un demi-verre de vin de Champagne, peu de sel, gros poivre ; laissez cuire à très-petit feu ; la cuisson faite, dégraissez la sauce & la faites réduire, mettez y un pain de beurre manié d'une pincée de farine, un peu de persil blanchi haché, un jus de citron; faites lier sur le feu, servez sur les côtelettes.

Cotelettes de mouton à la Servante.

Coupez des côtelettes de mouton à l'ordinaire & les assaisonnez de sel, poivre; faites-les griller & les servez avec une sauce de cette façon: Mettez dans une casserole un morceau de bon beure, deux cuillerées de verjus, un demi verre de bouillon, une échalotte hachée, deux jaunes d'œufs, sel, gros poivre; faites lier sur le feu sans bouillir, servez sur les côtelettes. *Hors-d'œuvre*

Cotelettes de mouton à l'Allemande.

Ayez des cotelettes de mouton cuites dans une braise, mettez dans une casserole deux cuillerées d'huile, avec deux oignons en tranches, passez-les sur le feu, quand il sera presque cuit, mettez y persil, ciboules, échalottes, champignons, le tout haché, singez & mouillez avec un verre de vin de Champagne, un peu de coulis, mettez-y les côtelettes de mou- *Hors-d'œuvre* ton, après les avoir fait cuire à la braise, pour les faire migeoter dans cette sauce, lorsque vous ête prêt à servir, vous dégraissez la sauce, dressez les côtelettes sur le plat, garnissez avec des croutons de pain frits, la sauce & l'oignon par dessus, assaisonnez de sel, gros poivre.

Cotelettes de mouton à la Dauphine.

Hors-d'œuvre

Coupez les côtelettes épaisses & les lardez en travers moitié lard & moitié jambon; faites-les cuire à la poële avec tranches de veau & fines herbes, servez avec le fond de la sauce.

Brésolles de mouton.

Entré ou Hors-d'œuvre

Prenez tout le filet d'un carré de mouton que vous émincez après en avoir ôté les peaux & les filandres; faites mariner tous ces filets avec un peu d'huile, ou lard fondu, persil, ciboule, échalottes, ail, champignons le tout haché, sel, gros poivre, une demi heure avant que de servir vous étendez tous les filets dans une grande casserole ronde sans être les uns sur les autres avec leurs assaisonnemens; mettez la casserole sur un grand feu

& la retournez à mesure que les filets cuisent, quand ils sont cuits d'un côté vous les retournez de l'autre; il faut peu de tems pour leur cuisson, ensuite vous les égoutez de leur graisse pour les mettre dans une casserole avec une bonne sauce au coulis; faites chauffer sans bouillir pour qu'ils ne racornissent pas.

Bresolles de mouton à la poële.

Prenez un bon gigot bien morti- Entrée. fié, levez-en toutes les chairs que vous parez de ses peau & graisse, coupez en des morceaux de la grosseur de la moitié d'un œuf comme pour des grenadins, aplatissez-les un peu avec le couperet, & les mettez dans une casserole avec du lard fondu, persil, ciboules, échalottes, champignons, le tout haché, sel, gros poivre; passez-les sur le feu & les arrangez ensuite dans une casserole foncée de tranches de veau & une tranche de jambon avec tout leur assaisonnement; couvrez de bardes de lard & les faites migeoter pendant une heure, mouillez avec un demi-verre de vin de Champagne & autant de bouillon, rachevez de faire cuire à petit feu; la

Q iij

cuisson faite, retirez-les une à une pour les égouter; mettez un peu de coulis dans la sauce; faites bouillir pour dégraisser, servez sur les brésolles après l'avoir passée au tamis.

Brésolles de mouton à la Périgord.

Hors-d'œuvre Coupez le filet d'un carré de mouton fort mince après l'avoir paré de ses peaux & filandres, mettez-les sur un plat avec autant de morceaux de truffes coupés en petites tranches: assaisonnez le tout de sel, gros poivre, d'huile fine, foncez une casserole avec quelques tranches de veau, une tranche de jambon, arrangez-y dessus tous les filets de mouton & de truffes, mettez y un bouquet de persil, ciboule, une demi-gousse d'ail, deux clous de girofle, couvrez de bardes de lard; faites migeoter à petit feu; à la moitié de la cuisson vous y mettrez un demi-verre de vin de Champagne, rachevez de faire cuire, ensuite enlevez tout les filets, mettez un peu de coulis dans la sauce; faites bouillir un peu pour dégraisser, servez dessus les brésolles.

Bréſolles de mouton aux Concombres.

Faites cuire des bréſolles de mouton de la même façon que les précédentes, à cette différence que vous n'y mettez point de truffes. Prenez deux concombres que vous émincez & les mettez mariner deux heures avec une cuillerée de vinaigre, du ſel, un oignon piqué de deux cloux de girofles, enſuite vous les preſſez bien pour faire ſortir l'eau qu'ils ont rendue & les paſſez ſur le feu avec un peu de beurre, une tranche de jambon, quand ils commencent à prendre couleur, mouillez avec du bouillon, un peu de coulis; rachevez de cuire, dégraiſſez-les & y mettez la ſauce de la cuiſſon des breſolles après l'avoir dégraiſſée, il faut que le ragout ſoit à courte ſauce, dreſſez-le dans le plat que vous devez ſervir & les bréſolles par deſſus.

Hors-d'œuvre

Mouton à la Bechamel, aux oignons.

Coupez une demi-douzaine d'oignons en tranches minces & les mettez dans une caſſerole avec un morceau de bon beurre, paſſez-les à petit feu pour qu'ils ne colorent pas, mettez y

Hors-d'œuvre

une bonne pincée de farine, mouillez avec du bon bouillon, quand ils sont presque cuits vous y mettez un demi-septier de bonne crême, sel, gros poivre : laissez bien cuire & réduire au point d'un ragout lié, ayez du mouton cuit à la broche de ce que l'on a défervi de la table, foit gigot ou carré, coupez le en filets minces, mettez-les dans le ragout feulement pour les faire chauffer fans qu'ils bouillent.

Hatereau de Mouton.

Hors-d'œuvre. Sous la graisse du rognon de mouton vous y trouvez des petits filets que vous levez entiers ; après les avoir coupés en tranches dans leur grandeur, vous les aplatissez avec le manche d'un couteau, & y mettez fur chacun une farce de volaille finie de bon gout, roulez-les & les faites cuire à très petit feu dans leur jus, quand ils font cuits vous y mettez un peu de confommé avec deux cuillerées de coulis ; faites bouillir au point d'une fauce, dégraissez, mettez-y un jus de citron en fervant.

Filets de mouton marinés.

Hors-d'œuvre. Levez les filets de deux carrés de

mouton, & les piquez de lard comme fricandeau, faites-les mariner pendant deux ou trois heures, avec un peu de vinaigre, de l'eau, sel, poivre, persil, ciboule, deux gousses d'ail, trois cloux de girofle, thim laurier, basilic ; tranches d'oignons : ensuite vous les essuiez pour les faire cuire à la broche & les servirez avec une sauce piquante comme celle que vous trouverez à l'article des sauces pages 147.

Filets de mouton à la Coquette.

Coupez de longueur d'un doigt des filets de carrés de mouton & les lardez en travers avec du jambon & du lard, mettez-les cuire dans du bouillon avec un bouquet de fines herbes, quand ils sont cuits, passez la sauce au tamis, après l'avoir dégraissée vous la faites réduire en glace & attacher toute après les filets, mettez-les refroidir : ayez une bonne farce de volaille cuite, assaisonnée de bon goût & bien liée de plusieurs jaunes d'œufs pour qu'elle ne se lâche pas ; mettez la autour de tous les filets que vous enveloppez chacun d'une barde de lard très-mince, pannez le dessus avec de la mie de pain ; faites cuire

Hors-d'œuvre

au four jusqu'à ce qu'ils soient d'une belle couleur, vous les servirez avec une bonne sauce, telle que vous jugerez à propos.

Filets de mouton glacés aux Concombres.

Hors-d'œuvre

Coupez en trois morceaux le filet d'un gros carré de mouton & en piquez tout le dessus avec du lard, mettez-les dans une casserole avec du bouillon, un bouquet de persil, ciboule, une gousse d'ail, trois cloux de girofle, une tranche de jambon; faites bouillir à petit feu jusqu'à ce que les filets soient cuits, dégraissez la sauce & la passez au tamis pour la faire réduire en glace; glacez le dessus des filets pour les servir sur un ragoût de concombres. Vous trouverez la façon de le faire à l'article des ragoûts.

Filets aux concombres mincés.

Hors-d'œuvre

Faites un ragoût de concombres comme celui des bresolles de mouton page 364; lorsqu'il est fini de bon goût, mettez-y des filets de mouton mincés qui a été cuit à la broche; faites les chaufer sans bouillir, servez assaisonnés de bon goût.

Hachis de mouton de plusieurs façons.

Le hachis le plus simple se fait en mettant un peu de beurre avec une cuillerée de farine dans une casserole & la faites colorer sur le feu en la tournant toujours : ensuite vous y mettez deux gros oignons hachés très-fins & les laissez cuire à petit feu, quand ils sont presque cuits vous y mettez du bouillon, sel, gros poivre ; laissez cuire & réduire au point d'une sauce liée ; mettez-y de la viande hachée cuite à la broche que vous faites chaufer sans bouillir. Si vous avez du coulis, vous le faites différemment ; mettez dans une casserole quelques échalottes hachées, du coulis, bon bouillon, sel, gros poivre ; faites réduire au point d'une sauce ; mettez-y du gigot de mouton cuit à la broche haché très-fin après avoir ôté les nerfs & les peaux ; faites chaufer sans bouillir, servez autour des croutons de pain frits. Si vous le voulez plus excelent ; mettez suer dans une casserole une tranche de jambon, quand elle est rissollée ; mettez-y persil, ciboules, échalotres, champignons le tout haché, mouillez de bouillon

Hors-d'œuvre

& de coulis; faites bouillir à petit feu jufqu'à ce que cela foit réduit au point d'une fauce; ôtez le jambon; mettez-y du mouton haché très fin, fel, gros poivre, faites chaufer fans bouillir, dreffez dans le plat que vous devez fervir; mettez y deffus cinq ou fix œufs frais pochés, & des croûtons de pain frits autour.

Filets de mouton en Cannellon.

Hors-d'œuvre. Levez entier le filet d'un grand carré de mouton & le coupez en deux, ôtez-en les filandres, creufez chaque morceau avec une groffe lardoire comme une canoniere en aggrandiffant le trou le plus que vous pourrez; mettez-y dedans le plus qu'il vous fera poffible de lard rapé mêlé avec perfil, ciboule, champignons, échalottes le tout haché, fel, gros poivre, faites-les mariner avec un peu d'huile, & le mettez cuire à la broche, vous le fervirez avec la fauce que vous jugerez à propos.

Fricandeau de mouton.

Entrée. Prenez un gigot de mouton mortifié, levez-en les noix entieres que vous parez de leur peau, lardez-les de gros lard en travers si vous voulez, & en piquez tout le dessus avec du menu lard; mettez-les dans une casserole avec une tranche de jambon, un bouquet de persil, ciboule, une gousse d'ail, trois cloux de girofle, une feuille de laurier, thim, basilic, mouillez de bouillon, laissez cuire à petit feu, ensuite vous passerez la cuisson au tamis pour la dégraisser & la faire réduire en glace que vous mettrez dessus les fricandeaux, servez dessous une sauce au coulis ou un ragoût de légumes.

Cascalopes de mouton au vin de Champagne.

Levez le filet d'un grand carré de mouton, ôtez-en les filandres, coupez-le en tranches les plus minces que vous pourrez de la grandeur d'un petit écu, foncez une casserole avec des tranches de veau, une tranche de jambon; mettez-y dessus une couche de filet de mouton que vous assaisonnez ensuite avec du sel fin, gros poivre, persil, ciboules, champignons, échalottes le tout haché; deux cuillerées de bonne huile; remettez une couche de filets de mouton que vous assaisonnerez de

Hors-d'œuvre

même ; couvrez avec des bardes de lard, étouffez bien la casserole & la mettez suer sur un petit feu de cendre chaude, une heure après vous y ajouterez un bon verre de vin de Champagne, rachevez de cuire, retirez les cascalopes ; mettez un peu de coulis dans la casserole ; faites bouillir un moment pour dégraisser la sauce & la passez au tamis ; mettez-y les cascalopes pour les faire chauffer, servez avec un jus de citron & courte sauce.

Pain de mouton au gratin.

Entrée Coupez des filets de mouton fort minces un peu plus grands qu'un gros écu ; mettez-les dans un plat avec persil, ciboules, champignons, échalottes, le tout haché, sel, gros poivre, un peu d'huile, laissez mariner une heure, ensuite vous avez une farce de volaille ou de godiveau, mettez-en gros comme une noix entre deux tranches de filet ; lorsqu'ils sont tous finis, mettez-les cuire dans une casserole bien étouffée sur un petit feu : à la moitié de la cuisson mettez-y un demi-verre de vin de Champagne, la cuisson faite, ayez autant de petits pains de profitrole que vous avez de pains de mouton, ôtez-en toute la mie par en-dessous, & à la place vous y ferez entrer les pains de mouton, prenez le plat que vous devez servir, mettez dans le fond quelque foyes de volaille hachés, mêlez avec du lard rapé, deux jaunes d'œufs, sel, gros poivre, arrangez dessus vos petits pains, & faites migeoter sur le feu jusqu'à ce qu'il se forme un gratin, arrosez-le dessus des pains avec un peu de coulis pour les humecter avec une bonne sauce d'un coulis clair & un jus de citron.

Animelles Frites.

Pour que les animelles soit bonnes il faut qu'elles ne sentent point le bellier, que le dedans soit blanc sans durillon, ce que vous ne pouvez connoître quaprès qu'elles sont blanchies, les deux peaux ôtées & coupées par tranches, vous les faites mariner avec le jus de deux citrons, sel, poivre, après les avoir égoûtées, farinez-les & les faites frire, servez garnies de persil frit. Si vous voulez les servir avec une sauce, après qu'elles sont marinées ne les farinez point & les faites frire au trois quarts, ensuite vous les mettez dans une cas-

Entremets.

serole après les avoir coupées en filets, avec deux cuillerées de coulis, un demi-verre de vin de Champagne, autant de consommé, faites bouillir & réduire au point d'une sauce.

Animelles à l'Espagnole.

Entremets. Après les avoir fait blanchir & ôté les peaux, coupez-les en tranches fort minces & les mettez dans une casserole avec un peu d'huile, le jus d'un citron, sel, gros poivre, faites-les migeotter une demi-heure sur un petit feu, dégraissez-les & les dressez dans le plat que vous devez servir; mettez autour des croutons de pain frit & une sauce à l'Espagnole par-dessus, vous trouverez la façon de la faire à l'article des sauces page 139.

Ruelles de mouton aux oignons.

Entrée. Prenez un gigot de mouton que vous coupez en ruelles de l'épaisseur d'un doigt, ayez aussi beaucoup d'oignons que vous coupez en tranches, foncez une terrine avec du petit lard; arrangez y dessus des tranches d'oignon, & sur l'oignon des ruelles de mouton assaisonnées de sel, gros poivre; continuez de cette façon à mettre un lit de mouton, & un lit d'oignon, étouffez la terrine & faites cuire comme du bœuf à la mode; la cuisson faite, dégraissez la sauce : ajoutez-y un peu de coulis pour la lier si vous le voulez, servez à courte sauce & d'un bon sel.

Colet de mouton de plusieurs façons.

Le colet de mouton se fait cuire ordinairement à la braise, & on le sert avec différents ragoûts de légumes ou différentes sauces; quand il est cuit dans le pot on peut le servir au gros sel avec du jus dessous, ou à garnir quelques potages; vous le servez encore de cette façon, après qu'il est cuit aux trois quarts dans la marmitte; mettez-le dans une casserole avec de petits oignons entiers que vous aurez passés auparavant sur le feu jusqu'à la moitié de leur cuisson avec un peu de beurre; ajoutez-y un bouquet de persil, ciboules, deux gousses d'ail, trois clous de girofle; mouillez de bouillon, coulis, un verre de vin Champagne, laissez réduire au point d'une sauce; ôtez le bouquet & dégraissez avant que de servir. Si vous le voulez d'une autre façon, étant cuit à la brai-

Hors-d'œuvre ou Entrée

se vous le panez de mie de pain & lui faites prendre couleur sur le gril ou au four & le servez dessus une sauce Robert un peu liée.

Poitrine de Mouton de plusieurs façons.

Hors-d'œuvre ou Entrée — La poitrine de mouton après l'avoir coupée par morceaux, si vous voulez ; faites la cuire à la braise, & la servez avec un ragoût de navets, ou à faire un hochepot en la servant avec toutes sortes de légumes ; quand elle est cuite entiere vous la panez & la faites griller pour la servir avec une sauce au verjus, & jus de veau. L'on peut aussi la servir en terrine, mêlée avec quelques autres viandes, au coulis de lentilles ou purée de pois.

Epaule de Mouton à l'eau.

Entrée — Mettez une épaule de mouton dans une casserole avec du bouillon, un bouquet de persil, ciboules, une gousse d'ail, trois cloux de girofle, thim, laurier, basilic, laissez cuire à petit feu ; ensuite vous passez la sauce au tamis & la dégraissez ; faites-la réduire sur le feu jusqu'à ce qu'elle soit en caramel ; glacez tout le dessus de l'épaule ; mettez un peu de coulis dans la casserole avec deux cuillerées de bouillon ; faites bouillir & détachez ce qui tient à la casserole ; servez dessous l'épaule assaisonnée de sel, gros poivre.

Epaule de Mouton à la Parme.

Mettez cuire une épaule de mouton à la braise ; ayez une demi-livre de ris épluché & lavé que vous faites bien cuire avec du bouillon gras, jusqu'à ce qu'il soit épais ; laissez-le réfroidir, foncez le plat que vous devez servir avec une partie du ris, ensuite l'épaule, après l'avoir tailladée dessus & dessous; mettez du raisin de Corinthe dans le restant du ris & les mêlés ensemble pour en couvrir toute l'épaule, panez le dessus avec du parmesan ; faites prendre couleur au four jusqu'à ce qu'il se forme une petite croûte dessus, servez dans le fond une bonne sauce d'un coulis clair. *Entrée*

Epaule de Mouton au four.

Lardez si vous voulez une épaule de mouton avec du gros lard assaisonné de sel, poivre, mettez dans le fond d'une terrine proportionnée à la gran- *Intrée* deur de l'épaule trois ou quatre oignons en tranches, une gousse d'ail, deux cloux de girofle, thim, laurier, basilic, sel, poivre, un grand verre d'eau ou du bouillon, l'épaule dessus & la faites cuire au four; ensuite vous passez la sauce au tamis pour la dégraisser & servir sur l'épaule.

Epaule de Mouton à la Sainte Menehoult.

Lardez une épaule de mouton avec du gros lard & la faites cuire dans une braise assaisonnée de bon goût; ensuite vous la trempez dans le gras de sa cuisson pour la paner de mie de pain, arrosez légérement le dessus avec un peu de graisse; faites prendre couleur au four, servez dessus une sauce faite avec un peu de verjus & du coulis, sel, gros poivre.

Saucissons d'Epaule de Mouton.

Désossez à forfait une épaule de mouton sans couper la peau, levez-en toute la chair pour la couper en filets; coupez aussi en filets du petit lard, du jambon, une langue de bœuf le tout crud, mêlez-les ensemble en les assaisonnant avec du sel, fines épices, & les arrangez sur la peau de l'épaule que vous roulerez ensuite comme un faucisson, & le mettrez dans un gros boyau de bœuf bien lavé ; faites bouillir pendant une demi-heure, une poignée de sel, avec trois chopines d'eau, une once de salpêtre ; quatre gousses d'ail, six cloux de girofle, une demi-douzaine d'échalottes, thim, laurier, basilic, une branche de fenouil, une demi poignée de genievre ; passez-la au tamis & y mettez un poisson d'eau-de-vie ; faites-y mariner votre faucisson pendant deux jours ; ayez l'attention de faire bouillir votre faucisson dans la saumure pendant un quart-d'heure soir & matin ; ensuite vous le retirez de la saumure pour le mettre dans un vaisseau proportionné, à sa grandeur avec une pinte de vin blanc, du bouillon, racines, oignons : Lorsqu'il est cuit, laissez-le réfroidir dans sa cuisson pour le servir sur une serviette.

Epaule de Mouton à la bonne Femme.

Faites-cuire une épaule de mouton à la broche ; ensuite vous ôtez la moitié de la viande en dessous sans toucher au dessus ; hachez-la très-fine ; mettez dans une casserole, persil, ci- _{Entrée.}

boules, champignons, une échalotte; le tout haché, sel, gros poivre, du coulis, un peu de consommé; faites bouillir & réduire au point d'une sauce; mettez-y la viande hachée que vous faites chauffer sans bouillir, prenez le dessus de l'épaule que vous arrosez de beurre ou de lard fondu; panez-le de mie de pain; faites prendre une belle couleur au four. Servez sur le hachis.

Epaule de Mouton en Timbale.

Entrée — Défossez à forfait une épaule de mouton, ayez attention de ne point percer la peau; ôtez environ la moitié de la viande en dessous que vous hachez avec de la graisse de bœuf; mettez-les dans un mortier pour les piler, ajoutez-y, persil, ciboules, une petite pointe d'ail, champignons: le tout haché, sel, gros poivre. liez cette farce de cinq jaunes d'œufs & la mettez dans le dessus de l'épaule que vous plissez comme une bourse, & la ficelez en lui donnant la figure d'une timbale; mettez-la cuire dans une braise, vous la servirez avec la sauce que vous jugerez à propos.

Epaule de Mouton au Sang.

Ayez une épaule de Mouton mor- *Entrée*
tifié qui soit tendre; faites une grande
incision avec le couteau entre la peau
& la chair, que le trou soit assez
grand pour y mettre une boudi-
naille que vous faites avec un demi-
septier de sang de porc, une demi-
livre de panne, une pincée de coriandre pilée, quatre jaunes d'œufs cruds,
persil, ciboules, une pointe d'ail, sel,
gros poivre faites lier sur le feu sans
bouillir. Quand il est froid vous le
mettez dans l'incision de l'épaule,
cousez l'épaule pour que le sang ne
sorte pas & la faites cuire à la broche
enveloppée de lard & de papier. Servez-la avec une sauce au porc-frais que
vous trouverez à l'article des sauces
page 145.

Selle de Mouton à la Sainte-Menhoult.

Ayez une belle selle de mouton bien *Grosse*
coupée depuis les deux gigots jus- *Entrée*
qu'aux deux poitrines; après l'avoir
ficelée, faites-la cuire avec du bouillon, sel, poivre, un bouquet de persil, ciboules, deux gousses d'ail, qua-

tre cloux de girofle, thim, laurier, basilic, quelques oignons, deux carrottes, un panais; la cuisson faite, dressez la sauce bien liée, faite avec un bon morceau de beurre, du coulis, trois jaunes d'œufs, sel, gros poivre; faites-la lier sans bouillir, panez ensuite avec de la mie de pain; arrosez légément le dessus de la mie de pain avec un peu de bonne graisse; faites prendre une belle couleur dorée au four; après avoir bien essuyé le plat de sa graisse, mettez-y un bon jus de veau.

Selle de Mouton en Canapé.

Grosse Entrée

Levez proprement la peau de mouton sans la déchirer; cizelez par tout les filets en laissant un bon doigt de distance & dans toutes les cizelures, vous y ferez entrer des tranches de foyes gras, de petit lard, tranches d'oignons, des truffes, filets d'anchois, couvrez-en tout le dessus avec une farce composée de moële de bœuf, lard rapé, basilic en poudre, muscade, sel, poivre, échalottes, persil, ciboules, champignons, quatre jaunes d'œufs cruds, trois jaunes d'œufs durs, le tout pilé ensemble, ensuite couvrez avec la

peau

peau de la selle de mouton, cousez la tout autour pour qu'elle ne se retire pas; mettez cuire dans une braisiere le filet dessus avec bon bouillon, un bouquet de fines herbes; la cuisson faite, passez le bouillon au tamis pour le dégraisser & réduire au caramel, & en glacez tout le dessus. Servez avec une sauce à l'Espagnole ou celle que vous jugerez à propos.

Rôt de bif de Mouton au Parmesan.

Prenez le derriere d'un mouton; coupez à la premiere côte; croi-croisez l'un dans l'autre les deux bouts des gigots, lardez-en toute la chair avec du gros lard & des truffes, si vous en avez; mettez-la dans une braisiere proportionnée à sa grandeur, avec tranches de veau, de jambon, bardes de lard, oignons, racines, un gros bouquet de persil, ciboules, deux gousses d'ail, thim, laurier, basilic, cloux de girofle; faites suer une heure sur un moyen feu, & le mouillez avec du bouillon, une chopine de vin blanc, assaisonnez de sel, gros poivre; la cuisson faites, dressez-le sur un plat fond, arrosez-le dessus avec du gras de sa cuisson; panez-le moitié parmesan & mie

Grosse Entrée

de pain ; faites prendre une couleur dorée ; servez dessous la sauce que vous jugerez à propos. Si vous voulez prendre une partie de sa cuisson, si elle n'est point trop salée, vous la passez au tamis & dégraissez ; ajoutez-y un peu de coulis ; faites réduire au point d'une sauce pour la servir dessous le rôt de bif.

Rot de Bif Glacé.

Grosse Entrée. Ayez un rôt de bif coupé comme le précédent ; levez la peau qui est dessus les filets pour les piquer avec du menu lard ; faites-le cuire de la même façon dans une braise ; ensuite vous arrosez tout ce qui n'est pas piqué, avec le gras de la cuisson, pour le paner de mie de pain, & lui faites prendre une belle couleur au four ; étant prêt à servir, vous avez une glace de veau que vous mettez sur tout le lard pour le bien glacer, servez dessous une sauce comme celles des fricandeaux, ou celle que vous jugerez à propos.

Rôt de bif à la Garonne.

Grosse Entrée. Faites une farce de fines herbes, comme persil, ciboules, échalottes, truffes, basilic en poudre, mie de pain ;

le tout haché très-fin & les mêlez avec du beurre, lard rapé, sel, gros poivre; prenez un rôt de bif comme les précédens; levez-en le plus proprement que vous pourez la peau de dessus; mettez-y la farce de fines herbes que vous couvrez avec la peau de façon qu'il n'y paroisse; cousez-en les bords pour qu'elle se tienne dans le même état; faites cuire le rôt de bif à la broche bien enveloppé de papier; servez dessous un jus de veau assaisonné de sel, gros poivre, ou simplement dans son jus. Le gigot seul se prépare de la même façon.

Gigot de Mouton de plusieurs façons.

Prenez un gigot mortifié d'une chair brune; levez légérement la peau de dessus si vous voulez, & le lardez de gros lard, après l'avoir ficelé & un peu racourci le manche, vous le mettez dans une marmitte proportionnée à la grandeur avec du bouillon, sel, poivre, oignons, racines, un bouquet de persil, ciboules, une gousse d'ail, deux cloux de girofle; faites cuire à petit feu; vous le servirez avec un ra-

Entrée

R ij

goût de légumes, ou la sauce que vous jugerez à propos.

Gigot de Mouton aux Choux-fleurs.

Entrée Faites-le cuire à la braise comme le précédent; épluchez des choux-fleurs, que vous faites blanchir un moment à l'eau bouillante, & les faites cuire avec de l'eau, un morceau de beurre, sel, un peu poivre; il faut peu de tems pour les cuire; ensuite vous les égoutez pour les dresser la fleur au dessus autour du gigot; ayez une bonne sauce faite avec du coulis, deux pains de beurre, sel, gros poivre; faites lier sur le feu pour la dresser sur les choux-fleurs & le gigot. Si vous voulez mettre le gigot au choux-fleurs glacé de parmesan, faites-le cuire dans une braise un peu plus douce de sel; faites une sauce de la même façon, mettez-en la moitié dans le fond du plat que vous devez servir avec du parmesan rapé; arrangez-y dessus le gigot & les choux-fleurs autour, arrosez-le avec le restant de la sauce; panez ensuite avec du parmesan, faites prendre couleur au four, servez à courte sauce.

Gigot de Mouton au Vin de Champagne.

Prenez environ la moitié du dedans de la chair d'un gigot que vous hachez grossierement avec du lard blanchi dans le derriere du pot, ajoûtez-y persil, ciboules, champignons, sel, gros poivre, cinq jaunes d'œufs ; remettez cette farce à la place où vous avez ôtée la viande ; cousez le gigot pour qu'il paroisse entier, & le mettez cuire dans une marmitte juste à sa grandeur, avec un demi-septier de vin blanc, du bouillon, un bouquet de fines herbes, oignons, racines. Pour la sauce, mettez dans une casserole un verre de vin de Champagne, autant de coulis, un peu de consommé, quelques champignons entiers, une gousse d'ail ; faites bouillir & réduire au point d'une sauce ; passez au tamis pour servir sur le gigot.

Entrée

Gigot de Mouton en filets farcis.

Dessossez à forfait un gigot de mouton hors le manche ; prenez les trois quarts de la chair du dedans, & laissez tenir le reste après la peau ; prenez la chair que vous avez ôtée pour en

Entrée

couper des filets ; servez-vous des rognures pour faire une farce avec un peu de graisse de bœuf, persil, ciboules, champignons, le tout haché, sel, fines épices, de la mie de pain desséchée avec du lait ; liez de cinq ou six jaunes d'œufs ; remplissez le gigot en mettant un lit de filets de viande. Lorsque vous lui avez redonné sa premiere forme, vous le cousez & ficellez, faites-le cuire à la broche enveloppé de papier, & le servez avec une sauce telle que vous jugerez à propos. Si vous voulez le faire cuire à la braise ; mettez-y peu de sel ; lorsqu'il sera cuit, prenez le fond de la cuisson, que vous passez au tamis, & dégraissez ; faites réduire en caramel ; & en glacez tout le dessus du gigot ; mettez deux cuillerées de bouillon avec autant de coulis dans la même casserole, pour détacher ce qui tient à la casserole ; passez la sauce au tamis ; ajoutez-y un jus de citron & un peu de persil blanchi.

Grenadin de Mouton.

Entrée   Ayez un gigot mortifié que vous coupez par petits morceaux égaux un peu plus gros que la moitié d'un œuf ; parez le dessus, & les piqués de menu lard; faites-les blanchir un instant à l'eau bouillante & les retirez a l'eau fraiche; mettez-les dans une casserole avec une tranche de jambon, un bouquet de persil, ciboules, une gousse d'ail, trois cloux de girofle, une feuille de laurier, thim, basilic; mouillez avec du bouillon; faites cuire à petit feu, la cuisson faite, ôtez les grenadins, passez la sauce au tamis pour la dégraisser & faire réduire sur le feu jusqu'à ce qu'elle soit en glace; ensuite vous prenez des plumes très-propres que vous trempez dans la glace pour la mettre également sur tous les grenadins; mettez dans la casserole, une ou deux cuillerées de bouillon, autant de coulis; faites détacher ce qui reste autour de la casserole, passez la sauce au tamis; servez dessous les grenadins avec un jus de citron. Si vous voulez, vous pouvez mettre dessous, telle ragoût que vous jugerez à propos, comme épinars chicorée, ou laitue.

Gigot de Mouton à la mode.   Entrée

Coupez des gros lardons de lard que vous maniez avec persil, ciboules, échalottes hachées, sel, fines épices; lardez-en toute la chair d'un gigot de mouton, & le mettez dans une terrine ou petite marmitte juste à sa grandeur avec des bardes dans le fond ; tranches d'oignons, zestes de racines, étouffez-le bien pour le faire cuire dans son jus, sur de la cendre chaude ; à moitié de la cuisson vous y mettrez un demi-verre de vin de Champagne, rachevez de faire cuire ; ensuite vous passez la sauce au tamis pour la dégraisser, & servir sur le gigot.

Gigot de Mouton à la Gascogne.

Entrée. Faites blanchir un quart-d'heure à l'eau bouillante une douzaine de gousses d'ail ; ayez six anchois bien lavés que vous coupez en filets ; prenez un gigot tendre & mortifié pour le larder par tout avec l'ail & les anchois ; mettez-les cuire à la broche pour le servir dans son jus.

Gigot de Mouton à la Houlan.

Entrée. Lardez un gigot avec des lardons de lard assaisonnés de sel & fines épices ; mettez-le dans une terrine pour le mettre au four jusqu'à ce qu'il soit cuit aux trois quarts ; ensuite vous le mettez dans une casserole avec une chopine d'eau-de-vie ; mettez-le sur un grand feu ; quand il bout, mettez-

DE LA COUR. 395

y le feu avec du papier allumé ; remuez toujours sur le feu jusqu'à ce que la flamme s'éteigne ; après vous y ajouterez quelques cuillerées de coulis ; faites bouillir ensemble & réduire au point d'une sauce ; dégraissez avant que de servir sur le gigot.

Gigot de Mouton à l'Italienne.

Lardez un gigot de mouton avec du gros lard, & le mettez cuire dans une braise à l'ordinaire faite avec du bouillon, bouquet de fines herbes, sel, poivre, oignons, racines ; servez-le avec une sauce à l'Italienne que vous trouverez à l'article des sauces, page 124. Entrée

Gigot de Mouton à l'eau.

Mettez un gigot de mouton dans une marmitte juste à sa grandeur, avec moitié eau & moitié bouillon ; faites-le bouillir & écumer ; ensuite vous y ajoûtez un peu de sel, un bouquet de persil, ciboules, une gousse d'ail, deux cloux de girofle, thim, laurier, basilic, faites-le bouillir jusqu'à ce qu'il soit cuit, ensuite vous passez la sauce au tamis & la mettez sur le feu après l'avoir dégraissée pour la faire bouillir jusqu'à Entrée ce qu'elle soit réduite en caramel, que vous la mettez partout par dessus le gigot pour le glacer; mettez un peu de coulis dans la même casserole pour détacher ce qui tient après avec un peu de bouillon; passez au tamis & servez dessous le gigot. Si vous le voulez d'une façon plus distinguée, vous le lardez de truffes avant que de le faire cuire, & vous le finissez de même.

Gigot de Mouton à l'Espagnole.

Entrée

Désossez un gigot, à la réserve du manche, & le lardez avec des gros lardons de lard assaisonnés de sel, & fines épices; mettrez-dans une terrine avec une douzaine de gros oignons autour; une chopine de vin d'Espagne; couvrez-le de quelques feuilles de papier, & le mettez cuire au four; à la moitié de la cuisson, vous le retournez de l'autre côté, & y ajoutez une demi-douzaine de grosses saucisses courtes; rachevez de faire cuire; dressez le gigot dans le plat que vous devez servir, les oignons autour entremêlés des saucisses; dégraissez la sauce pour la passer au tamis; pressez-y le jus de trois oranges douces; servez le gigot & oignons.

Mortadelles de Mouton.

Désossez à forfait un gigot de mou- Entremêts froid.
ton; ôtez plus de la moitié de la viande du dedans pour la couper en filets & quelques tranches de jambon nouveau, champignons, truffes, lard, cornichons; le tout coupé en filets, & environ vingt-cinq gousses d'ail que vous faites bouillir trois ou quatre bouillons dans l'eau, avant que de vous en servir; après avoir assaisonné tous les filets avec du sel, gros poivre, & maniez avec quelques jaunes d'œufs cruds; arrangez dans le gigot de mouton tous ces filets pour en former une mortadelle ou gros saucisson; après l'avoir enveloppé & ficellé, mettez-le dans une braisiere juste à sa grandeur avec un peu de bouillon, un poisson d'eau-de-vie, une bouteille de vin blanc; sel, poivre, un bouquet de persil, ciboules, trois cloux de girofle, thim, laurier, basilic; faites-le cuire & réfroidir dans sa braise; servez sur une serviette.

Gigot de Mouton diversifié.

Le gigot de mouton quand il est Entrée
tendre on le fait cuire à la broche pour

le servir dans son jus. Il se prépare aussi de plusieurs façons, comme glacé. Voyez ci-devant rôt de bif glacé. On le sert à la daube pour-lors vous le lardez de gros lard manié de persil, ciboules, échalottes hachées, sel, fines épices ; faites-le cuire dans une marmitte juste à sa grandeur, avec une chopine de vin blanc, sel, poivre, un bouquet de persil, ciboules, deux gousses d'ail, thim, laurier, basilic, faites cuire à petit feu, & réduire à courte sauce. Quand il sera froid, vous le servirez pour entremêt avec sa sauce qui doit être en gelée : Quand il est cuit à la broche ou glacé, l'on peut servir dessous un ragoût de legumes comme l'on veut.

Gigot de Mouton en Venaison.

Entrée. Piquez tout le dessus d'un gigot avec du menu lard; mettez dans un vaisseau proportionné à la grandeur du gigot, un demi-septier de vinaigre, une pinte de vin rouge, sel, poivre, thim, laurier, basilic, tranches de citron, la peau ôtée, ail, cloux de girofle, muscade, coriandre pilée, tranches d'oignons; faites chauffer le tout ensemble & mettez le gigot pour le faire mariner douze heures; ensuite vous le faites cuire à la broche, & le servez avec une poivrade liée que vous trouverez à l'article des sauces.

Gigot de Mouton à la Servante.

Entrée

Mettez un gigot dans une marmitte juste à sa grandeur; faites le cuire simplement avec un peu d'eau & du sel; servez-le avec une sauce faite de cette façon: Mettez dans une casserole une pincée de câpres, trois jaunes d'œufs durs hachés, un morceau de beurre manié d'une pincée de farine, un filet de vinaigre, du bouillon, sel, gros poivre; faites lier sur le feu. Si vous voulez le servir avec un ragoût de navets, à la servante; vous mettez dans une casserole un bon morceau de beurre manié d'une pincée de farine, une cuillerée de moutarde, du bouillon, sel, gros poivre; faites lier sur le feu; mettez-y des navets cuits dans l'eau; que la sauce soit bien liée; servez autour du gigot.

Gigot de Mouton à la Ninon.

Lardez un gigot avec du gros lard assaisonné de sel, fines épices; faites- Entrée.

le mariner vingt-quatre heure avec de l'huile, deux ou trois gousses d'ail, trois cloux de girofle, thim, laurier, basilic, persil, ciboules, quelques échalottes; ensuite vous le ferez cuire à très petit feu, avec sa marinade, & une demi-bouteille de vin de Champagne; la cuisson faite, passez la sauce au tamis après l'avoir dégraissée; ajoûtez-y un peu de coulis; faites réduire sur le feu au point d'une sauce; ayez attention qu'elle ne soit pas de trop haut goût; servez sur le gigot. Vous pouvez encore le servir avec une sauce petite Italienne que vous trouverez à l'article des sauces, page 124.

Gigot de Mouton à la Modêne.

Entrée. Désossez un gigot de mouton, à la réserve du manche que vous laissez très-court; mettez-le dans une marmitte avec un peu de bouillon ou de l'eau; faites le cuire aux trois quarts sur un petit feu; ensuite vous le retirez de sa cuisson pour le couper en dessous par tranches larges sans les séparer, & vous mettrez entre toutes ses tranches des morceaux de beurre que vous aurez maniés avec du sel, gros poivre, mie de pain, gingembre en poudre, persil, ciboules, échalottes, hachées ; remettez le gigot dans une casserole avec un verre de vin de Champagne, quelques cuillerées de la cuisson du gigot ; rachevez de le cuire, & réduire au point d'une sauce ; en servant un jus de bigarade.

Gigot de Mouton au Militaire.

Coupez un gigot en travers en plusieurs tranches de l'épaisseur de deux doigts ; lardez chaque morceau avec du gros lard ; foncez une casserole avec tranche de veau, une tranche de jambon ; mettez les tranches de gigot dans une casserole avec du beurre ou du lard fondu ; persil, ciboules, échalottes, champignons, le tout haché, sel, gros poivre ; passez-les sur le feu, & les mettez ensuite avec tout leur assaisonnement sur les tranches de veau ; couvrez de bardes de lard ; faites cuire à très-petit feu comme du bœuf à la mode ; aux trois quarts de la cuisson ; mettez-y deux cuillerées d'eau-de-vie ; rachevez de cuire étant prêt à servir, dégraissez la sauce, servez dans son jus. *Entrée*

Gigot de Mouton aux Légumes.

Ficelez un gigot de mouton, & le *Entrée*

mettez dans une marmitte avec du bouillon, sel, gros poivre, un bouquet de persil, ciboules, trois cloux de girofle, le quart d'une muscade, deux gousses d'ail ; ayez des carottes, panais, gros oignons, navets, radis, celeri, la moitié d'un choux, le tout coupé proprement & blanchi un quart-d'heure à l'eau bouillante ; mettez-les cuire avec le gigot après les avoir pressés & ficellés ; la cuisson faite, arrangez toutes ces légumes proprement autour du gigot ; prenez une partie de la cuisson que vous dégraissez & passez au tamis ; ajoûtez-y un peu de coulis, faites réduire sur le feu au point d'une sauce ; servez sur les légumes & gigot avec un peu de gros poivre.

Gigot de Mouton au Bacha.

Entrée Ayez un gigot mortifié, levez-en la peau, en la faisant tenir au manche ; lardez toute la chair du gigot avec un peu de celeri & estragon blanchi, quelques anchois, cornichons, lard, jambon, le tout assaisonné avec un peu de sel, fines épices, une pointe d'ail ; remettez la peau du gigot comme elle étoit, attachez les bouts avec quelques brochettes, faites-les mariner avec un peu d'huile ; faites-le cuire à la broche enveloppé de papier ;
servez

servez-le avec une sauce piquante, comme celle que vous trouverez à l'article des sauces, page 147.

Gigot de Mouton à la Saint Geran.

Entrée

Désossez un gigot de mouton coupé à la Gendarme ; ne laissez que le manche coupé court ; levez-en la chair sans percer la peau ; faites une farce de la chair avec deux tranches de jambon, graisse de bœuf, champignons, persil, ciboules, une pointe d'ail ; liez cette farce de quelques jaunes d'œufs cruds, deux cuillerées d'eau-de-vie ; ensuite vous coupez deux livres de lard en dez & les maniez avec la farce, assaisonnez de sel, fines épices mettez cette farce dans la peau du gigot, & le cousez comme s'il étoit entier ; faites-le cuire avec un peu de bouillon, un demi-septier de vin blanc, un bouquet de persil, ciboules, une gousse d'ail, trois cloux de girofle, thim, laurier, basilic, vous le servirez avec la sauce que vous jugerez à propos. Ce même gigot peut se servir froid pour entremêt, en le laissant réfroidir dans sa cuisson.

Entremets

Gigot de Mouton en filets.

Entrée

Prenez un gigot de mouton mortifié & bien tendre ; ôtez l'os du milieu,

Tome. I.   S

& ne laissez que le manche ; coupez toute la chair du dedans en filets les plus minces que vous pourez sans les détacher de la peau, & même sans la percer ; faites mariner tous ces filets avec de la bonne huile, sel, gros poivre, persil, ciboules, estragon, une pointe d'ail, champignons, le tout haché très-fin ; faites entrer toutes ces fines herbes, dans les filets ; ficelez le gigot comme s'il étoit entier ; faites-le cuire à la broche enveloppé de papier ; la cuisson faite, servez-le avec un peu de coulis, du consommé & un jus de citron.

Gigot en salade.

Entremets froid

Faites-cuire un gigot de mouton dans une braise à l'ordinaire, après l'avoir lardé de gros lard ; laissez le réfroidir dans sa cuisson, ensuite vous le dressez dans le plat que vous devez servir, & mettez tout autour quelques oignons, carottes & panais coupés proprement, que vous aurez fait cuire dans la même braise, une pointe d'ail haché très fin & mêlé avec estragon, & pimprenelle, câpres, anchois, olives, cornichons, béteraves, le tout étant arrangé artistement, assaisonnez par dessus de sel, gros poivre, huile, vinaigre ou grand jus de citron.

Gigot de Mouton à la Magdéleine.

Faites cuire un gigot de mouton dans une braise; quand il est à demi-froid, dressez-le sur un plat & l'arrosez par dessus avec une sauce de cette façon: Mettez dans une casserole un peu de coulis, deux pains de beurre de Vambre, deux jaunes d'œufs cruds câpres, anchois, persil, ciboules, échalottes, le tout haché, sel, gros poivre; faites lier la sauce sur le feu qu'elle soit épaisse; mettez en la moitié sur tout le gigot, panez avec de la mie de pain, arrosez le dessus de la mie de pain pour repaner une seconde fois, arrosez tout le dessus avec un peu de beurre chaud en prenant garde de noyer la mie de pain; faites prendre couleur au four. Il faut qu'il se forme une croûte dorée sur le gigot, ensuite vous le servirez avec une sauce à la Magdeleine que vous trouverez à l'article des sauces pages 136.

Entrée

Croquettes de Palais de Bœuf.

Appropriez des palais de bœuf & les coupez les plus minces que vous pouvez dans leurs longueurs, faites-les cuire dans une bonne braise, étant froids vous mettez dessus une bonne farce telle que vous voudrez, qui

Hors-d'œuvre

Sij

soit cuite, roulez-les & les trempez dans une pâte à bierre ou à vin; faites frire de belle couleur.

Filets de Bœuf à la Lyonnoise.

Entrée. Coupez de l'oignon en filets; passez le sur le feu avec du beurre, jusqu'à ce qu'il soit cuit, vous y mettrez du coulis, & finirez comme une sauce Robert, coupez le filet de bœuf de l'épaisseur d'un gros écû, & le faites cuire sur un petit feu dans son jus; dressez-le dans le plat; mettez le jus qu'il a rendu dans la sauce; assaisonnez-la à propos & servez sur les filets.

Charbonnée aux Sorcrotes.

Entrée. Faites-cuire votre charbonnée à la braise & la servez dessus un ragoût de sorcrotes, ce sont des choux que l'on confit en Allemagne. Pour les faire, vous les coupez par morceaux & les mettez dans des tinettes avec quantité de sel, & ne les employez que quand ils sont bien confits, vous les pressez un peu pour en ôter la force du sel, & les faites chauffer avec un morceau de bon beurre.

Fin du premier volume.

www.ingramcontent.com/pod-product-compliance
Lightning Source LLC
Chambersburg PA
CBHW070615230426
43670CB00010B/1534